**DO NOT REMOVE
CARDS FROM POCKET**

THE NATIONAL COLLEGIATE ATHLETIC ASSOCIATION

6201 College Boulevard
Overland Park, Kansas 66211-2422
913/339-1906
November 1991

Records and Research Compiled By: Gary K. Johnson, *Assistant Statistics Coordinator.*

Assisted By: James M. Van Valkenburg, *Director of Statistics,* and Richard M. Campbell, *Assistant Statistics Coordinator.*

Designed By: Wayne Davis, *Assistant Publications Production Coordinator.*

Edited By: Laura E. Bollig, *Publications Editor.*

Contents

FOREWORD

Who were the top players and coaches in Division I college basketball over the game's first 100 years, and what were their year-by-year season and career figures? "NCAA Men's Basketball's Finest" answers that question as it never before has been answered.

In the first section are year-by-year season and NCAA tournament numbers, national honors won and records held for 301 top players since 1948—the first season of official NCAA player statistics. Criteria were established for inclusion in the book (more about them later) and these 301 met the criteria. It is all there—the player's college, height, home town, national honors won, major season, career and NCAA tournament records held through 1991 and his year-by-year season and NCAA tournament figures, with career totals.

What about recognition for all those great players before 1948?

The second section, the All-Time All-America Roster, lists them all. In this section are 1,050 players from 204 colleges, starting in 1905. NCAA consensus all-Americans, which started in 1929, are in bold face, with a symbol on the year they made it, another symbol for unanimous choices and another for second-team consensus. In plain type are those who never made the consensus first team but made second-team consensus or were among the top 10 selections on a nationally-distributed team. Before 1929, we rely solely on the Naismith Memorial Basketball Hall of Fame and the 10-man first teams chosen by the Helms (later Citizens Savings) Athletic Foundation.

You may have met or heard about many "former all-American" basketball players, but how many actually were among the top 10 choices on a nationally-distributed Division I team? This book answers that question.

It's true, we do have some very limited figures (field goals, free throws and points but no rebounds and nothing on field-goal accuracy) for a handful of greats like Stanford's Hank Luisetti, DePaul's George Mikan and Oklahoma State's Bob Kurland. But we did not think it would be fair to include them and exclude hundreds of pre-1948 players for whom no figures—not even limited ones—are available.

In the third section are year-by-year season won-lost and NCAA tournament coaching records with career totals, national honors won and alma mater and year for 97 top coaches of all time, dating back to the early years of the century. Again, this is the number who met the criteria. Remember, please, these are NCAA Division I players and coaches only. Space and time prevent the inclusion of those in Divisions II and III.

Almost all of the players section and most of the coaches section are the work of Gary K. Johnson, assistant statistics coordinator and the NCAA Statistics Service's men's basketball expert since 1984. It is a remarkable compilation and the product of four years of intensive research, designed to culminate with the 100th anniversary of the invention of basketball in 1891. The player numbers came from forms submitted by NCAA members. But Johnson's coaching research included many sources and often covered various colleges for a single coach. This revealed some discrepancies resulting in adjustments of career records for many coaching greats. John Wooden (his record at Indiana State) and Forrest C. "Phog" Allen (whose career actually started in 1906 at Baker, not 1908) are two examples of this. In some cases, a college's own research turned up more complete and accurate numbers (as did Central Missouri State in Allen's case).

The second section, the All-Time All-America Roster, is the product of many years of research by the undersigned, including surveys of member sports information directors. The top 10 choices by the selectors are included because some had 10-man first teams, such as the U.S. Basketball Writers Association until recent years, Helms from 1905-61 and Converse, from 1956 on. First teams of more than 10 players are excluded.

Criteria for players

The book includes all players who won any one of the national honors, achieved any one of the statistical feats, or hold or share any one of the national records (through the 1991 season) listed below. The record-holder part is tricky. If, for instance, a player sets the national record in a past year, say 1989, but it is broken in 1991, he will not be in the book unless he also qualifies in another way. Here are the criteria (remember, players are included only if their team was in Division I the seasons they played):

National honors won:
—Consensus all-American, first team.
—Named player of the year by Associated Press (AP), United Press International (UPI), U.S. Basketball Writers Association (USBWA) or National Association of Basketball Coaches (NABC).
—Wooden Award winner.
—Naismith Award winner.
—Two-time consensus second-team all-American.
—Three-time academic all-American.
—Elected to Naismith Memorial Basketball Hall of Fame (except those with some pre-1948 career figures and those whose teams were not in Division I when they played).

National statistical achievements:
—Led nation in season scoring average.
—Scored 1,000 points or more in a season.
—Averaged at least 36.0 points per game in a season.
—Scored at least 2,500 points in a career.
—Averaged at least 30.0 points per game over a career of at least two full seasons.
—Scored at least 2,000 points and recorded at least 1,000 rebounds in a career.
—Recorded at least 1,600 rebounds in a career.
—Averaged at least 20.0 rebounds per game over a career of at least two full seasons.

NCAA tournament record (holds or shares) in:
—Tournament career scoring, total and average.
—Tournament career rebounding, total and average.
—Single tournament series scoring, total and average.
—Single tournament series rebounding, total and average.

National record (holds or shares) in:
—Career and season points, scoring average, field-goal percentage, three-point field goals made (total and per game), three-point field-goal percentage, free-throw percentage, rebounds all-time (total and per game), rebounds

since 1973 (total and per game), assists (total and per game), blocks (total and per game) and steals (total and per game).

Why do we include record holders for both totals and for per-game average in both season and career categories? It is simply a matter of fairness. A player may have had two great seasons after two years in junior college, or he may have played in the era of three-season careers before freshmen became universally eligible in 1973. If that was the case, he would have no chance for proper recognition if only totals were used. Similarly, four-year players usually do not play much the first year, thus would have no chance using per-game average alone. Another factor is that recently teams have played more games in a season than in past years.

The game's most-honored player? In some ways, that is not a fair question because more national awards have been added in recent years.

But it would be hard to top UCLA's Lew Alcindor (now Kareem Abdul-Jabbar). He is the only player to combine three consensus (actually, unanimous) all-America seasons with three NCAA championships by his team (1967, 1968 and 1969). Also, he is the only three-time winner of the tournament's most outstanding player award. If freshmen had been eligible then, it might have been four-for-four.

Jerry Lucas (Ohio State '62) and Bill Walton (UCLA '74) are the only other three-time consensus choices to play in three Final Fours (Walton's team won two NCAA crowns, Lucas' one).

Statistics champions often do not reach the tournament. Only one national scoring champion played on an NCAA championship team—Clyde Lovellette of Kansas in 1952.

"NCAA Men's Basketball's Finest" had a predecessor of sorts—the first "College Basketball All-Time Record Book," published in 1970. Much of the research for that book formed the basis for this book, the basketball record book ("NCAA Basketball") and "Final Four Records," the latter two also researched and compiled by Johnson. The 1970 book, by the way, had a section giving the year-by-year figures of 29 great players—all the two- and three-time consensus all-American players to that point, plus Mikan and Kurland from the pre-1948 era.

[It should be noted that complete field-goal and free-throw shooting, rebounding and scoring figures are provided for all 301 players in the book—when available. In a few cases, Johnson got missing figures from the player's college. When not available, that place is left blank. Most of the missing numbers are rebounds and field-goal attempts. Rebounds were not compiled and ranked nationally until 1951. Field-goal percentage was nationally ranked from the start in 1948. But many colleges did not compile one or both (rebounds or field-goal attempts) in the 1950s. Also, only first- and second-team consensus years are listed under honors won. To find whether the player made the top 10 on a nationally-distributed team, see the All-Time All-America Roster. Some roster players made the coaches section.]

Criteria for coaches

The book includes all head coaches in the game's first 100 years with at least one of the accomplishments (through 1990-91 season) listed below:

—Coached at least one NCAA national championship team.
—Coached at least three teams in the Final Four.
—Coached at least 500 victories in his career, with at least 10 seasons in Division I.

—Had at least a .700 winning percentage for his career, with at least 10 seasons in Division I.

—Elected to Naismith Memorial Basketball Hall of Fame, providing he was a head coach at least 10 seasons in Division I.

Six coaches qualified on all five counts—John Wooden, Adolph Rupp, Dean Smith, Bob Knight, Phog Allen and Frank McGuire.

James M. Van Valkenburg
Director of Statistics

PLAYERS

MARK ACRES
Oral Roberts   6-11   Tulsa, Okla.

Yr.	Team W-L	G	FG	FGA	FG%	FT	FTA	FT%	RBs	Avg.	Pts.	Avg.
82	18-12	22	109	186	58.6	104	143	72.7	178	8.1	322	14.6
83	14-14	28	203	368	55.2	120	167	71.9	269	9.6	526	18.8
84	21-10	31	266	482	55.2	114	159	71.7	324	10.5	646	20.8
85	15-15	29	221	380	58.2	102	163	62.6	280	9.7	544	18.8
4 yrs.	68-51	110	799	1416	56.4	440	632	69.6	1051	9.6	2038	18.5

NCAA Tournament

Yr.	W-L	G	FG	FGA	FG%	FT	FTA	FT%	RBs	Avg.	Pts.	Avg.
84	0-1	1	11	25	44.0	6	6	100.0	18	18.0	28	28.0

MARK AGUIRRE
DePaul   6-7   Chicago, Ill.

Named player of the year by AP, UPI and the USBWA in 1980...Naismith Award winner in 1980...Unanimous first team all-American in 1980 and 1981...Olympic team member in 1980...NCAA all-tournament team in 1979.

Yr.	Team W-L	G	FG	FGA	FG%	FT	FTA	FT%	RBs	Avg.	Pts.	Avg.
79	26-6	32	302	581	52.0	163	213	76.5	244	7.6	767	24.0
80	26-2	28	281	520	54.0	187	244	76.6	213	7.6	749	26.8
81	27-2	29	280	481	58.2	106	137	77.4	249	8.6	666	23.0
3 yrs.	79-10	89	863	1582	54.6	456	594	76.8	706	7.9	2182	24.5

NCAA Tournament

Yr.	W-L	G	FG	FGA	FG%	FT	FTA	FT%	RBs	Avg.	Pts.	Avg.
79	4-1	5	45	87	51.7	27	32	84.4	33	6.6	117	23.4
80	0-1	1	5	12	41.7	3	4	75.0	3	3.0	13	13.0
81	0-1	1	3	6	50.0	2	2	100.0	1	1.0	8	8.0
3 yrs.	4-3	7	53	105	50.5	32	38	84.2	37	5.3	138	19.7

DANNY AINGE
Brigham Young
6-5
Eugene, Ore.

Named player of the year by the NABC in 1981...Wooden Award winner in 1981...Unanimous first team all-American in 1981...First team academic all-American in 1980 and 1981.

	Team											
Yr.	W-L	G	FG	FGA	FG%	FT	FTA	FT%	RBs	Avg.	Pts.	Avg.
78	12-18	30	243	473	51.4	146	169	86.4	173	5.8	632	21.1
79	20-8	27	206	376	54.8	86	112	76.8	102	3.8	498	18.4
80	24-5	29	229	430	53.3	97	124	78.2	114	3.9	555	19.1
81	25-7	32	309	596	51.8	164	199	82.4	152	4.8	782	24.4
4 yrs.	81-38	118	987	1875	52.6	493	604	81.6	541	4.6	2467	20.9

NCAA Tournament												
Yr.	W-L	G	FG	FGA	FG%	FT	FTA	FT%	RBs	Avg.	Pts.	Avg.
79	0-1	1	5	13	38.5	1	1	100.0	2	2.0	11	11.0
80	0-1	1	5	12	41.7	3	4	75.0	3	3.0	13	13.0
81	3-1	4	29	61	47.5	25	28	89.3	9	2.3	83	20.8
3 yrs.	3-3	6	39	86	45.3	29	33	87.9	14	2.3	107	17.8

LEW ALCINDOR
UCLA   7-2   New York, N.Y.

Named player of the year by AP, UPI and the USBWA in 1967 and 1969...Naismith Award winner in 1969...Unanimous first team all-American in 1967, 1968 and 1969...Led the nation in field-goal percentage in 1967 and 1969...Named to the NCAA Final Four all-time team...Named to the NCAA tournament all-decade team for the 1960s...NCAA tournament MVP in 1967, 1968 and 1969...Through the 1991 NCAA tournament, held the tournament career record for most free throws attempted...Changed his name to Kareem Abdul-Jabbar.

	Team											
Yr.	W-L	G	FG	FGA	FG%	FT	FTA	FT%	RBs	Avg.	Pts.	Avg.
67	30-0	30	346	519	66.7	178	274	65.0	466	15.5	870	29.0
68	29-1	28	294	480	61.3	146	237	61.6	461	16.5	734	26.2
69	29-1	30	303	477	63.5	115	188	61.2	440	14.7	721	24.0
3 yrs.	88-2	88	943	1476	63.9	439	699	62.8	1367	15.5	2325	26.4

NCAA Tournament												
Yr.	W-L	G	FG	FGA	FG%	FT	FTA	FT%	RBs	Avg.	Pts.	Avg.
67	4-0	4	39	60	65.0	28	43	65.1	62	15.5	106	26.5
68	4-0	4	37	56	66.1	29	43	67.4	75	18.8	103	25.8
69	4-0	4	39	63	61.9	17	33	51.5	64	16.0	95	23.8
3 yrs.	12-0	12	115	179	64.2	74	119	62.2	201	16.8	304	25.3

LEW ALCINDOR

STEVE ALFORD

Indiana
6-2
New Castle, Ind.

Unanimous first team all-American in 1987...Consensus first team all-American in 1986...Olympic team member in 1984...Led the nation in free-throw percentage in 1984...Named to the NCAA tournament all-decade team for the 1980s...NCAA all-tournament team in 1987... Through the 1991 NCAA tournament, held the Final Four game record for highest three-point field-goal percentage with 70.0 percent (7 of 10) against Syracuse in 1987.

Yr.	Team W-L	G	FG	FGA	FG%	3FG	3FGA	3FG%	FT	FTA	FT%	RBs	Avg.	Pts.	Avg.
84	22-9	31	171	289	59.2				137	150	91.3	82	2.6	479	15.5
85	19-14	32	232	431	53.8				116	126	92.1	101	3.2	580	18.1
86	21-8	28	254	457	55.6				122	140	87.1	75	2.7	630	22.5
87	30-4	34	241	508	47.4	107	202	53.0	160	180	88.9	87	2.6	749	22.0
4 yrs.	92-35	125	898	1685	53.3	107	202	53.0	535	596	89.8	345	2.8	2438	19.5

Yr.	NCAA Tournament W-L	G	FG	FGA	FG%	3FG	3FGA	3FG%	FT	FTA	FT%	RBs	Avg.	Pts.	Avg.
84	2-1	3	15	32	46.9				21	22	95.5	10	3.3	51	17.0
86	0-1	1	10	20	50.0				4	4	100.0	2	2.0	24	24.0
87	6-0	6	42	81	51.9	21	34	61.8	33	38	86.8	14	2.3	138	23.0
3 yrs.	8-2	10	67	133	50.4	21	34	61.8	58	64	90.6	26	2.6	213	21.3

KENNY ANDERSON

Georgia Tech   6-2   Rego Park, N.Y.

Unanimous first team all-American in 1991.

Yr.	Team W-L	G	FG	FGA	FG%	3FG	3FGA	3FG%	FT	FTA	FT%	RBs	Avg.	Pts.	Avg.
90	28-7	35	283	549	51.5	48	117	41.0	107	146	73.3	193	5.5	721	20.6
91	17-13	30	278	636	43.7	65	185	35.1	155	187	82.9	171	5.7	776	25.9
2 yrs.	45-20	65	561	1185	47.3	113	302	37.4	262	333	78.7	364	5.6	1497	23.0

Yr.	NCAA Tournament W-L	G	FG	FGA	FG%	3FG	3FGA	3FG%	FT	FTA	FT%	RBs	Avg.	Pts.	Avg.
90	4-1	5	48	84	57.1	11	24	45.8	17	22	77.3	35	7.0	124	24.8
91	1-1	2	20	51	39.2	3	9	33.3	13	14	92.9	10	5.0	56	28.0
2 yrs.	5-2	7	68	135	50.4	14	33	42.4	30	36	83.3	45	6.4	180	25.7

NATE ARCHIBALD

Texas-El Paso   6-1   New York, N.Y.

Naismith Memorial Basketball Hall of Fame.

Yr.	Team W-L	G	FG	FGA	FG%	FT	FTA	FT%	RBs	Avg.	Pts.	Avg.
68	14-9	23	131	281	46.6	102	140	72.9	81	3.5	364	15.8
69	16-9	25	199	374	53.2	161	194	83.0	69	2.8	559	22.4
70	17-8	25	180	351	51.2	176	225	78.2	66	2.6	536	21.4
3 yrs.	47-26	73	510	1006	50.7	439	559	78.5	216	2.9	1459	19.9

NCAA Tournament

Yr.	W-L	G	FG	FGA	FG%	FT	FTA	FT%	RBs	Avg.	Pts.	Avg.
70	0-1	1	13	21	61.9	10	11	90.9	3	3.0	36	36.0

PAUL ARIZIN

Villanova   6-3   Philadelphia, Pa.

Consensus first team all-American in 1950...Naismith Memorial Basketball Hall of Fame...Led the nation in scoring in 1950.

Yr.	Team W-L	G	FG	FGA	FG%	FT	FTA	FT%	RBs	Avg.	Pts.	Avg.
48	15-9	24	101			65	98	66.3			267	11.1
49	23-4	27	210			174	233	74.7			594	22.0
50	25-4	29	260	527	49.3	215	278	77.3			735	25.3
3 yrs.	63-17	80	571			454	609	74.5			1596	20.0

NCAA Tournament

Yr.	W-L	G	FG	FGA	FG%	FT	FTA	FT%	RBs	Avg.	Pts.	Avg.
49	1-1	2	18			16					52	26.0

JESSE ARNELLE

Penn State   6-5   New Rochelle, N.Y.

Yr.	Team W-L	G	FG	FGA	FG%	FT	FTA	FT%	RBs	Avg.	Pts.	Avg.
52	20-6	26	184			124	217	57.1	254	9.8	492	18.9
53	15-9	24	136			136	202	67.3	271	11.3	408	17.0
54	18-6	24	174			159	227	70.0	285	11.9	507	21.1
55	18-10	28	244			243	346	70.2	428	15.3	731	26.1
4 yrs.	71-31	102	738			662	992	66.7	1238	12.1	2138	21.0

NCAA Tournament

Yr.	W-L	G	FG	FGA	FG%	FT	FTA	FT%	RBs	Avg.	Pts.	Avg.
52	0-2	2	16			12	25	48.0			44	22.0
54	4-1	5	36			30	36	83.3			102	20.4
55	1-2	3	17			22	30	73.3			56	18.7
3 yrs.	5-5	10	69			64	91	70.3			202	20.2

BOB ARNZEN

Notre Dame   6-5   Fort Thomas, Ky.

First team academic all-American in 1967, 1968 and 1969...NCAA Postgraduate Scholarship winner in 1969.

Yr.	**Team** W-L	G	FG	FGA	FG%	FT	FTA	FT%	RBs	Avg.	Pts.	Avg.
67	14-14	28	225	488	46.1	147	177	83.1	355	12.6	597	21.4
68	21-9	30	269	527	51.0	106	134	79.1	310	10.3	644	21.5
69	20-7	24	172	359	47.9	80	103	76.7	279	11.6	424	17.7
3 yrs.	55-30	82	666	1374	48.5	333	414	74.7	944	11.5	1665	20.3

Yr.	**NCAA Tournament** W-L	G	FG	FGA	FG%	FT	FTA	FT%	RBs	Avg.	Pts.	Avg.
69	0-1	1	4	10	40.0	3	4	75.0	11	11.0	11	11.0

STACEY AUGMON

Nevada-Las Vegas   6-8   Pasadena, Calif.

Consensus second team all-American in 1991...Olympic team member in 1988...NCAA all-tournament team in 1990.

Yr.	**Team** W-L	G	FG	FGA	FG%	3FG	3FGA	3FG%	FT	FTA	FT%	RBs	Avg.	Pts.	Avg.
88	28-6	34	117	204	57.4	2	2	100.0	75	116	64.7	206	6.1	311	9.2
89	29-8	37	210	405	51.9	41	98	41.8	106	160	66.3	274	7.4	567	15.3
90	35-5	39	210	380	55.3	16	50	32.0	118	176	67.1	270	6.9	554	14.2
91	34-1	35	220	375	58.7	38	81	46.9	101	139	72.7	255	7.3	579	16.5
4 yrs.	126-20	145	757	1364	55.5	97	231	42.0	400	591	67.7	1005	6.9	2011	13.9

Yr.	**NCAA Tournament** W-L	G	FG	FGA	FG%	3FG	3FGA	3FG%	FT	FTA	FT%	RBs	Avg.	Pts.	Avg.
88	1-1	2	6	8	75.0	0	0	0.0	1	3	33.3	13	6.5	13	6.5
89	3-1	4	20	48	41.7	5	13	38.5	12	19	63.2	23	5.8	57	14.3
90	6-0	6	45	74	60.8	2	7	28.6	17	21	81.0	48	8.0	109	18.2
91	4-1	5	27	50	54.0	5	9	55.6	4	8	50.0	32	6.4	63	12.6
4 yrs.	14-3	17	98	180	54.4	12	29	41.4	34	51	66.7	116	6.8	242	14.2

WILLIAM "BIRD" AVERITT

Pepperdine   6-1   Hopkinsville, Ky.

Led the nation in scoring in 1973.

Yr.	Team W-L	G	FG	FGA	FG%	FT	FTA	FT%	RBs	Avg.	Pts.	Avg.
72	9-15	24	263	638	41.2	167	225	74.2	147	6.1	693	28.8
73	14-11	25	352	753	46.7	144	211	68.2	92	3.7	848	33.9
2 yrs.	23-26	49	615	1391	44.2	311	436	71.3	239	4.9	1541	31.4

Did not play in NCAA tournament.

DENNIS AWTREY

Santa Clara   6-10   San Jose, Calif.

First team academic all-American in 1968, 1969 and 1970.

Yr.	Team W-L	G	FG	FGA	FG%	FT	FTA	FT%	RBs	Avg.	Pts.	Avg.
68	22-4	26	176	313	57.1	90	133	69.3	340	13.1	442	17.0
69	27-2	29	240	406	59.1	139	189	73.6	386	13.3	619	21.3
70	23-6	29	230	390	57.6	154	214	72.0	409	14.1	614	21.2
3 yrs.	72-12	84	646	1109	58.3	383	536	71.5	1135	13.5	1675	19.9

Yr.	NCAA Tournament W-L	G	FG	FGA	FG%	FT	FTA	FT%	RBs	Avg.	Pts.	Avg.
68	1-1	2	12	23	52.2	6	9	66.7	15	7.5	30	15.0
69	1-1	2	14	26	53.8	5	7	71.4	15	7.5	33	16.5
70	1-1	2	24	33	72.7	13	19	68.4	24	12.0	61	30.5
3 yrs.	3-3	6	50	82	61.0	24	35	68.6	54	9.0	124	20.7

TERRANCE BAILEY

Wagner   6-2   Trenton, N.J.

Led the nation in scoring in 1986.

Yr.	Team W-L	G	FG	FGA	FG%	3FG	3FGA	3FG%	FT	FTA	FT%	RBs	Avg.	Pts.	Avg.
84	8-20	26	176	379	46.4				51	78	65.4	84	3.2	403	15.5
85	11-17	27	204	401	50.9				138	176	78.4	106	3.9	546	20.2
86	16-13	29	321	625	51.4				212	279	76.0	159	5.5	854	29.4
87	16-13	28	284	598	47.5	42	113	37.2	178	228	78.1	126	4.5	788	28.1
4 yrs.	51-63	110	985	2003	49.2	42	113	37.2	579	761	76.1	475	4.3	2591	23.6

Did not play in NCAA tournament.

MARVIN BARNES

Providence   6-9   Providence, R.I.

Unanimous first team all-American in 1974...Led the nation in rebounding in 1974.

Yr.	Team W-L	G	FG	FGA	FG%	FT	FTA	FT%	RBs	Avg.	Pts.	Avg.
72	21-6	27	236	462	51.1	112	173	64.7	424	15.7	584	21.6
73	27-4	30	237	436	54.4	237	436	54.4	571	19.0	549	18.3
74	28-4	32	297	596	49.8	112	164	68.3	597	18.7	706	22.1
3 yrs.	76-14	89	770	1494	51.5	461	773	59.6	1592	17.9	1839	20.7

Yr.	NCAA Tournament W-L	G	FG	FGA	FG%	FT	FTA	FT%	RBs	Avg.	Pts.	Avg.
72	0-1	1	3	10	30.0	1	2	50.0	6	6.0	7	7.0
73	3-2	4	33	56	58.9	6	10	60.0	48	12.0	72	18.0
74	2-1	3	24	54	44.4	10	13	76.9	51	17.0	58	19.3
3 yrs.	5-4	8	60	120	50.0	17	25	68.0	105	13.1	137	17.1

RICK BARRY

Miami (Florida)   6-7   Roselle Park, N.J.

Unanimous first team all-American in 1965...Naismith Memorial Basketball Hall of Fame...Led the nation in scoring in 1965.

Yr.	Team W-L	G	FG	FGA	FG%	FT	FTA	FT%	RBs	Avg.	Pts.	Avg.
63	23-5	24	162	341	47.5	131	158	82.9	351	14.6	455	19.0
64	20-7	27	314	572	54.9	242	287	84.3	448	16.6	870	32.1
65	22-4	26	340	651	52.2	293	341	85.9	475	18.3	973	37.4
3 yrs.	65-16	77	816	1564	52.2	666	786	84.7	1274	16.5	2298	29.8

Did not play in NCAA tournament.

ELGIN BAYLOR

Seattle 6-6 Washington, D.C.

Unanimous first team all-American in 1958...Consensus second team all-America in 1957...Naismith Memorial Basketball Hall of Fame...Led the nation in rebounding in 1957...Named to the NCAA tournament all-decade team for the 1950s... NCAA tournament MVP in 1958.

Yr.	Team W-L	G	FG	FGA	FG%	FT	FTA	FT%	RBs	Avg.	Pts.	Avg.
55	23-4	26	332	651	51.0	150	232	64.7	492	20.5	814	31.3
57	22-3	25	271	555	48.8	201	251	80.1	508	20.3	743	29.7
58	23-6	29	353	697	50.6	237	308	76.9	559	19.3	943	32.5
3 yrs.	68-13	80	956	1903	50.2	588	791	74.3	1559	20.0	2500	31.3

Note: Played at the College of Idaho in 1955 and rebounds available for 24 games only that season.

NCAA Tournament

Yr.	W-L	G	FG	FGA	FG%	FT	FTA	FT%	RBs	Avg.	Pts.	Avg.
58	4-1	5	48			39	45	86.7	73	18.3	135	27.0

Note: Rebounds available for four games only

RALPH BEARD

Kentucky 5-11 Louisville, Ky.

Unanimous first team all-American in 1947 and 1948...Consensus first team all-American in 1949...Olympic team member in 1948...Named to the NCAA tournament all-decade team for the 1940s...Played on the NIT title team in 1946.

Yr.	Team W-L	G	FG	FGA	FG%	FT	FTA	FT%	RBs	Avg.	Pts.	Avg.
46	28-2	30	111			57	110	51.8			279	9.3
47	34-3	37	157	469	33.5	78	115	67.8			392	10.6
48	36-3	38	194	536	36.2	88	149	59.1			476	12.5
49	32-2	34	144	481	29.9	82	115	71.3			370	10.9
4 yrs.	130-10	139	606			305	489	62.4			1517	10.9

NCAA Tournament

Yr.	W-L	G	FG	FGA	FG%	FT	FTA	FT%	RBs	Avg.	Pts.	Avg.
48	3-0	3	16			8	14	57.1			40	13.3
49	3-0	3	5			5					15	5.0
2 yrs.	6-0	6	21			13					55	9.2

ERNIE BECK

Pennsylvania   6-4   Philadelphia, Pa.

Consensus first team all-American in 1953...Led the nation in rebounding in 1951.

Yr.	Team W-L	G	FG	FGA	FG%	FT	FTA	FT%	RBs	Avg.	Pts.	Avg.
51	19-8	27	230	532	43.2	98	181	54.1	556	20.6	558	20.7
52	21-8	29	229	561	40.8	138	197	70.1	551	19.0	596	20.6
53	22-5	26	245	625	39.2	183	229	79.9	450	17.3	673	25.9
3 yrs.	62-21	82	704	1718	41.0	419	607	69.0	1557	19.0	1827	22.3

NCAA Tournament

Yr.	W-L	G	FG	FGA	FG%	FT	FTA	FT%	RBs	Avg.	Pts.	Avg.
53	1-1	2	18			11	14	78.6			47	23.5

KENT BENSON

Indiana
6-11
New Castle, Ind.

Unanimous first team all-American in 1976...Consensus first team all-American in 1977...First team academic all-American in 1976 and 1977...Named to the NCAA tournament all-decade team for the 1970s...NCAA tournament MVP in 1976.

Yr.	Team W-L	G	FG	FGA	FG%	FT	FTA	FT%	RBs	Avg.	Pts.	Avg.
74	23-5	27	113	224	50.4	24	40	60.0	222	8.2	250	9.3
75	31-1	32	198	366	54.1	84	113	74.3	286	8.9	480	15.0
76	32-0	32	237	410	57.8	80	117	68.4	282	8.8	554	17.3
77	14-13	23	174	346	50.3	108	144	75.0	241	10.5	456	19.8
4 yrs.	100-19	114	722	1346	53.6	296	414	71.5	1031	9.0	1740	15.3

NCAA Tournament

Yr.	W-L	G	FG	FGA	FG%	FT	FTA	FT%	RBs	Avg.	Pts.	Avg.
75	2-1	3	27	44	61.4	9	14	64.3	42	14.0	63	21.0
76	5-0	5	40	74	54.1	14	19	73.7	45	9.0	94	18.8
2 yrs.	7-1	8	67	118	56.8	23	33	69.7	87	10.9	157	19.6

WALTER BERRY

St. John's (New York)   6-8   Bronx, N.Y.

Named player of the year by AP, UPI, the USBWA and the NABC in 1986...Wooden Award winner in 1986... Unanimous first team all-American in 1986.

Yr.	Team W-L	G	FG	FGA	FG%	FT	FTA	FT%	RBs	Avg.	Pts.	Avg.
85	31-4	35	231	414	55.8	134	187	71.7	304	8.7	596	17.0
86	31-5	36	327	547	59.8	174	248	70.2	399	11.1	828	23.0
2 yrs.	62-9	71	558	961	58.1	308	435	70.8	703	9.9	1424	20.1

NCAA Tournament

Yr.	W-L	G	FG	FGA	FG%	FT	FTA	FT%	RBs	Avg.	Pts.	Avg.
85	4-1	5	34	61	55.7	25	32	78.1	42	8.4	93	18.6
86	1-1	2	19	30	63.3	13	15	86.7	18	9.0	51	25.5
2 yrs.	5-2	7	53	91	58.2	38	47	80.9	60	8.6	144	20.6

LEN BIAS

Maryland   6-8   Landover, Md.

Unanimous first team all-American in 1986...Consensus second team all-American in 1985.

Yr.	Team W-L	G	FG	FGA	FG%	FT	FTA	FT%	RBs	Avg.	Pts.	Avg.
83	20-10	30	86	180	47.8	42	66	63.6	125	4.2	214	7.1
84	24-8	32	211	372	56.7	66	86	76.7	145	4.5	488	15.2
85	25-12	37	274	519	53.0	153	197	77.7	251	6.8	701	19.0
86	19-14	32	267	491	54.4	209	242	86.4	224	7.0	743	23.2
4 yrs.	88-44	131	838	1562	53.6	470	591	79.5	745	5.7	2146	16.4

NCAA Tournament

Yr.	W-L	G	FG	FGA	FG%	FT	FTA	FT%	RBs	Avg.	Pts.	Avg.
83	1-1	2	12	16	75.0	0	0	0.0	14	7.0	24	12.0
84	1-1	2	14	26	53.8	6	6	100.0	11	5.5	34	17.0
85	2-1	3	21	41	51.2	11	15	73.3	22	7.3	53	17.7
86	1-1	2	18	37	48.6	21	23	91.3	20	10.0	57	28.5
4 yrs.	5-4	9	65	120	54.2	38	44	86.4	67	7.4	168	18.7

HENRY BIBBY

UCLA   6-1   Franklinton, N.C.

Consensus first team all-American in 1972.

Team

Yr.	W-L	G	FG	FGA	FG%	FT	FTA	FT%	RBs	Avg.	Pts.	Avg.
70	28-2	30	189	377	50.1	90	108	83.3	105	3.5	468	15.6
71	29-1	30	137	364	37.6	81	97	83.5	105	3.5	355	11.8
72	30-0	30	183	407	45.0	104	129	80.6	106	3.5	470	15.7
3 yrs.	87-3	90	509	1148	44.3	275	334	82.3	316	3.5	1293	14.4

NCAA Tournament

Yr.	W-L	G	FG	FGA	FG%	FT	FTA	FT%	RBs	Avg.	Pts.	Avg.
70	4-0	4	22	45	48.9	18	21	85.7	19	4.8	62	15.5
71	4-0	4	22	52	42.3	17	17	100.0	21	5.3	61	15.3
72	4-0	4	26	57	45.6	7	9	77.8	13	3.3	59	14.8
3 yrs.	12-0	12	70	154	45.5	42	47	89.4	53	4.4	182	15.2

DAVE BING

Syracuse   6-3   Washington, D.C.

Unanimous first team all-American in 1966...Naismith Memorial Basketball Hall of Fame...NCAA Silver Anniversary recipient in 1991.

Team

Yr.	W-L	G	FG	FGA	FG%	FT	FTA	FT%	RBs	Avg.	Pts.	Avg.
64	17-8	25	215	460	46.7	126	172	73.3	206	8.2	556	22.2
65	13-10	23	206	444	46.3	121	162	74.4	277	12.0	533	23.2
66	22-6	28	308	569	54.2	178	222	80.2	303	10.8	794	28.4
3 yrs.	52-24	76	729	1473	49.5	425	556	76.4	786	10.3	1883	24.8

NCAA Tournament

Yr.	W-L	G	FG	FGA	FG%	FT	FTA	FT%	RBs	Avg.	Pts.	Avg.
66	1-1	2	13	34	38.2	4	4	100.0	20	10.0	30	15.0

JOE BINION

North Carolina A&T 6-8 Rochester, N.Y.

Yr.	Team W-L	G	FG	FGA	FG%	FT	FTA	FT%	RBs	Avg.	Pts.	Avg.
81	21-8	29	169	354	47.5	80	117	70.0	267	9.3	418	14.6
82	19-9	28	216	408	52.9	104	170	61.2	259	9.3	536	19.1
83	23-8	30	229	479	47.8	139	200	69.5	333	11.1	597	19.9
84	22-7	29	223	425	53.0	146	217	67.6	335	11.6	592	20.4
4 yrs.	85-32	116	837	1666	50.2	469	704	66.6	1194	10.3	2143	18.5

NCAA Tournament

Yr.	W-L	G	FG	FGA	FG%	FT	FTA	FT%	RBs	Avg.	Pts.	Avg.
82	0-1	1	6	14	42.9	5	8	62.5	12	12.0	17	17.0
83	0-1	1	6	20	30.0	1	2	50.0	9	9.0	13	13.0
84	0-1	1	5	10	50.0	0	0	0.0	13	13.0	10	10.0
3 yrs.	0-3	3	17	44	38.6	6	10	60.0	34	11.3	40	13.3

LARRY BIRD

Indiana State
6-9
French Lick, Ind.

Named player of the year by AP, UPI, the USBWA and the NABC in 1979... Wooden Award winner in 1979... Naismith Award winner in 1979... Unanimous first team all-American in 1978 and 1979... Named to the NCAA Final Four all-time team ... Named to the NCAA tournament all-decade team for the 1970s... NCAA all-tournament team in 1979.

Yr.	Team W-L	G	FG	FGA	FG%	FT	FTA	FT%	RBs	Avg.	Pts.	Avg.
77	25-3	28	375	689	54.4	168	200	84.0	373	13.3	918	32.8
78	23-9	32	403	769	52.4	153	193	79.3	369	11.5	959	30.0
79	33-1	34	376	707	53.2	221	266	83.1	505	14.9	973	28.6
3 yrs.	81-13	94	1154	2165	53.3	542	659	82.2	1247	13.3	2850	30.3

NCAA Tournament

Yr.	W-L	G	FG	FGA	FG%	FT	FTA	FT%	RBs	Avg.	Pts.	Avg.
79	4-1	5	52	95	54.7	32	40	80.0	67	13.4	136	27.2

OTIS BIRDSONG

Houston   6-4   Winter Haven, Fla.

Consensus first team all-American in 1977.

Yr.	Team W-L	G	FG	FGA	FG%	FT	FTA	FT%	RBs	Avg.	Pts.	Avg.
74	17-9	26	154	312	49.4	64	92	69.6	110	4.2	372	14.3
75	16-10	26	268	460	58.3	104	143	72.7	122	4.7	640	24.6
76	17-11	28	302	582	51.9	126	191	66.0	176	6.3	730	26.1
77	29-8	36	452	794	56.9	186	249	74.7	159	4.4	1090	30.3
4 yrs.	79-38	116	1176	2148	54.8	480	675	71.1	567	4.9	2832	24.4

Did not play in NCAA tournament.

RODNEY BLAKE

St. Joseph's (Pennsylvania)   6-8   Sharon Hill, Pa.

Through the 1991 season, held the NCAA career record for most blocked shots with 399...Led the nation in blocked shots with 4.0 per game in 1988.

Yr.	Team W-L	G	FG	FGA	FG%	3FG	3FGA	3FG%	FT	FTA	FT%	RBs	Avg.	Pts.	Avg.
85	19-12	31	119	242	49.2				58	104	55.8	185	6.0	296	9.5
86	26-6	32	175	318	55.0				82	126	65.1	227	7.1	432	13.5
87	16-13	24	157	278	56.5	0	0	0.0	109	140	77.9	171	7.1	423	17.6
88	15-14	29	211	376	56.1	0	0	0.0	107	161	66.5	235	8.1	529	18.2
4 yrs.	76-45	116	662	1214	54.5	0	0	0.0	356	531	67.0	818	7.1	1680	14.5

NCAA Tournament

Yr.	W-L	G	FG	FGA	FG%	FT	FTA	FT%	RBs	Avg.	Pts.	Avg.
86	1-1	2	9	16	56.3	10	12	83.3	12	6.0	28	14.0

MOOKIE BLAYLOCK

Oklahoma
6-1
Garland, Texas

Through the 1991 season, held the NCAA career record for most steals per game with 3.8...Also held the NCAA season record for most steals with 150 in 1988...Held the NCAA single-game record for most steals with 13 against Centenary on December 12, 1987, and again against Loyola Marymount on December 17, 1988...Through the 1991 NCAA tournament, held the tournament career record for most steals with 32...Through the 1991 NCAA tournament, held the tournament series record for steals in 1988...Also was tied for the tournament game record for most steals with seven against Kansas in 1988, which also tied the Final Four game record.

Team

Yr.	W-L	G	FG	FGA	FG%	3FG	3FGA	3FG%	FT	FTA	FT%	RBs	Avg.	Pts.	Avg.
88	35-4	39	241	524	46.0	78	201	38.8	78	114	68.4	162	4.1	638	16.4
89	30-6	35	272	598	45.4	91	245	37.1	65	100	65.0	164	4.7	700	20.0
2 yrs.	65-10	74	513	1122	45.7	169	446	37.9	143	214	66.8	326	4.4	1338	18.1

NCAA Tournament

Yr.	W-L	G	FG	FGA	FG%	3FG	3FGA	3FG%	FT	FTA	FT%	RBs	Avg.	Pts.	Avg.
88	5-1	6	31	64	48.4	9	19	47.4	7	11	63.6	30	5.0	78	13.0
89	2-1	3	21	52	40.4	5	19	26.3	7	12	58.3	11	3.7	54	18.0
2 yrs.	7-2	9	52	116	44.8	14	38	36.8	14	23	60.9	41	4.6	132	14.7

RON BONHAM

Cincinnati   6-5   Muncie, Ind.

Consensus first team all-American in 1963...Consensus second team all-American in 1964...NCAA all-tournament team in 1963.

Team

Yr.	W-L	G	FG	FGA	FG%	FT	FTA	FT%	RBs	Avg.	Pts.	Avg.
62	29-2	31	174	382	45.5	95	125	76.0	156	5.0	443	14.3
63	26-2	28	208	449	46.3	173	194	89.2	178	6.4	589	21.0
64	17-9	26	222	430	51.6	190	232	81.9	155	6.0	634	24.4
3 yrs.	72-13	85	604	1261	47.9	458	551	83.1	489	5.8	1666	19.6

NCAA Tournament

Yr.	W-L	G	FG	FGA	FG%	FT	FTA	FT%	RBs	Avg.	Pts.	Avg.
62	4-0	4	23	56	41.1	14	19	73.7	20	5.0	60	15.0
63	3-1	4	28	69	40.6	26	33	78.8	15	3.8	82	20.5
2 yrs.	7-1	8	51	125	40.8	40	52	76.9	35	4.4	142	17.8

BOB BOOZER

Kansas State   6-8   Omaha, Neb.

Unanimous first team all-American in 1959...Consensus first team all-American in 1958...Olympic team member in 1960.

Yr.	Team W-L	G	FG	FGA	FG%	FT	FTA	FT%	RBs	Avg.	Pts.	Avg.
57	15-8	23	136	307	44.3	178	231	77.1	237	10.3	450	19.6
58	22-5	27	195	441	44.2	154	215	71.6	281	10.4	544	20.1
59	25-2	27	247	578	42.7	197	258	76.4	306	11.3	691	25.6
3 yrs.	62-15	77	578	1326	43.6	529	704	75.1	824	10.7	1685	21.9

NCAA Tournament

Yr.	W-L	G	FG	FGA	FG%	FT	FTA	FT%	RBs	Avg.	Pts.	Avg.
58	3-1	4	33	75	44.0	18	30	60.0	39	9.8	84	21.0
59	1-1	2	18	38	47.4	12	16	75.0	25	12.5	48	24.0
2 yrs.	4-2	6	51	113	45.1	30	46	65.2	64	10.7	132	22.0

VINCE BORYLA

Denver   6-5   East Chicago, Ind.

Consensus first team all-American in 1949...Olympic team member in 1948.

Yr.	Team W-L	G	FG	FGA	FG%	FT	FTA	FT%	RBs	Avg.	Pts.	Avg.
45	15-5	20	130			62	94	66.0			322	16.1
46	17-4	21	128	369	34.7	65	93	69.9			321	15.3
49	18-15	33	212			200	253	79.1			624	18.9
3 yrs.	50-24	74	470			327	440	74.3			1267	17.1

Note: Played at Notre Dame in 1945 and 1946 and then was in the military service for two years.

Did not play in NCAA tournament.

GARY BRADDS
Ohio State   6-8   Jamestown, Ohio

Named player of the year by AP and UPI in 1964...Unanimous first team all-American in 1964...Consensus second team all-American in 1963.

Yr.	Team W-L	G	FG	FGA	FG%	FT	FTA	FT%	RBs	Avg.	Pts.	Avg.
62	26-2	26	50	72	69.4	23	40	57.5	72	2.8	123	4.7
63	20-4	24	237	453	52.3	198	248	79.8	312	13.0	672	28.0
64	16-8	24	276	527	52.3	183	231	79.2	322	13.4	735	30.6
3 yrs.	62-14	74	563	1052	53.5	404	519	77.8	706	9.5	1530	20.7

NCAA Tournament

Yr.	W-L	G	FG	FGA	FG%	FT	FTA	FT%	RBs	Avg.	Pts.	Avg.
62	3-1	4	8	14	57.1	9	13	69.2	15	3.8	25	6.3

BILL BRADLEY
Princeton
6-5
Crystal City, Mo.

Named player of the year by AP, UPI and the USBWA in 1965...Unanimous first team all-American in 1964 and 1965... Rhodes Scholar...Naismith Memorial Basketball Hall of Fame...Olympic team member in 1964...Led the nation in free-throw percentage in 1965...Named to the NCAA tournament all-decade team for the 1960s...NCAA tournament MVP in 1965...Through the 1991 NCAA tournament, held the tournament career record for highest free-throw percentage... Also was tied for the tournament game record for highest free-throw percentage with 16 of 16 shooting against St. Josephs (Pa.) in 1963...Through the 1991 NCAA tournament, held the Final Four game record for most points with 58 and most field goals made with 22 against Wichita State in 1965.

Yr.	Team W-L	G	FG	FGA	FG%	FT	FTA	FT%	RBs	Avg.	Pts.	Avg.
63	19-6	25	212	445	47.6	258	289	89.3	306	12.2	682	27.3
64	20-9	29	338	648	52.2	260	306	85.0	360	12.4	936	32.3
65	23-6	29	306	574	53.3	273	308	88.6	342	11.8	885	30.5
3 yrs.	62-21	83	856	1667	51.3	791	903	87.6	1008	12.1	2503	30.2

NCAA Tournament

Yr.	W-L	G	FG	FGA	FG%	FT	FTA	FT%	RBs	Avg.	Pts.	Avg.
63	0-1	1	12	21	57.1	16	16	100.0	16	16.0	40	40.0
64	1-2	3	31	60	51.7	24	29	82.8	35	11.7	86	28.7
65	4-1	5	65	114	57.0	47	51	92.2	57	11.4	177	35.4
3 yrs.	5-4	9	108	195	55.4	87	96	90.6	108	12.0	303	33.7

KEVIN BRADSHAW

U.S. International   6-6   Gainesville, Fla.

Led the nation in scoring in 1991.

Yr.	Team W-L	G	FG	FGA	FG%	3FG	3FGA	3FG%	FT	FTA	FT%	RBs	Avg.	Pts.	Avg.
84	6-22	28	151	347	43.5				59	86	68.6	79	2.8	361	12.9
85	8-19	27	227	528	43.0				60	86	69.8	120	4.4	514	19.0
90	12-16	28	291	707	41.2	72	213	33.8	221	262	84.4	137	4.9	875	31.3
91	2-26	28	358	837	42.8	60	190	31.6	278	338	82.2	144	5.1	1054	37.6
4 yrs.	28-83	111	1027	2419	42.5	132	403	32.8	618	772	80.1	480	4.3	2804	25.3

Note: Played at Bethune-Cookman in 1984 and 1985. Was in the military service from 1986-89.

Did not play in NCAA tournament.

DARRON BRITTMAN

Chicago State   5-11   Chicago, Ill.

Through the 1991 season, held the NCAA season record for most steals per game with 5.0 in 1986...Led the nation in steals in 1986.

Yr.	Team W-L	G	FG	FGA	FG%	FT	FTA	FT%	RBs	Avg.	Pts.	Avg.
84	31-5	36	191	357	53.5	81	102	79.4	114	3.1	463	12.8
85	16-11	27	177	339	52.2	52	72	72.2	69	2.5	406	15.0
86	22-6	28	211	419	50.3	89	113	78.7	93	3.3	511	18.2
3 yrs.	69-22	91	579	1115	51.9	222	287	77.4	276	3.0	1380	15.2

Note: Chicago State was Division II in 1984.

Did not play in NCAA tournament.

MICHAEL BROOKS

La Salle   6-7   Philadelphia, Pa.

Named player of the year by the NABC in 1980…Consensus first team all-American in 1980…Olympic team member in 1980.

Yr.	Team W-L	G	FG	FGA	FG%	FT	FTA	FT%	RBs	Avg.	Pts.	Avg.
77	17-12	29	241	490	49.2	97	152	63.8	311	10.7	579	19.9
78	18-12	28	288	490	58.8	120	164	73.2	358	12.8	696	24.9
79	15-13	26	245	443	55.3	116	161	72.0	347	13.3	606	23.3
80	22-9	31	290	553	52.4	167	237	70.5	356	11.5	747	24.1
4 yrs.	72-46	114	1064	1976	53.8	500	714	70.0	1372	12.0	2628	23.1

NCAA Tournament

Yr.	W-L	G	FG	FGA	FG%	FT	FTA	FT%	RBs	Avg.	Pts.	Avg.
78	0-1	1	14	17	82.4	7	9	77.8	14	14.0	35	35.0
80	0-1	1	8	16	50.0	13	17	76.5	12	12.0	29	29.0
2 yrs.	0-2	2	22	33	66.7	20	26	76.9	26	13.0	64	32.0

FRANK BURGESS

Gonzaga   6-1   Eudora, Ark.

Consensus second team all-American in 1961…Led the nation in scoring in 1961.

Yr.	Team W-L	G	FG	FGA	FG%	FT	FTA	FT%	RBs	Avg.	Pts.	Avg.
59	11-15	26	226	463	48.9	151	178	84.8	173	6.7	603	23.2
60	14-12	26	270	613	44.0	211	263	80.2	219	8.4	751	28.9
61	11-15	26	304	704	43.2	234	286	81.8	203	7.8	842	32.4
3 yrs.	36-42	78	800	1780	44.9	596	727	82.0	595	7.6	2196	28.2

Did not play in NCAA tournament.

STEVE BURTT

Iona   6-2   Bronx, N.Y.

Yr.	Team W-L	G	FG	FGA	FG%	FT	FTA	FT%	RBs	Avg.	Pts.	Avg.
81	15-14	28	149	309	48.2	83	126	65.8	73	2.6	381	13.6
82	24-9	31	251	496	50.6	182	251	72.5	108	3.5	684	22.1
83	22-9	31	294	544	54.0	132	171	77.2	129	4.2	720	23.2
84	23-8	31	309	574	53.8	131	179	73.1	109	3.2	749	24.2
4 yrs.	84-40	121	1003	1923	52.2	528	727	72.6	419	3.5	2534	20.9

Yr.	NCAA Tournament W-L	G	FG	FGA	FG%	FT	FTA	FT%	RBs	Avg.	Pts.	Avg.
84	0-1	1	13	19	68.4	2	2	100.0	4	4.0	28	28.0

LAWRENCE BUTLER

Idaho State   6-3   Glasgow, Mo.

Led the nation in scoring in 1979.

Yr.	Team W-L	G	FG	FGA	FG%	FT	FTA	FT%	RBs	Avg.	Pts.	Avg.
78	16-10	26	261	538	48.5	96	119	80.7	77	3.0	618	23.7
79	14-13	27	310	611	50.7	192	232	82.8	112	4.1	812	30.1
2 yrs.	30-23	53	571	1149	49.7	288	351	82.1	189	3.6	1430	27.0

Did not play in NCAA tournament.

AUSTIN CARR

Notre Dame   6-3   Washington, D.C.

Named player of the year by AP and UPI in 1971...Naismith Award winner in 1971...
Unanimous first team all-American in 1971...Consensus second team all-American in 1970
...Through the 1991 NCAA tournament, held the tournament career record for highest
scoring average...Also held the tournament series record for highest scoring average in
1970...Also held the tournament game record for most points (61), and most field goals
made (25) and attempted (44) against Ohio in 1970.

Yr.	Team W-L	G	FG	FGA	FG%	FT	FTA	FT%	RBs	Avg.	Pts.	Avg.
69	20-7	16	143	294	48.6	67	85	78.8	84	5.3	353	22.0
70	21-8	29	444	799	55.6	218	264	82.6	240	8.1	1106	38.1
71	20-9	29	430	832	51.5	241	297	81.1	214	7.3	1101	37.9
3 yrs.	61-24	74	1017	1925	52.8	526	646	81.4	538	7.3	2560	34.6

NCAA Tournament

Yr.	W-L	G	FG	FGA	FG%	FT	FTA	FT%	RBs	Avg.	Pts.	Avg.
69	0-1	1	1	6	16.7	4	6	66.7	3	3.0	6	6.0
70	1-2	3	68	118	57.6	22	26	84.6	24	8.0	158	52.7
71	1-2	3	48	101	47.5	29	37	78.4	26	8.7	125	41.7
3 yrs.	2-5	7	117	225	52.0	55	69	79.7	53	7.6	289	41.3

JOE BARRY CARROLL

Purdue   7-1   Denver, Colo.

Unanimous first team all-American in 1980...NCAA all-tournament team in 1980.

Yr.	Team W-L	G	FG	FGA	FG%	FT	FTA	FT%	RBs	Avg.	Pts.	Avg.
77	20-8	28	93	187	49.7	34	54	63.0	206	7.4	220	7.9
78	16-11	27	163	312	52.2	95	143	66.4	288	10.7	421	15.6
79	27-8	35	318	545	58.3	162	243	64.0	352	10.1	798	22.8
80	23-10	33	301	558	53.9	134	203	66.0	302	9.2	736	22.3
4 yrs.	86-37	123	875	1602	54.6	425	653	65.1	1148	9.3	2175	17.7

NCAA Tournament

Yr.	W-L	G	FG	FGA	FG%	FT	FTA	FT%	RBs	Avg.	Pts.	Avg.
77	0-1	1	1	4	25.0	1	1	100.0	8	8.0	3	3.0
80	5-1	6	63	98	64.3	32	46	69.6	59	9.8	158	26.3
2 yrs.	5-2	7	64	102	62.7	33	47	70.2	67	9.6	161	23.0

BILL CARTWRIGHT
San Francisco   6-11   Elk Grove, Calif.

Consensus second team all-American in 1977 and 1979.

Yr.	Team W-L	G	FG	FGA	FG%	FT	FTA	FT%	RBs	Avg.	Pts.	Avg.
76	22-8	30	151	285	53.0	72	98	73.5	207	6.9	374	12.5
77	29-2	31	241	426	56.6	118	161	73.3	262	8.5	600	19.4
78	23-6	21	168	252	66.7	96	131	73.3	213	10.1	432	20.6
79	22-7	29	268	443	60.5	174	237	73.4	455	15.7	710	24.5
4 yrs.	96-23	111	828	1406	58.9	460	627	73.4	1137	10.2	2116	19.1

Yr.	NCAA Tournament W-L	G	FG	FGA	FG%	FT	FTA	FT%	RBs	Avg.	Pts.	Avg.
77	0-1	1	5	10	50.0	5	10	50.0	8	8.0	15	15.0
78	1-1	2	18	23	78.3	14	22	63.6	20	10.0	50	25.0
79	1-1	2	21	32	65.6	16	19	84.2	17	8.5	58	29.0
3 yrs.	2-3	5	44	65	67.7	35	51	68.6	45	9.0	123	24.6

WILT CHAMBERLAIN
Kansas   7-0   Philadelphia, Pa.

Unanimous first team all-American in 1957 and 1958...Naismith Memorial Basketball Hall of Fame...Named to the NCAA Final Four all-time team...Named to the NCAA tournament all-decade team for the 1950s...NCAA tournament MVP in 1957.

Yr.	Team W-L	G	FG	FGA	FG%	FT	FTA	FT%	RBs	Avg.	Pts.	Avg.
57	24-3	27	275	588	46.8	250	399	62.7	510	18.9	800	29.6
58	18-5	21	228	482	47.3	177	291	60.8	367	17.5	633	30.1
2 yrs.	42-8	48	503	1070	47.0	427	690	61.9	877	18.3	1433	29.9

Yr.	NCAA Tournament W-L	G	FG	FGA	FG%	FT	FTA	FT%	RBs	Avg.	Pts.	Avg.
57	3-1	4	40	78	51.3	41	62	66.1	62	15.5	121	30.3

WILT CHAMBERLAIN

LEN CHAPPELL
Wake Forest   6-8   Portage Area, Pa.

Consensus first team all-American in 1962...NCAA all-tournament team in 1962.

Yr.	Team W-L	G	FG	FGA	FG%	FT	FTA	FT%	RBs	Avg.	Pts.	Avg.
60	21-7	28	166	372	44.6	156	228	68.4	350	12.5	488	17.4
61	19-11	28	271	538	50.4	203	286	71.0	393	14.0	745	26.6
62	22-9	31	327	597	54.8	278	383	72.6	470	15.2	932	30.1
3 yrs.	62-27	87	764	1507	50.7	637	897	71.0	1213	13.9	2165	24.9

NCAA Tournament Yr.	W-L	G	FG	FGA	FG%	FT	FTA	FT%	RBs	Avg.	Pts.	Avg.
61	2-1	3	27	59	46.0	33	43	76.7	51	17.0	87	29.0
62	4-1	5	45	90	50.0	44	62	71.0	86	17.2	134	26.8
2 yrs.	6-2	8	72	149	48.3	77	105	73.3	137	17.1	221	27.6

DERRICK CHIEVOUS
Missouri   6-7   Jamaica, N.Y.

Yr.	Team W-L	G	FG	FGA	FG%	3FG	3FGA	3FG%	FT	FTA	FT%	RBs	Avg.	Pts.	Avg.
85	18-14	32	142	278	51.1				134	168	79.8	170	5.3	418	13.1
86	21-14	34	227	433	52.4				186	232	80.2	262	7.7	640	18.8
87	24-10	34	282	522	54.0	13	33	39.4	244	302	80.8	291	8.6	821	24.1
88	19-11	30	242	477	50.7	17	33	51.5	200	261	76.6	256	8.5	701	23.4
4 yrs.	82-49	130	893	1710	52.2	30	66	45.5	764	963	79.3	979	7.5	2580	19.8

NCAA Tournament Yr.	W-L	G	FG	FGA	FG%	3FG	3FGA	3FG%	FT	FTA	FT%	RBs	Avg.	Pts.	Avg.
86	0-1	1	7	13	53.8				7	7	100.0	6	6.0	21	21.0
87	0-1	1	6	11	54.5	0	0	0.0	4	6	66.7	9	9.0	16	16.0
88	0-1	1	16	25	64.0	0	1	0.0	3	6	50.0	8	8.0	35	35.0
3 yrs.	0-3	3	29	49	59.2	0	1	0.0	14	19	73.7	23	7.7	72	24.0

JIM CHONES
Marquette   6-11   Racine, Wis.

Consensus first team all-American in 1972.

Yr.	Team W-L	G	FG	FGA	FG%	FT	FTA	FT%	RBs	Avg.	Pts.	Avg.
71	28-1	29	230	401	57.4	60	113	53.1	333	11.4	520	17.9
72	25-4	21	180	349	51.6	72	105	68.6	250	11.9	432	20.5
2 yrs.	53-5	50	410	750	54.7	132	218	60.6	583	11.7	952	19.0

NCAA Tournament Yr.	W-L	G	FG	FGA	FG%	FT	FTA	FT%	RBs	Avg.	Pts.	Avg.
71	2-1	3	29	48	60.4	8	15	53.3	36	12.0	66	22.0

JEFF COHEN

William & Mary   6-7   Kenosha, Wis.

Yr.	Team W-L	G	FG	FGA	FG%	FT	FTA	FT%	RBs	Avg.	Pts.	Avg.
58	15-14	29	146	341	42.8	113	164	68.9	371	12.8	405	14.0
59	13-11	24	150	342	43.9	95	142	66.9	413	17.2	395	16.5
60	15-11	26	230	458	50.2	168	232	72.4	471	18.1	628	24.2
61	14-10	24	193	404	47.8	189	246	76.8	424	17.7	575	23.9
4 yrs.	57-46	103	719	1545	46.5	565	784	72.1	1679	16.3	2003	19.4

Did not play in NCAA tournament.

DERRICK COLEMAN

Syracuse
6-9
Detroit, Mich.

Unanimous first team all-American in 1990...Through the 1991 season, held the career record for most rebounds for careers beginning in 1973 or after...NCAA all-tournament team in 1987.

Yr.	Team W-L	G	FG	FGA	FG%	3FG	3FGA	3FG%	FT	FTA	FT%	RBs	Avg.	Pts.	Avg.
87	31-7	38	173	309	56.0	0	0	0.0	107	156	68.6	333	8.8	453	11.9
88	26-9	35	176	300	58.7	1	6	16.7	121	192	63.0	384	11.0	474	13.5
89	30-8	37	227	395	57.5	0	0	0.0	171	247	69.2	422	11.4	625	16.9
90	26-7	33	194	352	55.1	15	41	36.6	188	263	71.5	398	12.1	591	17.9
4 yrs.	113-31	143	770	1356	56.8	16	47	34.0	587	858	68.4	1537	10.7	2143	15.0

NCAA Tournament

Yr.	W-L	G	FG	FGA	FG%	3FG	3FGA	3FG%	FT	FTA	FT%	RBs	Avg.	Pts.	Avg.
87	5-1	6	20	48	41.7	0	0	0.0	23	31	74.2	73	12.2	63	10.5
88	1-1	2	9	17	52.9	0	0	0.0	2	2	100.0	20	10.0	20	10.0
89	2-1	3	17	34	50.0	0	0	0.0	9	16	56.3	29	7.3	43	14.3
90	2-1	3	14	29	48.3	4	8	50.0	16	24	66.7	33	11.0	48	16.0
4 yrs.	10-4	14	60	128	46.9	4	8	50.0	50	73	68.4	155	11.1	174	12.4

CRAIG COLLINS

Penn State   6-5   Swarthmore, Pa.

Through the 1991 season, held the NCAA season record for highest free-throw percentage in 1985...Led the nation in free-throw percentage in 1985.

Yr.	Team W-L	G	FG	FGA	FG%	FT	FTA	FT%	RBs	Avg.	Pts.	Avg.
82	15-12	16	27	71	29.0	4	10	40.0	24	1.5	58	3.6
83	17-11	28	50	114	43.9	20	28	71.4	36	1.3	120	4.3
84	5-22	27	131	270	48.5	76	88	86.4	81	3.0	338	12.5
85	8-19	27	149	305	48.9	94	98	95.9	102	3.6	392	14.5
4 yrs.	45-64	98	357	760	47.0	194	224	86.6	243	2.5	908	9.3

Did not play in NCAA tournament.

DOUG COLLINS

Illinois State   6-6   Benton, Ill.

Consensus first team all-American in 1973...First team academic all-American in 1973... Olympic team member in 1972.

Yr.	Team W-L	G	FG	FGA	FG%	FT	FTA	FT%	RBs	Avg.	Pts.	Avg.
71	16-10	26	273	609	44.8	197	235	83.8	166	6.4	743	28.6
72	16-10	26	352	704	50.0	143	177	80.8	133	5.1	847	32.6
73	13-12	25	269	565	47.6	112	137	81.8	126	5.0	650	26.0
3 yrs.	45-32	77	894	1878	47.6	452	549	82.3	425	5.5	2240	29.1

Did not play in NCAA tournament.

ED CONLIN

Fordham   6-5   Montclair, N.J.

Led the nation in rebounding in 1953.

Yr.	Team W-L	G	FG	FGA	FG%	FT	FTA	FT%	RBs	Avg.	Pts.	Avg.
52	19-6	25	53	155	34.2	42	61	68.9	277	11.1	148	5.5
53	18-8	26	176	437	40.3	120	162	74.1	612	23.5	472	18.2
54	18-6	24	225	498	45.2	112	170	65.9	417	17.4	562	23.4
55	18-9	27	242	563	43.0	191	249	76.7	578	21.4	675	26.1
4 yrs.	73-29	102	696	1653	42.1	465	642	72.4	1884	18.5	1857	18.2

Yr.	NCAA Tournament W-L	G	FG	FGA	FG%	FT	FTA	FT%	RBs	Avg.	Pts.	Avg.
53	0-1	1	7			2	5	40.0			16	16.0
54	0-1	1	10			6	7	85.7			26	26.0
2 yrs.	0-2	2	17			8	12	66.7			42	21.0

CHRIS CORCHIANI

North Carolina State   6-1   Miami, Fla.

Through the 1991 season, held the NCAA career record for most assists with 1,038.

Yr.	Team W-L	G	FG	FGA	FG%	3FG	3FGA	3FG%	FT	FTA	FT%	RBs	Avg.	Pts.	Avg.
88	*24-7	32	61	120	50.8	20	40	50.0	60	72	83.3	44	1.4	202	6.3
89	22-9	31	101	204	49.5	23	54	42.6	99	123	80.5	78	2.5	324	10.5
90	18-12	30	131	311	42.1	33	82	40.2	99	119	83.2	63	2.1	394	13.1
91	20-11	31	160	343	46.6	51	135	37.8	134	163	82.2	78	2.5	505	16.3
4 yrs.	*84-39	124	453	978	46.3	127	311	40.8	392	477	82.2	263	2.1	1425	11.5

Yr.	NCAA Tournament W-L	G	FG	FGA	FG%	3FG	3FGA	3FG%	FT	FTA	FT%	RBs	Avg.	Pts.	Avg.
88	*0-0	1	2	7	28.6	2	3	66.7	1	2	50.0	4	4.0	7	7.0
89	2-1	3	8	19	42.1	3	5	60.0	15	20	75.0	8	2.6	34	11.3
91	1-1	2	11	17	64.7	5	6	83.3	13	14	92.9	6	3.0	40	20.0
3 yrs.	*3-2	6	21	43	48.8	10	14	71.4	29	36	80.6	18	3.0	81	13.5

*NCAA tournament record later vacated: 1988, 0-1.

BOB COUSY

Holy Cross   6-1   St. Albans, N.Y.

Unanimous first team all-American in 1950...Naismith Memorial Basketball Hall of Fame.

Yr.	Team W-L	G	FG	FGA	FG%	FT	FTA	FT%	RBs	Avg.	Pts.	Avg.
47	27-3	30	91			45					227	7.6
48	26-4	30	207			72	108	66.7			486	16.2
49	19-8	27	195			90	134	67.2			480	17.8
50	27-4	30	216	659	32.8	150	199	75.4			582	19.4
4 yrs.	99-19	117	709			357					1775	15.2

Yr.	NCAA Tournament W-L	G	FG	FGA	FG%	FT	FTA	FT%	RBs	Avg.	Pts.	Avg.
47	3-0	3	5			3	4	75.0			13	4.3
48	2-1	3	12			10	15	66.7			34	11.3
50	0-2	2	17	61	27.9	4	8	50.0			38	19.0
3 yrs.	5-3	8	34			17	27	63.0			85	10.6

DAVE COWENS

Florida State   6-10   Newport, Ky.

Naismith Memorial Basketball Hall of Fame.

Yr.	Team W-L	G	FG	FGA	FG%	FT	FTA	FT%	RBs	Avg.	Pts.	Avg.
68	19-8	27	206	383	53.8	96	131	73.3	456	16.9	508	18.8
69	18-8	25	202	384	52.6	104	164	63.4	437	17.5	508	20.3
70	23-3	26	174	355	49.0	115	169	67.6	447	17.2	463	17.8
3 yrs.	60-19	78	582	1122	51.9	315	464	67.9	1340	17.2	1479	19.0

NCAA Tournament

Yr.	W-L	G	FG	FGA	FG%	FT	FTA	FT%	RBs	Avg.	Pts.	Avg.
68	0-1	1	5	12	41.7	1	1	100.0	4	4.0	11	11.0

JOHNNY COX

Kentucky   6-4   Hazard, Ky.

Consensus first team all-American in 1959...NCAA all-tournament team in 1958.

Yr.	Team W-L	G	FG	FGA	FG%	FT	FTA	FT%	RBs	Avg.	Pts.	Avg.
57	23-5	28	203	490	41.4	138	180	76.6	310	11.2	544	19.4
58	23-6	29	173	471	36.7	86	115	74.7	365	12.6	432	14.9
59	24-3	27	188	464	40.5	109	146	74.6	329	12.2	485	17.9
3 yrs.	70-14	84	564	1425	39.6	333	441	75.5	1004	12.0	1461	17.4

NCAA Tournament

Yr.	W-L	G	FG	FGA	FG%	FT	FTA	FT%	RBs	Avg.	Pts.	Avg.
57	1-1	2	10			23	26	88.5			43	21.5
58	4-0	4	31	83	37.3	21	23	91.3	57	14.3	83	20.8
59	1-1	2	8	24	33.3	9	10	90.0	14	7.0	25	12.5
3 yrs.	6-2	8	49			53	59	89.8			151	18.9

RALPH CROSTHWAITE

Western Kentucky 6-9 Cincinnati, Ohio

Yr.	Team W-L	G	FG	FGA	FG%	FT	FTA	FT%	RBs	Avg.	Pts.	Avg.
55	18-10	26	156	285	54.7	125	192	65.1	282	10.9	437	16.8
57	17-9	26	185	349	53.0	158	249	63.5	310	11.9	528	20.3
58	14-11	25	202	331	61.0	166	257	64.6	383	15.3	570	22.8
59	16-10	26	191	296	64.5	159	232	68.5	334	12.8	541	20.8
4 yrs.	65-40	103	734	1261	58.2	608	930	65.4	1309	12.7	2076	20.2

Did not play in NCAA tournament.

TERRY CUMMINGS

DePaul 6-9 Chicago, Ill.

Unanimous first team all-American in 1982.

Yr.	Team W-L	G	FG	FGA	FG%	FT	FTA	FT%	RBs	Avg.	Pts.	Avg.
80	26-2	28	154	303	50.8	89	107	83.2	263	9.4	397	14.2
81	27-2	29	151	303	49.8	75	100	75.0	260	9.0	377	13.0
82	26-2	28	244	430	56.7	136	180	75.6	334	11.9	624	22.3
3 yrs.	79-6	85	549	1036	53.0	300	387	77.5	857	10.1	1398	16.4

NCAA Tournament Yr.	W-L	G	FG	FGA	FG%	FT	FTA	FT%	RBs	Avg.	Pts.	Avg.
80	0-1	1	9	16	56.3	5	5	100.0	8	8.0	23	23.0
81	0-1	1	3	10	30.0	0	0	0.0	4	4.0	6	6.0
82	0-1	1	9	16	56.3	2	3	66.7	17	17.0	20	20.0
3 yrs.	0-3	3	21	42	50.0	7	8	87.5	29	9.7	49	16.3

BILL CUNNINGHAM

North Carolina 6-6 Brooklyn, N.Y.

Naismith Memorial Basketball Hall of Fame...First team academic all-American in 1965.

Yr.	Team W-L	G	FG	FGA	FG%	FT	FTA	FT%	RBs	Avg.	Pts.	Avg.
63	15-6	21	186	380	48.7	105	170	61.8	339	16.1	477	22.7
64	12-12	24	233	526	44.3	157	249	63.1	379	15.8	623	26.0
65	15-9	24	237	481	49.1	135	213	63.4	344	14.3	609	25.4
3 yrs.	42-27	69	656	1387	47.3	397	632	62.8	1062	15.4	1709	24.8

Did not play in NCAA tournament.

QUINTIN DAILEY

San Francisco   6-4   Baltimore, Md.

Consensus first team all-American in 1982.

Yr.	Team W-L	G	FG	FGA	FG%	FT	FTA	FT%	RBs	Avg.	Pts.	Avg.
80	22-7	29	154	292	52.7	85	134	63.4	107	3.7	393	13.6
81	24-7	31	267	467	57.0	159	208	76.4	170	5.5	693	22.4
82	25-6	30	286	524	54.6	183	232	78.9	156	5.2	755	25.2
3 yrs.	71-20	90	707	1283	55.5	427	574	74.4	433	4.8	1841	20.5

NCAA Tournament

Yr.	W-L	G	FG	FGA	FG%	FT	FTA	FT%	RBs	Avg.	Pts.	Avg.
81	0-1	1	8	18	44.4	4	5	80.0	4	4.0	20	20.0
82	0-1	1	13	25	52.0	2	2	100.0	1	1.0	28	28.0
2 yrs.	0-2	2	21	43	48.8	6	7	85.7	5	2.5	48	24.0

LOUIE DAMPIER

Kentucky   6-0   Indianapolis, Ind.

Consensus second team all-American in 1966 and 1967 ... NCAA all-tournament team in 1966.

Yr.	Team W-L	G	FG	FGA	FG%	FT	FTA	FT%	RBs	Avg.	Pts.	Avg.
65	15-10	25	171	334	51.2	84	100	84.0	123	4.9	426	17.0
66	27-2	29	249	482	51.6	114	137	83.2	144	4.9	612	21.1
67	13-13	26	219	443	49.4	99	119	83.1	142	5.5	537	20.6
3 yrs.	55-25	80	639	1259	50.8	297	356	83.4	409	5.1	1575	19.7

NCAA Tournament

Yr.	W-L	G	FG	FGA	FG%	FT	FTA	FT%	RBs	Avg.	Pts.	Avg.
66	3-1	4	38	73	52.1	15	18	83.3	25	6.3	91	22.8

ADRIAN DANTLEY
Notre Dame
6-5
Washington, D.C.

Named player of the year by the USBWA in 1976...Unanimous first team all-American in 1975 and 1976...Olympic team member in 1976.

Yr.	Team W-L	G	FG	FGA	FG%	FT	FTA	FT%	RBs	Avg.	Pts.	Avg.
74	26-3	28	189	339	55.8	133	161	82.6	255	9.7	511	18.3
75	19-10	29	315	581	54.2	253	314	80.6	296	10.2	883	30.4
76	23-6	29	300	510	58.8	229	294	77.9	292	10.1	829	28.6
3 yrs.	68-19	86	804	1430	56.2	615	769	80.0	843	9.8	2223	25.8

NCAA Tournament

Yr.	W-L	G	FG	FGA	FG%	FT	FTA	FT%	RBs	Avg.	Pts.	Avg.
74	2-1	3	22	39	56.4	9	9	100.0	26	8.7	53	17.7
75	1-2	3	29	48	60.4	34	48	70.8	27	9.0	92	30.7
76	1-1	2	22	37	59.5	14	16	87.5	13	6.5	58	29.0
3 yrs.	4-4	8	73	124	58.9	57	73	78.1	66	8.3	203	25.4

CHUCK DARLING
Iowa   6-8   Denver, Colo.

Unanimous first team all-American in 1952...Olympic team member in 1956.

Yr.	Team W-L	G	FG	FGA	FG%	FT	FTA	FT%	RBs	Avg.	Pts.	Avg.
50	15-7	19	67	212	31.6	41	65	62.3			175	9.2
51	15-7	22	139	376	37.2	80	120	66.7	387	17.6	358	16.3
52	19-3	22	204	489	41.7	153	218	70.2			561	25.5
3 yrs.	49-17	63	410	1077	38.1	274	403	68.0			1094	17.4

Did not play in NCAA tournament.

B. B. DAVIS

Lamar   6-8   Beaumont, Texas

Yr.	Team W-L	G	FG	FGA	FG%	FT	FTA	FT%	RBs	Avg.	Pts.	Avg.
78	18-9	27	205	437	46.9	64	106	60.4	276	10.2	474	17.6
79	23-9	32	283	570	49.6	85	138	61.6	344	10.8	651	20.3
80	22-11	30	203	447	45.4	90	128	70.3	258	8.6	496	16.5
81	25-5	30	190	387	49.1	83	112	74.1	244	8.1	463	15.4
4 yrs.	88-34	119	881	1841	47.8	322	484	66.5	1122	9.4	2084	17.5

NCAA Tournament

Yr.	W-L	G	FG	FGA	FG%	FT	FTA	FT%	RBs	Avg.	Pts.	Avg.
79	1-1	2	12	31	38.7	6	7	85.7	19	9.5	30	15.0
80	2-1	3	20	48	41.7	14	21	66.7	24	8.0	54	18.0
81	1-1	2	4	15	26.7	9	13	69.2	8	4.0	17	8.5
3 yrs.	4-3	7	36	94	38.3	29	41	70.7	51	7.3	101	14.4

TOM DAVIS

Delaware State   6-6   Philadelphia, Pa.

Yr.	Team W-L	G	FG	FGA	FG%	3FG	3FGA	3FG%	FT	FTA	FT%	RBs	Avg.	Pts.	Avg.
88	3-25	9	63	119	53.0	0	4	0.0	37	70	53.0	96	10.7	163	18.1
89	11-17	28	276	505	54.7	0	1	0.0	154	242	63.6	280	10.0	706	25.2
90	14-14	28	263	498	52.8	0	6	0.0	139	246	56.5	271	9.7	665	23.8
91	19-11	30	292	518	56.4	0	3	0.0	156	266	58.6	366	12.2	740	24.7
4 yrs.	47-67	95	894	1640	54.5	0	14	0.0	486	824	58.9	1013	10.7	2274	23.9

Did not play in NCAA tournament.

JOHNNY DAWKINS

Duke
6-2
Washington, D.C.

Naismith Award winner in 1986...Unanimous first team all-American in 1986...Consensus first team all-American in 1985... Named to the NCAA tournament all-decade team for the 1980s...NCAA all-tournament team in 1986.

Yr.	Team W-L	G	FG	FGA	FG%	FT	FTA	FT%	RBs	Avg.	Pts.	Avg.
83	11-17	28	207	414	50.0	73	107	68.2	115	4.1	487	17.4
84	24-10	34	263	547	48.1	133	160	83.1	138	4.1	659	19.4
85	23-8	31	225	455	49.5	132	166	79.5	141	4.5	582	18.8
86	37-3	40	331	603	54.9	147	181	81.2	142	3.6	809	20.2
4 yrs.	95-38	133	1026	2019	50.8	485	614	79.0	536	4.0	2537	19.1

NCAA Tournament

Yr.	W-L	G	FG	FGA	FG%	FT	FTA	FT%	RBs	Avg.	Pts.	Avg.
84	0-1	1	6	11	54.6	10	13	76.9	3	3.0	22	22.0
85	1-1	2	14	34	41.2	11	17	64.7	14	7.0	39	19.5
86	5-1	6	66	110	60.0	21	26	80.8	31	5.2	153	25.5
3 yrs.	6-3	9	86	155	55.5	42	56	75.0	48	5.3	214	23.8

DAVE DeBUSSCHERE

Detroit   6-5   Detroit, Mich.

Naismith Memorial Basketball Hall of Fame.

Yr.	Team W-L	G	FG	FGA	FG%	FT	FTA	FT%	RBs	Avg.	Pts.	Avg.
60	20-7	27	288	665	43.3	115	196	58.7	540	20.0	691	25.6
61	18-9	27	256	636	40.3	86	155	55.5	514	19.0	598	22.1
62	15-12	26	267	616	43.4	162	242	67.0	696	26.8	696	26.8
3 yrs.	53-28	80	811	1917	42.3	363	593	61.2	1750	21.9	1985	24.8

NCAA Tournament

Yr.	W-L	G	FG	FGA	FG%	FT	FTA	FT%	RBs	Avg.	Pts.	Avg.
62	0-1	1	14	33	42.4	10	13	76.9	19	19.0	38	38.0

ERNIE DiGREGORIO

Providence
6-0
North Providence, R.I.

Consensus first team all-American in 1973...NCAA all-tournament team in 1973.

Yr.	Team W-L	G	FG	FGA	FG%	FT	FTA	FT%	RBs	Avg.	Pts.	Avg.
71	20-8	28	217	451	48.1	88	106	83.0	112	4.0	522	18.6
72	21-6	27	192	440	43.6	93	116	80.2	81	3.0	477	17.7
73	27-4	31	348	728	47.8	65	81	80.2	99	3.2	761	24.5
3 yrs.	68-18	86	757	1619	46.8	246	303	81.2	292	3.4	1760	20.5

NCAA Tournament

Yr.	W-L	G	FG	FGA	FG%	FT	FTA	FT%	RBs	Avg.	Pts.	Avg.
72	0-1	1	8	15	53.3	1	2	50.0	2	2.0	17	17.0
73	3-2	5	59	121	48.8	10	12	83.3	17	3.4	128	25.6
2 yrs.	3-3	6	67	136	49.3	11	14	78.6	19	3.2	145	24.2

TERRY DISCHINGER

Purdue   6-7   Terre Haute, Ind.

Unanimous first team all-American in 1961 and 1962...Consensus second team all-American in 1960...Olympic team member in 1960.

Yr.	Team W-L	G	FG	FGA	FG%	FT	FTA	FT%	RBs	Avg.	Pts.	Avg.
60	11-12	23	201	368	54.6	203	260	78.1	328	14.3	605	26.3
61	16-7	23	215	373	57.6	218	261	83.5	308	13.4	648	28.2
62	17-7	24	217	404	53.7	292	350	83.4	322	13.4	726	30.3
3 yrs.	44-26	70	633	1145	55.3	713	871	81.9	958	13.7	1979	28.3

Did not play in NCAA tournament.

WALT DUKES

Seton Hall   6-10   Rochester, N.Y.

Unanimous first team all-American in 1953...Through the 1991 season, held the NCAA season record for most rebounds in 1953...Played on the NIT title team in 1953.

Yr.	Team W-L	G	FG	FGA	FG%	FT	FTA	FT%	RBs	Avg.	Pts.	Avg.
52	25-3	26	169	402	42.0	186	280	66.4	513	19.7	524	20.2
53	31-2	33	272	574	47.4	317	425	74.3	734	22.2	861	26.1
2 yrs.	56-5	59	441	976	45.2	503	706	71.2	1247	21.1	1385	23.5

Did not play in NCAA tournament.

JOE DUMARS

McNeese State   6-3   Natchitoches, La.

Yr.	Team W-L	G	FG	FGA	FG%	FT	FTA	FT%	RBs	Avg.	Pts.	Avg.
82	14-15	29	206	464	44.4	115	160	71.8	64	2.1	527	18.2
83	16-13	29	212	487	43.5	140	197	71.1	128	4.4	564	19.4
84	16-15	31	275	586	46.9	267	324	82.4	164	5.3	817	26.4
85	18-10	27	248	501	49.5	201	236	85.2	132	4.9	697	25.8
4 yrs.	64-53	116	941	2038	46.2	723	917	78.8	488	4.2	2605	22.5

Did not play in NCAA tournament.

BOB ELLIOTT

Arizona   6-10   Ann Arbor, Mich.

First team academic all-American in 1976 and 1977.

Yr.	Team W-L	G	FG	FGA	FG%	FT	FTA	FT%	RBs	Avg.	Pts.	Avg.
74	19-7	26	158	323	48.9	113	157	72.0	278	10.7	429	16.5
75	22-7	29	273	507	53.8	131	208	63.0	222	7.7	677	23.3
76	24-9	33	225	406	55.4	145	225	64.4	341	10.3	595	18.0
77	21-6	26	152	276	55.1	126	177	71.2	242	9.3	430	16.5
4 yrs.	86-29	114	808	1512	53.4	515	767	67.1	1083	9.5	2131	18.7

| NCAA Tournament | | | | | | | | | | | | |
Yr.	W-L	G	FG	FGA	FG%	FT	FTA	FT%	RBs	Avg.	Pts.	Avg.
76	2-1	3	16	31	51.6	12	21	57.1	26	8.7	44	14.7
77	0-1	1	9	12	75.0	5	6	83.3	6	6.0	23	23.0
2 yrs.	2-2	4	25	43	58.1	17	27	63.0	32	8.0	67	16.8

SEAN ELLIOTT

Arizona   6-8   Tucson, Ariz.

Named player of the year by AP and the NABC in 1989...Wooden Award winner in 1989...Unanimous first team all-American in 1988 and 1989...NCAA all-tournament team in 1988.

Yr.	Team W-L	G	FG	FGA	FG%	3FG	3FGA	3FG%	FT	FTA	FT%	RBs	Avg.	Pts.	Avg.
86	23-9	32	187	385	48.6				125	167	74.9	171	5.3	499	15.6
87	18-12	30	209	410	51.0	33	89	37.1	127	165	77.0	181	6.0	578	19.3
88	35-3	38	263	461	57.0	41	87	47.1	176	222	79.3	219	5.8	743	19.2
89	29-4	33	237	494	48.0	66	151	43.7	195	232	84.1	237	7.2	735	22.3
4 yrs.	105-28	133	896	1750	51.2	140	327	42.8	623	786	79.3	808	6.1	2555	19.2

NCAA Tournament

Yr.	W-L	G	FG	FGA	FG%	3FG	3FGA	3FG%	FT	FTA	FT%	RBs	Avg.	Pts.	Avg.
86	0-1	1	10	17	58.8				0	0	0.0	6	6.0	20	20.0
87	0-1	1	9	16	56.3	3	3	100.0	5	8	62.5	6	6.0	26	26.0
88	4-1	5	43	76	56.6	9	19	47.4	21	24	87.5	29	5.8	116	23.2
89	2-1	3	26	44	59.1	6	10	60.0	16	19	84.2	27	9.0	74	24.7
4 yrs.	6-4	10	88	153	57.5	18	32	56.3	42	51	82.4	68	6.8	236	23.6

DALE ELLIS

Tennessee
6-7
Marietta, Ga.

Consensus first team all-American in 1983...Consensus second team all-American in 1982.

Yr.	Team W-L	G	FG	FGA	FG%	FT	FTA	FT%	RBs	Avg.	Pts.	Avg.
80	18-11	27	81	182	44.5	31	40	77.5	96	7.2	193	7.2
81	21-8	29	215	360	59.7	83	111	74.8	185	6.4	513	17.7
82	20-10	30	257	393	65.4	121	152	79.6	189	6.3	635	21.2
83	20-12	32	279	464	60.1	166	221	75.1	209	6.5	724	22.6
4 yrs.	79-41	118	832	1399	59.5	401	524	76.5	679	5.8	2065	17.5

NCAA Tournament

Yr.	W-L	G	FG	FGA	FG%	FT	FTA	FT%	RBs	Avg.	Pts.	Avg.
80	1-1	2	4	12	33.3	1	2	50.0	5	2.5	9	4.5
81	1-1	2	16	25	64.0	3	4	75.0	15	7.5	35	17.5
82	1-1	2	14	25	56.0	11	14	78.6	15	7.5	39	19.5
83	1-1	2	13	22	59.1	7	13	53.8	9	4.5	33	16.5
4 yrs.	4-4	8	47	84	56.0	22	33	66.7	44	5.5	116	14.5

PERVIS ELLISON

Louisville
6-9
Savannah, Ga.

Consensus first team all-American in 1989...NCAA tournament MVP in 1986.

Yr.	Team W-L	G	FG	FGA	FG%	3FG	3FGA	3FG%	FT	FTA	FT%	RBs	Avg.	Pts.	Avg.
86	32-7	39	210	379	55.4				90	132	68.2	318	8.2	510	13.1
87	18-14	31	185	347	53.3	0	0	0.0	100	139	71.9	270	8.7	470	15.2
88	24-11	35	235	391	60.1	1	2	50.0	146	211	69.2	291	8.3	617	17.6
89	24-9	31	227	369	61.5	0	1	0.0	92	141	65.2	270	2.5	546	17.6
4 yrs.	98-41	136	857	1486	57.7	1	3	33.3	428	623	68.7	1149	8.4	2143	15.8

NCAA Tournament															
Yr.	W-L	G	FG	FGA	FG%	3FG	3FGA	3FG%	FT	FTA	FT%	RBs	Avg.	Pts.	Avg.
86	6-0	6	40	68	58.8				13	20	65.0	57	9.5	93	15.5
88	2-1	3	30	45	66.7	0	1	0.0	10	17	58.8	33	11.0	70	23.3
89	2-1	3	15	24	62.5	0	0	0.0	11	18	61.1	31	10.3	41	13.7
3 yrs.	10-2	12	85	137	62.0	0	1	0.0	34	55	61.8	121	10.1	204	17.0

JULIUS ERVING

Massachusetts   6-6   Roosevelt, N.Y.

Yr.	Team W-L	G	FG	FGA	FG%	FT	FTA	FT%	RBs	Avg.	Pts.	Avg.
70	18-7	25	238	468	50.9	167	230	72.6	522	20.9	643	25.7
71	23-4	27	286	609	47.0	155	206	75.2	527	19.5	727	26.9
2 yrs.	41-11	52	524	1077	48.7	322	436	73.9	1049	20.2	1370	26.3

Did not play in NCAA tournament.

PATRICK EWING

Georgetown
7-0
Cambridge, Mass.

Named player of the year by AP and the NABC in 1985... Naismith Award winner in 1985... Unanimous first team all-American in 1984 and 1985... Consensus first team all-American in 1983... Olympic team member in 1984... Named to the NCAA tournament all-decade team for the 1980s... NCAA tournament MVP in 1984 and 1985... NCAA all-tournament team in 1982.

Yr.	Team W-L	G	FG	FGA	FG%	FT	FTA	FT%	RBs	Avg.	Pts.	Avg.
82	30-7	37	183	290	63.1	103	167	61.6	279	7.5	469	12.7
83	22-10	32	212	372	57.0	141	224	62.9	325	10.2	565	17.7
84	34-3	37	242	368	65.8	124	189	65.8	371	10.0	608	16.4
85	35-3	37	220	352	62.5	102	160	63.8	341	9.2	542	14.6
4 yrs.	121-23	143	857	1382	62.0	470	740	63.5	1316	9.2	2184	15.3

NCAA Tournament

Yr.	W-L	G	FG	FGA	FG%	FT	FTA	FT%	RBs	Avg.	Pts.	Avg.
82	4-1	5	29	46	63.0	8	11	72.7	38	7.6	66	13.2
83	1-1	2	16	27	59.3	11	14	78.6	20	10.0	43	21.5
84	5-0	5	24	41	58.5	11	14	78.6	47	9.4	59	11.8
85	5-1	6	35	64	54.7	18	30	60.0	39	6.5	88	14.7
4 yrs.	15-3	18	104	178	58.4	48	69	69.6	144	8.0	256	14.2

DANNY FERRY

Duke   6-10   Bowie, Md.

Named player of the year by UPI and the USBWA in 1989... Naismith Award winner in 1989... Unanimous first team all-American in 1989... Consensus second team all-American in 1988... NCAA all-tournament team in 1989... Through the 1991 NCAA tournament, was tied for the tournament career record for most games played.

Yr.	Team W-L	G	FG	FGA	FG%	3FG	3FGA	3FG%	FT	FTA	FT%	RBs	Avg.	Pts.	Avg.
86	37-3	40	91	198	46.0				54	86	62.8	221	5.5	236	5.9
87	24-9	33	172	383	44.9	25	63	39.7	92	109	84.4	256	7.8	461	14.0
88	28-7	35	247	519	47.6	38	109	34.9	135	163	82.8	266	7.6	667	19.1
89	28-8	35	300	575	52.2	45	106	42.5	146	193	75.6	260	7.4	791	22.6
4 yrs.	117-27	143	810	1675	48.4	108	278	38.8	427	551	77.5	1003	7.0	2155	15.1

NCAA Tournament

Yr.	W-L	G	FG	FGA	FG%	3FG	3FGA	3FG%	FT	FTA	FT%	RBs	Avg.	Pts.	Avg.
86	5-1	6	17	29	58.6				7	10	70.0	30	5.0	41	6.8
87	2-1	3	11	21	52.4	4	5	80.0	2	3	66.7	17	5.7	28	9.3
88	4-1	5	34	81	45.7	1	11	9.1	20	25	80.0	46	9.2	89	17.8
89	4-1	5	39	87	44.8	5	14	35.7	28	38	73.7	38	7.6	111	22.2
4 yrs.	15-4	19	101	218	46.3	10	30	33.3	57	76	75.0	131	6.9	269	14.2

DANNY FERRY

DARRIN FITZGERALD
Butler
5-9
Indianapolis, Ind.

Through the 1991 season, held the NCAA season record for most three-point field goals made and attempted in 1987, and most three-point goals made (5.6) and attempted (12.9) per game… Led the nation in three-point field goals made per game in 1987.

Yr.	Team W-L	G	FG	FGA	FG%	3FG	3FGA	3FG%	FT	FTA	FT%	RBs	Avg.	Pts.	Avg.
84	13-15	28	162	316	51.3				53	68	77.9	88	3.1	377	13.5
85	19-10	29	195	403	48.4				65	76	85.5	77	2.7	455	15.7
86	9-19	28	194	435	44.6				65	78	83.3	76	2.7	453	16.2
87	12-16	28	250	568	44.0	158	362	43.6	76	98	77.6	93	3.3	734	26.2
4 yrs.	53-60	113	801	1722	46.5	158	362	43.6	259	320	80.9	334	3.0	2019	17.9

Did not play in NCAA tournament.

ROD FLETCHER
Illinois   6-4   Champaign, Ill.

Consensus first team all-American in 1952.

Yr.	Team W-L	G	FG	FGA	FG%	FT	FTA	FT%	RBs	Avg.	Pts.	Avg.
50	14-8	22	39	176	22.2	24	48	50.0			102	4.6
51	22-5	27	115	338	34.0	60	111	54.0			290	10.7
52	19-3	22	90	311	28.9	65	116	56.0			245	11.1
3 yrs.	55-16	71	244	825	29.6	149	275	54.2			637	9.0

NCAA Tournament												
Yr.	W-L	G	FG	FGA	FG%	FT	FTA	FT%	RBs	Avg.	Pts.	Avg.
51	3-1	4	28	66	42.4	11	25	44.0	40	10.0	67	16.8
52	3-1	4	15			15	26	57.7			45	11.3
2 yrs.	6-2	8	43			26	51	51.0			112	14.0

DARRELL FLOYD

Furman   6-1   Morehead, Ky.

Consensus second team all-American in 1955 and 1956... Led the nation in scoring in 1955 and 1956.

Yr.	Team W-L	G	FG	FGA	FG%	FT	FTA	FT%	RBs	Avg.	Pts.	Avg.
54	20-9	18	185	417	44.4	68	81	83.9	141	7.8	438	24.3
55	17-10	25	344	796	43.2	209	267	78.3	208	8.3	897	35.9
56	12-16	28	339	850	39.9	268	350	76.6	262	9.4	946	33.8
3 yrs.	49-35	71	868	2063	42.1	545	698	78.1	611	8.6	2281	32.1

Did not play in NCAA tournament.

ERIC FLOYD

Georgetown
6-3
Gastonia, N.C.

Unanimous first team all-American in 1982... NCAA all-tournament team in 1982.

Yr.	Team W-L	G	FG	FGA	FG%	FT	FTA	FT%	RBs	Avg.	Pts.	Avg.
79	24-5	29	177	388	45.6	126	155	81.3	119	4.1	480	16.6
80	26-6	32	246	444	55.4	106	140	75.7	98	3.1	598	18.7
81	20-12	32	237	508	46.7	133	165	80.6	133	4.2	607	19.0
82	30-7	37	249	494	50.4	121	168	72.0	127	3.4	619	16.7
4 yrs.	100-30	130	909	1834	496	486	628	77.4	477	3.7	2304	17.7

NCAA Tournament

Yr.	W-L	G	FG	FGA	FG%	FT	FTA	FT%	RBs	Avg.	Pts.	Avg.
79	0-1	1	4	17	23.5	0	0	0.0	2	2.0	8	8.0
80	2-1	3	29	50	58.0	12	14	85.7	10	3.3	70	23.3
81	0-1	1	8	17	47.1	6	7	85.7	2	2.0	22	22.0
82	4-1	5	33	57	57.9	14	17	82.4	16	3.2	80	16.0
4 yrs.	6-4	10	74	141	52.5	32	38	84.2	30	3.0	180	18.0

LARRY FOGLE
Canisius   6-5   Brooklyn, N.Y.

Consensus second team all-American in 1974...Led the nation in scoring in 1974.

Yr.	Team W-L	G	FG	FGA	FG%	FT	FTA	FT%	RBs	Avg.	Pts.	Avg.
73	*23-3	28	172	318	54.1	71	96	74.0	219	7.8	415	14.8
74	14-12	25	326	602	54.2	183	237	77.2	351	14.0	835	33.4
75	15-10	19	198	375	52.9	78	103	75.7	183	9.6	474	25.0
3 yrs.	*52-25	72	696	1295	53.7	332	436	76.1	753	10.5	1724	23.9

Note: Played at Southwestern Louisiana in 1973.

NCAA Tournament

Yr.	W-L	G	FG	FGA	FG%	FT	FTA	FT%	RBs	Avg.	Pts.	Avg.
73	*0-0	3	15	40	37.5	9	14	64.3	30	10.0	39	13.0

*NCAA tournament record later vacated: 1973, 1-2.

PHIL FORD
North Carolina
6-2
Rocky Mount, N.C.

Named player of the year by the USBWA and the NABC in 1978...Wooden Award winner in 1978...Unanimous first team all-American in 1978...Consensus first team all-American in 1977...Consensus second team all-American in 1976...Olympic team member in 1976.

Yr.	Team W-L	G	FG	FGA	FG%	FT	FTA	FT%	RBs	Avg.	Pts.	Avg.
75	23-8	31	191	370	51.6	126	161	78.3	85	2.7	508	16.4
76	25-4	29	206	387	53.2	128	164	78.0	51	1.8	540	18.6
77	28-5	33	230	431	53.4	157	184	85.3	63	1.9	617	18.7
78	23-8	30	238	452	52.7	149	184	81.0	62	2.1	625	20.8
4 yrs.	99-25	123	865	1640	52.7	560	693	80.8	261	2.1	2290	18.6

NCAA Tournament

Yr.	W-L	G	FG	FGA	FG%	FT	FTA	FT%	RBs	Avg.	Pts.	Avg.
75	2-1	3	19	35	54.3	17	18	94.4	6	2.0	55	18.3
76	0-1	1	1	5	20.0	0	0	0.0	2	2.0	2	2.0
77	4-1	5	28	63	44.4	20	21	95.2	11	2.2	76	15.2
78	0-1	1	7	19	36.8	0	0	0.0	1	1.0	14	14.0
4 yrs.	6-4	10	55	122	45.1	37	39	94.9	20	2.0	147	14.7

CHET FORTE

Columbia
5-9
Hackensack, N.J.

Named player of the year by UPI in 1957...Consensus first team all-American in 1957.

Yr.	Team W-L	G	FG	FGA	FG%	FT	FTA	FT%	RBs	Avg.	Pts.	Avg.
55	17-8	25	186	465	40.0	187	222	84.2	100	4.0	559	22.4
56	15-9	16	122	288	42.4	114	139	82.0	82	5.1	358	22.4
57	18-6	24	235	583	40.3	224	263	85.2	108	4.5	694	28.9
3 yrs.	50-23	65	543	1336	40.6	525	624	84.1	290	4.5	1611	24.8

Did not play in NCAA tournament.

ZAM FREDRICK

South Carolina   6-2   St. Matthews, S.C.

Led the nation in scoring in 1981.

Yr.	Team W-L	G	FG	FGA	FG%	FT	FTA	FT%	RBs	Avg.	Pts.	Avg.
78	16-12	20	15	39	38.5	7	10	70.0	7	0.4	37	1.9
79	15-12	27	164	338	48.5	48	67	71.6	77	2.9	376	13.9
80	16-11	27	82	207	39.6	25	41	61.0	37	1.4	189	7.0
81	17-10	27	300	591	50.8	181	223	81.2	77	2.9	781	28.9
4 yrs.	64-45	101	561	1175	47.9	261	341	76.5	198	2.0	1383	13.7

Did not play in NCAA tournament.

ROBIN FREEMAN

Ohio State   5-11   Cincinnati, Ohio

Unanimous first team all-American in 1956...Consensus second team all-American in 1955.

Yr.	Team W-L	G	FG	FGA	FG%	FT	FTA	FT%	RBs	Avg.	Pts.	Avg.
54	11-11	22	185	461	40.1	95	122	77.9			465	21.1
55	10-12	13	149	341	43.7	111	137	81.0			409	31.5
56	16-6	22	259	562	46.1	205	253	81.0			723	32.9
3 yrs.	37-29	57	593	1364	43.5	411	512	80.2			1597	28.0

Did not play in NCAA tournament.

JEFF FRYER

Loyola Marymount
6-2
Newport Beach, Calif.

Through the 1991 season, held the NCAA career record for most three-point field goals made and attempted...Through the 1991 NCAA tournament, held the tournament career record for most three-point field goals made and attempted... Also held the tournament game record for most three-point field goals made with 11 against Michigan in 1990 and most three-point field goals attempted with 22 against Arkansas in 1989.

Yr.	Team W-L	G	FG	FGA	FG%	3FG	3FGA	3FG%	FT	FTA	FT%	RBs	Avg.	Pts.	Avg.
87	12-16	21	60	155	38.7	30	90	33.3	24	33	72.7	40	1.9	174	8.3
88	28-4	32	136	321	42.4	86	208	41.3	44	65	67.7	65	2.0	402	12.6
89	20-11	31	225	561	40.1	126	334	37.7	134	161	83.2	105	3.4	710	22.9
90	26-6	28	229	508	45.1	121	308	39.3	57	68	83.9	94	3.4	636	22.7
4 yrs.	86-37	112	650	1545	42.1	363	940	38.6	259	327	79.2	304	2.7	1922	17.2

NCAA Tournament

Yr.	W-L	G	FG	FGA	FG%	3FG	3FGA	3FG%	FT	FTA	FT%	RBs	Avg.	Pts.	Avg.
88	1-1	2	14	27	51.9	10	20	50.0	6	6	100.0	5	2.5	44	22.0
89	0-1	1	7	28	25.0	5	22	22.7	5	5	100.0	8	8.0	24	24.0
90	3-1	4	34	76	44.7	23	55	41.8	7	7	100.0	23	5.8	98	24.5
3 yrs.	4-3	7	55	131	42.0	38	97	39.2	18	18	100.0	36	5.1	166	23.7

RICHARD FUQUA

Oral Roberts   6-4   Chattanooga, Tenn.

Consensus second team all-American in 1972.

Yr.	Team W-L	G	FG	FGA	FG%	FT	FTA	FT%	RBs	Avg.	Pts.	Avg.
70	27-4	31	228	483	47.2	105	147	71.4	154	5.0	561	18.1
71	21-5	26	353	701	50.4	120	171	70.2	116	4.5	826	31.8
72	26-2	28	423	941	45.0	160	210	76.2	140	5.0	1006	35.9
73	21-6	26	269	713	37.7	73	130	56.2	113	4.3	611	23.5
4 yrs.	95-17	111	1273	2838	44.9	458	658	69.6	523	4.7	3004	27.1

Note: During first two years of career Oral Roberts was in Division II.
Did not play in NCAA tournament.

DICK GARMAKER

Minnesota   6-3   Hibbing, Minn.

Consensus first team all-American in 1955.

Yr.	Team W-L	G	FG	FGA	FG%	FT	FTA	FT%	RBs	Avg.	Pts.	Avg.
54	17-5	22	147	327	45.2	181	251	72.1	155	7.0	475	21.6
55	15-7	22	186	507	36.7	161	209	77.1	185	8.4	533	24.2
2 yrs.	32-12	44	333	834	39.9	342	460	74.3	340	7.7	1008	22.9

Did not play in NCAA tournament.

ERIC "HANK" GATHERS

Loyola Marymount   6-7   Philadelphia, Pa.

Maravich Award winner in 1990...Consensus second team all-American in 1990...Led the nation in scoring and rebounding in 1989.

Yr.	Team W-L	G	FG	FGA	FG%	3FG	3FGA	3FG%	FT	FTA	FT%	RBs	Avg.	Pts.	Avg.
86	11-17	28	90	170	52.9				53	92	57.6	143	5.1	233	8.3
88	28-4	32	304	541	56.2	0	1	0.0	113	208	54.3	278	8.7	721	22.5
89	20-11	31	419	689	60.8	0	0	0.0	177	315	56.2	426	13.7	1015	32.7
90	26-6	26	314	528	59.5	0	1	0.0	126	222	56.8	281	10.8	754	29.0
4 yrs.	85-38	117	1127	1928	58.5	0	2	0.0	469	837	56.0	1128	9.6	2723	23.3

Note: Played at Southern California in 1986.

NCAA Tournament

Yr.	W-L	G	FG	FGA	FG%	3FG	3FGA	3FG%	FT	FTA	FT%	RBs	Avg.	Pts.	Avg.
88	1-1	2	16	32	50.0	0	0	0.0	4	14	28.6	24	12.0	36	18.0
89	0-1	1	12	24	50.0	0	0	0.0	4	11	36.4	17	17.0	28	28.0
2 yrs.	1-2	3	28	56	50.0	0	0	0.0	8	25	32.0	41	13.7	64	21.3

Note: Died before the 1990 NCAA tournament in which team was 3-1.

ARTIS GILMORE

Jacksonville
7-2
Chipley, Fla.

Unanimous first team all-American in 1971...Through the 1991 season, held the NCAA career record for most rebounds per game...Led the nation in rebounding in 1970 and 1971...NCAA all-tournament team in 1970.

Yr.	Team W-L	G	FG	FGA	FG%	FT	FTA	FT%	RBs	Avg.	Pts.	Avg.
70	26-2	28	307	529	58.0	128	202	63.3	621	22.2	742	26.5
71	22-4	26	229	405	56.5	112	188	59.5	603	23.2	570	21.9
2 yrs.	48-6	54	536	934	57.4	240	390	61.5	1224	22.7	1312	24.3

Yr.	NCAA Tournament W-L	G	FG	FGA	FG%	FT	FTA	FT%	RBs	Avg.	Pts.	Avg.
70	4-1	5	52	107	48.6	28	43	65.1	93	18.6	132	26.4
71	0-1	1	3	10	30.0	6	10	60.0	22	22.0	12	12.0
2 yrs.	4-2	6	55	117	47.0	34	53	64.2	115	19.2	144	24.0

GERALD GLASS

Mississippi 6-6 Greenwood, Miss.

Yr.	Team W-L	G	FG	FGA	FG%	3FG	3FGA	3FG%	FT	FTA	FT%	RBs	Avg.	Pts.	Avg.
86	23-8	31	168	303	55.4				52	72	72.2	203	6.5	388	12.5
87	24-9	33	360	595	60.5	7	27	26.0	134	191	70.2	414	12.5	861	26.1
89	15-15	30	326	613	53.2	41	109	37.6	148	201	73.6	255	8.5	841	28.0
90	13-17	30	284	580	49.0	46	122	37.7	109	148	73.6	229	7.6	723	24.1
4 yrs.	75-49	124	1138	2091	54.4	94	258	36.4	443	612	72.4	1101	8.9	2813	22.7

Note: Played at Delta State, a Division II school, in 1986 and 1987.
Did not play in NCAA tournament.

MIKE GMINSKI
Duke
6-11
Monroe, Conn.

Consensus first team all-American in 1979...Consensus second team all-American in 1980...First team academic all-American in 1978, 1979 and 1980...NCAA all-tournament team in 1978.

Yr.	Team W-L	G	FG	FGA	FG%	FT	FTA	FT%	RBs	Avg.	Pts.	Avg.
77	14-13	27	175	340	51.5	64	91	70.3	289	10.7	414	15.3
78	27-7	32	246	450	54.7	148	176	84.1	319	10.0	640	20.0
79	22-8	30	218	420	51.9	129	177	72.9	275	9.2	565	18.8
80	24-9	33	262	487	53.8	180	214	84.1	359	10.9	704	21.3
4 yrs.	87-37	122	901	1697	53.0	521	658	79.1	1242	10.2	2323	19.0

Yr.	NCAA Tournament W-L	G	FG	FGA	FG%	FT	FTA	FT%	RBs	Avg.	Pts.	Avg.
78	4-1	5	45	82	54.9	19	21	90.5	47	9.4	109	21.8
79	0-1	1	6	14	42.9	4	4	100.0	8	8.0	16	16.0
80	2-1	3	20	43	46.5	13	17	76.5	20	6.7	53	17.7
3 yrs.	6-3	9	71	139	51.1	36	42	85.7	75	8.3	178	19.8

TOM GOLA
La Salle   6-6   Philadelphia, Pa.

Named player of the year by UPI in 1955...Unanimous first team all-American in 1954 and 1955...Consensus first team all-American in 1953...Naismith Memorial Basketball Hall of Fame...NCAA Silver Anniversary recipient in 1980...Through the 1991 season, held the NCAA career record for most rebounds...Named to the NCAA tournament all-decade team for the 1950s...NCAA tournament MVP in 1954...NCAA all-tournament team in 1955...Played on the NIT title team in 1952.

Yr.	Team W-L	G	FG	FGA	FG%	FT	FTA	FT%	RBs	Avg.	Pts.	Avg.
52	24-5	29	192	528	36.4	121	170	71.2	497	17.1	505	17.4
53	25-3	28	186	451	41.2	145	186	78.0	434	15.5	517	18.5
54	26-4	30	252	619	40.7	186	254	73.2	652	21.7	690	23.0
55	26-5	31	274	624	43.9	202	267	75.7	618	19.9	750	24.2
4 yrs.	101-17	118	904	2222	40.7	654	877	74.6	2201	18.7	2462	20.9

Yr.	NCAA Tournament W-L	G	FG	FGA	FG%	FT	FTA	FT%	RBs	Avg.	Pts.	Avg.
54	5-0	5	38			38	52	73.1			114	22.8
55	4-1	5	39			37	42	88.1			115	23.0
2 yrs.	9-1	10	77			75	94	79.8			229	22.9

GAIL GOODRICH

UCLA
6-1
North Hollywood, Calif.

Unanimous first team all-American in 1965...Named to the
NCAA tournament all-decade team for the 1960s...NCAA
all-tournament team in 1964 and 1965...Through the 1991
NCAA tournament, held the Final Four game record for
free throws made with 18 and tied the record for most free
throws attempted with 20 against Michigan in 1965.

Yr.	Team W-L	G	FG	FGA	FG%	FT	FTA	FT%	RBs	Avg.	Pts.	Avg.
63	20-9	29	117	280	41.8	66	103	64.1	101	3.5	300	10.3
64	30-0	30	243	530	45.8	160	225	71.1	156	5.2	646	21.5
65	28-2	30	277	528	52.5	190	265	71.7	158	5.3	744	24.8
3 yrs.	78-11	89	637	1338	47.6	416	593	70.2	415	4.7	1690	19.0

Yr.	NCAA Tournament W-L	G	FG	FGA	FG%	FT	FTA	FT%	RBs	Avg.	Pts.	Avg.
63	0-2	2	7	17	41.2	6	9	66.7	4	2.0	20	10.0
64	4-0	4	28	76	36.8	19	25	76.0	19	4.8	75	18.8
65	4-0	4	49	88	55.7	42	48	87.5	17	4.3	140	35.0
3 yrs.	8-2	10	84	181	46.4	67	82	81.7	40	4.0	235	23.5

GARY GRANT

Michigan   6-3   Canton, Ohio

Unanimous first team all-American in 1988.

Yr.	Team W-L	G	FG	FGA	FG%	3FG	3FGA	3FG%	FT	FTA	FT%	RBs	Avg.	Pts.	Avg.
85	26-4	30	169	307	55.0				49	60	81.7	76	2.5	387	12.9
86	28-5	33	172	348	49.4				58	78	74.4	104	3.2	402	12.2
87	20-12	32	286	533	53.7	33	68	48.5	111	142	78.2	159	5.0	716	22.4
88	26-8	34	269	508	53.0	44	99	44.4	135	167	80.8	116	3.4	717	21.1
4 yrs.	100-29	129	896	1696	52.8	77	167	46.1	353	447	79.0	455	3.5	2222	17.2

Yr.	NCAA Tournament W-L	G	FG	FGA	FG%	3FG	3FGA	3FG%	FT	FTA	FT%	RBs	Avg.	Pts.	Avg.
85	1-1	2	3	12	25.0				0	0	0.0	3	1.5	6	3.0
86	1-1	2	4	14	28.6				2	3	66.7	3	1.5	10	5.0
87	1-1	2	20	40	50.0	2	5	40.0	8	10	80.0	14	7.0	50	25.0
88	2-1	3	14	28	50.0	4	9	44.4	3	7	42.9	6	2.0	35	11.7
4 yrs.	5-4	9	41	94	43.6	6	14	42.9	13	20	65.0	26	2.9	101	11.2

GREG GRANT
Utah State   6-7   Salt Lake City, Utah

Yr.	Team W-L	G	FG	FGA	FG%	FT	FTA	FT%	RBs	Avg.	Pts.	Avg.
83	20-9	29	170	303	56.1	87	121	71.9	263	9.1	427	14.7
84	19-11	30	215	396	54.3	92	136	67.6	236	7.9	522	17.4
85	17-11	28	217	405	53.6	109	159	68.6	266	9.5	543	19.4
86	12-16	28	250	500	50.0	132	178	74.2	238	8.5	632	22.6
4 yrs.	68-47	115	852	1604	53.1	420	594	70.7	1003	8.7	2124	18.5

NCAA Tournament

Yr.	W-L	G	FG	FGA	FG%	FT	FTA	FT%	RBs	Avg.	Pts.	Avg.
83	0-1	1	7	15	46.7	3	5	60.0	10	10.0	17	17.0

JEFF GRAYER
Iowa State   6-5   Flint, Mich.

Olympic team member in 1988.

Yr.	Team W-L	G	FG	FGA	FG%	3FG	3FGA	3FG%	FT	FTA	FT%	RBs	Avg.	Pts.	Avg.
85	21-13	33	153	289	52.9				96	147	65.3	213	6.5	402	12.2
86	22-11	33	281	514	54.7				122	194	62.9	208	6.3	684	20.7
87	13-15	27	228	452	50.4	7	21	33.3	142	192	74.0	189	7.0	605	22.4
88	20-12	32	312	597	52.3	20	61	32.8	167	235	71.1	300	9.4	811	25.3
4 yrs.	76-51	125	974	1852	52.6	27	82	32.9	527	768	68.6	910	7.3	2502	20.0

NCAA Tournament

Yr.	W-L	G	FG	FGA	FG%	3FG	3FGA	3FG%	FT	FTA	FT%	RBs	Avg.	Pts.	Avg.
85	0-1	1	8	14	57.1				5	6	83.3	9	9.0	21	21.0
86	2-1	3	19	38	50.0				18	25	72.0	24	8.0	56	18.7
88	0-1	1	13	23	56.5	0	1	0.0	3	4	75.0	8	8.0	29	29.0
3 yrs.	2-3	5	40	75	53.3	0	1	0.0	26	35	74.3	41	8.2	106	21.2

JOHN GREEN
Michigan State   6-5   Dayton, Ohio

Yr.	Team W-L	G	FG	FGA	FG%	FT	FTA	FT%	RBs	Avg.	Pts.	Avg.
57	16-10	18	96	247	38.9	46	81	56.8	262	14.6	238	13.2
58	16-6	22	164	320	51.2	69	138	50.0	392	17.8	397	18.0
59	19-4	23	168	393	42.7	91	152	59.9	382	16.6	427	18.5
3 yrs.	51-20	63	428	960	44.6	206	371	55.5	1036	16.4	1062	16.9

NCAA Tournament

Yr.	W-L	G	FG	FGA	FG%	FT	FTA	FT%	RBs	Avg.	Pts.	Avg.
57	2-2	4	21	53	39.6	12	20	60.0	77	19.3	54	13.5
59	1-1	2	17	39	43.6	9	16	56.3	41	20.5	43	21.5
2 yrs.	3-3	6	38	92	41.3	21	36	58.3	115	19.2	99	16.5

RICKEY GREEN

Michigan
6-2
Chicago, Ill.

Unanimous first team all-American in 1977...NCAA all-tournament team in 1976.

Yr.	Team W-L	G	FG	FGA	FG%	FT	FTA	FT%	RBs	Avg.	Pts.	Avg.
76	25-7	32	266	542	49.1	106	135	78.5	117	3.7	638	19.9
77	26-4	28	224	464	48.3	98	128	76.6	81	2.9	546	19.5
2 yrs.	51-11	60	490	1006	48.7	204	263	77.6	198	3.3	1184	19.7

NCAA Tournament												
Yr.	W-L	G	FG	FGA	FG%	FT	FTA	FT%	RBs	Avg.	Pts.	Avg.
76	4-1	5	32	88	36.4	17	21	81.0	25	5.0	81	16.2
77	2-1	3	30	53	58.6	8	14	57.1	11	3.7	68	22.7
2 yrs.	6-2	8	62	141	44.0	25	35	71.4	36	4.5	149	18.6

SI GREEN

Duquesne   6-3   Brooklyn, N.Y.

Unanimous first team all-American in 1956...Consensus first team all-American in 1955...
Played on the NIT title team in 1955.

Yr.	Team W-L	G	FG	FGA	FG%	FT	FTA	FT%	RBs	Avg.	Pts.	Avg.
54	26-3	29	151	377	40.1	88	146	60.3	239	8.2	390	13.4
55	22-4	25	206	470	43.8	139	235	59.1	341	13.6	551	22.0
56	17-10	27	241	570	42.3	180	258	69.8	356	13.2	662	24.5
3 yrs.	65-17	81	598	1417	42.2	407	639	63.7	936	11.6	1603	19.8

Did not play in NCAA tournament.

SIDNEY GREEN

Nevada-Las Vegas   6-9   Brooklyn, N.Y.

Consensus second team all-American in 1983.

Yr.	Team W-L	G	FG	FGA	FG%	FT	FTA	FT%	RBs	Avg.	Pts.	Avg.
80	23-9	32	201	388	51.8	96	132	72.7	354	11.1	498	15.6
81	16-12	26	153	297	51.5	85	120	70.8	284	10.9	391	15.0
82	20-10	30	200	374	53.5	100	130	76.9	270	9.0	500	16.7
83	28-3	31	269	491	54.8	142	203	70.0	368	11.9	680	21.9
4 yrs.	87-34	119	823	1550	53.1	423	585	72.3	1276	10.7	2069	17.4

NCAA Tournament												
Yr.	W-L	G	FG	FGA	FG%	FT	FTA	FT%	RBs	Avg.	Pts.	Avg.
83	0-1	1	9	16	56.3	9	9	100.0	10	10.0	27	27.0

DAVID GREENWOOD

UCLA
6-9
Los Angeles, Calif.

Unanimous first team all-American in 1978... Consensus first team all-American in 1979.

Yr.	Team W-L	G	FG	FGA	FG%	FT	FTA	FT%	RBs	Avg.	Pts.	Avg.
76	27-5	31	62	122	50.8	28	35	80.0	114	3.7	152	4.9
77	24-5	29	202	395	51.1	80	112	71.4	280	9.7	484	16.7
78	25-3	28	196	364	53.8	97	133	72.9	319	11.4	489	17.5
79	25-5	30	247	421	58.7	102	126	81.0	309	10.3	596	19.9
4 yrs.	101-18	118	707	1302	54.3	307	406	75.6	1022	8.7	1721	14.6

NCAA Tournament												
Yr.	W-L	G	FG	FGA	FG%	FT	FTA	FT%	RBs	Avg.	Pts.	Avg.
76	4-1	5	14	29	48.3	6	8	75.0	32	6.4	34	6.8
77	1-1	2	12	31	38.7	4	6	66.7	21	10.5	28	14.0
78	1-1	2	15	28	53.6	1	5	20.0	14	7.0	31	15.5
79	2-1	3	32	53	60.4	10	12	83.3	25	8.3	74	24.7
4 yrs.	8-4	12	73	141	51.8	21	31	67.7	92	7.7	167	13.9

HAROLD GREER
Marshall   6-2   Huntington, W. Va.

Naismith Memorial Basketball Hall of Fame.

Yr.	Team W-L	G	FG	FGA	FG%	FT	FTA	FT%	RBs	Avg.	Pts.	Avg.
56	18-5	23	128	213	60.1	101	145	69.6	153	6.6	357	15.5
57	15-9	24	167	329	50.7	119	156	76.3	332	13.8	453	18.9
58	17-7	24	236	432	54.6	95	114	83.3	280	11.7	567	23.6
3 yrs.	50-21	71	531	974	54.5	315	415	75.9	765	10.8	1377	19.4

NCAA Tournament

Yr.	W-L	G	FG	FGA	FG%	FT	FTA	FT%	RBs	Avg.	Pts.	Avg.
56	0-1	1	5			2	3	66.7			12	12.0

ROD GRIFFIN
Wake Forest   6-6   Fairmont, N.C.

Consensus second team all-American in 1977 and 1978.

Yr.	Team W-L	G	FG	FGA	FG%	FT	FTA	FT%	RBs	Avg.	Pts.	Avg.
75	13-13	25	142	290	49.0	64	97	66.0	190	7.6	348	13.9
76	17-10	27	190	367	51.7	102	135	75.6	242	9.0	482	17.9
77	22-8	26	198	319	62.1	136	174	78.2	224	8.6	532	20.5
78	19-10	29	243	424	57.3	137	191	71.7	291	10.0	623	21.5
4 yrs.	71-41	107	773	1400	55.2	439	597	73.5	947	8.9	1985	18.6

NCAA Tournament

Yr.	W-L	G	FG	FGA	FG%	FT	FTA	FT%	RBs	Avg.	Pts.	Avg.
77	2-1	3	24	36	66.7	15	21	71.4	19	6.3	64	21.3

DARRELL GRIFFITH

Louisville
6-4
Louisville, Ky.

Wooden Award winner in 1980...Unanimous first team all-American in 1980...NCAA Today's Top Five recipient in 1981...Named to the NCAA tournament all-decade team for the 1980s...NCAA tournament MVP in 1980.

Yr.	Team W-L	G	FG	FGA	FG%	FT	FTA	FT%	RBs	Avg.	Pts.	Avg.
77	21-7	28	150	299	50.1	59	93	63.4	109	3.8	359	12.8
78	23-7	30	240	460	52.2	78	110	70.9	162	5.4	558	18.6
79	24-8	32	242	487	49.7	107	151	70.9	140	4.4	591	18.5
80	33-3	36	349	631	55.3	127	178	71.3	174	4.8	825	22.9
4 yrs.	101-25	126	981	1877	52.3	371	532	69.7	585	4.6	2333	18.5

NCAA Tournament

Yr.	W-L	G	FG	FGA	FG%	FT	FTA	FT%	RBs	Avg.	Pts.	Avg.
77	0-1	1	6	10	60.0	2	6	33.3	6	6.0	14	14.0
78	1-1	2	18	33	54.5	8	10	80.0	7	3.5	44	22.0
79	1-1	2	11	28	39.3	7	7	100.0	7	3.5	29	14.5
80	5-0	5	47	91	51.6	22	31	71.0	27	5.4	116	23.2
4 yrs.	7-3	10	82	162	50.6	39	54	72.2	47	4.7	203	20.3

DICK GROAT

Duke   6-0   Swissvale, Pa.

Unanimous first team all-American in 1952...Consensus second team all-American in 1951.

Yr.	Team W-L	G	FG	FGA	FG%	FT	FTA	FT%	RBs	Avg.	Pts.	Avg.
50	15-15	19	109	256	42.6	57	98	58.2			275	14.5
51	20-13	33	285	713	39.9	261	331	78.9			831	25.2
52	24-6	30	288	700	41.0	204	281	72.9	229	7.6	780	26.0
3 yrs.	59-34	82	682	1669	40.9	522	710	73.5			1886	23.0

Did not play in NCAA tournament.

ALEX GROZA
Kentucky
6-7
Martins Ferry, Ohio

Consensus first team all-American in 1947 and 1949...
Consensus second team all-American in 1948...Olympic
team member in 1948...Named to the NCAA tournament
all-decade team for the 1940s...Played on the NIT title
team in 1946.

Yr.	Team W-L	G	FG	FGA	FG%	FT	FTA	FT%	RBs	Avg.	Pts.	Avg.
45	22-4	10	62			41					165	16.5
47	34-3	37	146	372	39.2	101	160	63.1			393	10.6
48	36-3	39	200	530	37.7	88	117	75.2			488	12.5
49	32-2	34	259	612	42.3	180	248	72.6			698	20.5
4 yrs.	124-12	120	667			410					1744	14.5

Yr.	NCAA Tournament W-L	G	FG	FGA	FG%	FT	FTA	FT%	RBs	Avg.	Pts.	Avg.
48	3-0	3	23			8	12	66.7			54	18.0
49	3-0	3	31			20					82	27.3
2 yrs.	6-0	6	54			28					136	22.7

CLIFF HAGAN
Kentucky   6-4   Owensboro, Ky.

Consensus first team all-American in 1952 and 1954...Naismith Memorial Basketball Hall of
Fame.

Yr.	Team W-L	G	FG	FGA	FG%	FT	FTA	FT%	RBs	Avg.	Pts.	Avg.
51	32-2	20	69	188	36.7	45	61	73.8	169	8.5	183	9.2
52	29-3	32	264	633	41.7	164	235	69.8	528	16.5	692	21.6
54	25-0	25	234	514	45.5	132	191	69.1	338	13.5	600	24.0
3 yrs.	86-5	77	567	1335	42.5	341	487	70.0	1035	13.4	1475	19.2

Yr.	NCAA Tournament W-L	G	FG	FGA	FG%	FT	FTA	FT%	RBs	Avg.	Pts.	Avg.
51	4-0	4	11	31	35.5	8	12	66.7	31	7.8	30	7.5
52	1-1	2	18			6	7	85.7			42	21.0
2 yrs.	5-1	6	29			14	19	73.7			72	12.0

STEVE HAMILTON

Morehead State   6-7   Charlestown, Ind.

Yr.	Team W-L	G	FG	FGA	FG%	FT	FTA	FT%	RBs	Avg.	Pts.	Avg.
55	14-10	24	114	270	42.2	95	127	74.8	297	12.4	323	13.5
56	19-10	28	177	435	40.7	95	117	81.2	395	14.1	449	16.0
57	19-8	27	209	465	44.9	236	288	81.9	543	20.1	654	24.2
58	13-10	23	145	354	41.0	113	143	79.0	440	19.1	403	17.5
4 yrs.	65-38	102	645	1524	42.3	539	675	79.9	1675	16.4	1829	17.9

NCAA Tournament

Yr.	W-L	G	FG	FGA	FG%	FT	FTA	FT%	RBs	Avg.	Pts.	Avg.
56	2-1	3	22			10					54	18.0
57	0-1	1	5			10	14	71.4			20	20.0
2 yrs.	2-2	4	27			20					74	18.5

JERRY HARKNESS

Loyola (Illinois)   6-3   New York, N.Y.

Consensus first team all-American in 1963.

Yr.	Team W-L	G	FG	FGA	FG%	FT	FTA	FT%	RBs	Avg.	Pts.	Avg.
61	15-8	23	185	372	49.7	150	198	75.6	198	8.6	520	22.6
62	23-4	27	202	438	46.1	163	229	71.2	234	8.7	567	21.0
63	29-2	31	244	484	50.4	174	240	72.5	236	7.6	662	21.4
3 yrs.	67-14	81	631	1294	48.8	487	667	73.0	668	8.2	1749	21.6

NCAA Tournament

Yr.	W-L	G	FG	FGA	FG%	FT	FTA	FT%	RBs	Avg.	Pts.	Avg.
63	5-0	5	41	87	47.1	24	39	61.5	45	9.0	106	21.2

JERRY HARPER

Alabama 6-8 Louisville, Ky.

Yr.	Team W-L	G	FG	FGA	FG%	FT	FTA	FT%	RBs	Avg.	Pts.	Avg.
53	12-9	21	140	395	35.4	93	167	55.7	358	17.0	373	17.8
54	16-8	24	169	419	40.3	89	161	55.3	357	14.9	427	17.8
55	19-5	24	190	458	41.5	125	213	58.6	456	19.0	505	21.0
56	21-3	24	195	415	47.0	166	241	68.8	517	21.5	556	23.2
4 yrs.	68-25	93	694	1687	41.1	473	782	60.5	1688	18.2	1861	20.0

Did not play in NCAA tournament.

RON HARPER

Miami (Ohio) 6-6 Dayton, Ohio

Consensus second team all-American in 1986.

Yr.	Team W-L	G	FG	FGA	FG%	FT	FTA	FT%	RBs	Avg.	Pts.	Avg.
83	13-15	28	148	298	49.7	64	95	67.4	195	7.0	360	12.8
84	24-6	30	197	367	53.7	94	165	57.0	229	7.6	488	16.3
85	20-11	31	312	577	54.1	148	224	66.1	333	10.7	772	24.9
86	24-7	31	312	572	54.5	133	200	66.5	362	11.7	757	24.4
4 yrs.	81-39	120	969	1814	53.4	439	684	64.2	1119	9.3	2377	19.8

Yr.	NCAA Tournament W-L	G	FG	FGA	FG%	FT	FTA	FT%	RBs	Avg.	Pts.	Avg.
85	0-1	1	9	14	64.3	8	11	72.7	8	8.0	26	26.0
86	0-1	1	7	22	31.8	3	4	75.0	13	13.0	17	17.0
2 yrs.	0-2	2	16	36	44.4	11	15	73.3	21	10.5	43	21.5

BOB HARSTAD

Creighton   6-6   Loveland, Colo.

Yr.	Team W-L	G	FG	FGA	FG%	3FG	3FGA	3FG%	FT	FTA	FT%	RBs	Avg.	Pts.	Avg.
88	16-16	32	110	236	46.6	1	5	20.0	68	112	60.7	272	8.5	289	9.0
89	20-11	31	182	398	45.7	1	5	20.0	152	225	67.6	290	9.4	517	16.7
90	21-12	33	258	505	51.1	0	3	0.0	218	273	79.9	290	8.8	734	22.2
91	24-8	32	209	419	49.9	2	7	28.6	150	190	79.0	274	8.6	570	17.8
4 yrs.	81-47	128	759	1558	48.7	4	20	20.0	588	800	73.5	1126	8.8	2110	16.5

Yr.	NCAA Tournament W-L	G	FG	FGA	FG%	3FG	3FGA	3FG%	FT	FTA	FT%	RBs	Avg.	Pts.	Avg.
89	0-1	1	3	11	27.3	0	0	0.0	1	2	50.0	5	5.0	7	7.0
91	1-1	2	11	27	40.7	0	0	0.0	4	9	44.4	24	12.0	26	13.0
2 yrs.	1-2	3	14	38	36.8	0	0	0.0	5	11	45.5	29	9.7	33	11.0

CLEM HASKINS

Western Kentucky   6-3   Campbellsville, Ky.

Consensus first team all-American in 1967.

Yr.	Team W-L	G	FG	FGA	FG%	FT	FTA	FT%	RBs	Avg.	Pts.	Avg.
65	18-9	27	252	561	44.9	129	190	67.9	293	10.9	633	23.4
66	25-3	28	213	461	46.2	146	189	77.3	280	10.0	572	20.4
67	23-3	21	170	377	45.1	135	167	80.8	236	11.2	475	22.6
3 yrs.	66-15	76	635	1399	45.4	410	546	75.1	809	10.6	1680	22.1

Yr.	NCAA Tournament W-L	G	FG	FGA	FG%	FT	FTA	FT%	RBs	Avg.	Pts.	Avg.
66	2-1	3	23	51	45.1	14	18	77.8	38	12.7	60	20.0
67	0-1	1	3	14	21.4	2	5	40.0	7	7.0	8	8.0
2 yrs.	2-2	4	26	65	40.0	16	23	69.6	45	11.3	68	17.0

JOHN HAVLICEK

Ohio State   6-5   Lansing, Ohio

Consensus second team all-American in 1962...Naismith Memorial Basketball Hall of Fame...Named to the NCAA tournament all-decade team for the 1960s...NCAA all-tournament team in 1962.

	Team											
Yr.	W-L	G	FG	FGA	FG%	FT	FTA	FT%	RBs	Avg.	Pts.	Avg.
60	25-3	28	144	312	46.1	53	74	71.6	205	7.3	341	12.2
61	27-1	28	173	321	53.9	61	87	70.1	244	8.7	407	14.5
62	26-2	28	196	377	52.0	83	109	76.1	271	9.7	475	16.9
3 yrs.	78-6	84	513	1010	50.8	197	270	73.0	720	8.6	1223	14.6

	NCAA Tournament											
Yr.	W-L	G	FG	FGA	FG%	FT	FTA	FT%	RBs	Avg.	Pts.	Avg.
60	4-0	4	20	45	44.4	10	14	71.4	34	8.5	50	12.5
61	3-1	4	16	34	47.1	8	11	72.7	31	7.8	40	10.0
62	3-1	4	26	54	48.1	14	18	77.8	40	10.0	66	16.5
3 yrs.	10-2	12	62	133	46.6	32	43	74.4	105	8.8	156	13.0

HERSEY HAWKINS

Bradley
6-3
Chicago, Ill.

Named player of the year by AP, UPI and the USBWA in 1988...Unanimous first team all-American in 1988... Olympic team member in 1988...Led the nation in scoring in 1988.

	Team														
Yr.	W-L	G	FG	FGA	FG%	3FG	3FGA	3FG%	FT	FTA	FT%	RBs	Avg.	Pts.	Avg.
85	17-13	30	179	308	58.1				81	105	77.1	182	6.1	439	14.6
86	32-3	35	250	461	54.2				156	203	76.8	200	5.7	656	18.7
87	17-12	29	294	552	53.3	31	108	28.7	169	213	79.3	195	6.7	788	27.2
88	26-5	31	377	720	52.4	87	221	39.4	284	335	84.8	241	7.8	1125	36.3
4 yrs.	92-33	125	1100	2041	53.9	118	329	35.9	690	856	80.6	818	6.5	3008	24.1

	NCAA Tournament														
Yr.	W-L	G	FG	FGA	FG%	3FG	3FGA	3FG%	FT	FTA	FT%	RBs	Avg.	Pts.	Avg.
86	1-1	2	19	39	48.7				5	8	62.5	12	6.0	43	21.5
88	0-1	1	15	25	60.0	6	8	75.0	8	11	72.7	10	10.0	44	44.0
2 yrs.	1-2	3	34	64	53.1	6	8	75.0	13	19	68.4	22	7.3	87	29.0

ELVIN HAYES

Houston
6-8
Rayville, La.

Named player of the year by AP, UPI and the USBWA in 1968...Unanimous first team all-American in 1967 and 1968...Naismith Memorial Basketball Hall of Fame... Named to the NCAA tournament all-decade team for the 1960s...NCAA all-tournament team in 1967...Through the 1991 NCAA tournament, held the tournament career record for most points, field goals made and attempted, and rebounds...Also held the tournament series record for most rebounds in 1968.

Yr.	Team W-L	G	FG	FGA	FG%	FT	FTA	FT%	RBs	Avg.	Pts.	Avg.
66	23-6	29	323	570	56.7	143	257	55.6	490	16.9	789	27.2
67	27-4	31	373	750	49.7	135	227	59.5	488	15.7	881	28.4
68	31-2	33	519	945	54.9	176	285	61.8	624	18.9	1214	36.8
3 yrs.	81-12	93	1215	2265	53.6	454	769	59.0	1602	17.2	2884	31.0

NCAA Tournament

Yr.	W-L	G	FG	FGA	FG%	FT	FTA	FT%	RBs	Avg.	Pts.	Avg.
66	2-1	3	25	54	46.3	13	21	61.9	50	16.7	63	21.0
67	4-1	5	57	119	47.9	14	25	56.0	79	15.8	128	25.6
68	3-2	5	70	137	51.1	27	48	56.3	97	19.4	167	33.4
3 yrs.	9-4	13	152	310	49.0	54	94	57.4	226	17.4	358	27.5

SPENCER HAYWOOD

Detroit   6-8   Detroit, Mich.

Unanimous first team all-American in 1969...Olympic team member in 1968...Led the nation in rebounding in 1969.

Yr.	Team W-L	G	FG	FGA	FG%	FT	FTA	FT%	RBs	Avg.	Pts.	Avg.
69	16-10	24	288	508	56.7	195	254	75.3	530	22.1	771	32.1

Did not play in NCAA tournament.

WALT HAZZARD
UCLA
6-2
Philadelphia, Pa.

Named player of the year by the USBWA in 1964...Unanimous first team all-American in 1964...Olympic team member in 1964...Named to the NCAA tournament all-decade team for the 1960s...NCAA tournament MVP in 1964.

	Team											
Yr.	W-L	G	FG	FGA	FG%	FT	FTA	FT%	RBs	Avg.	Pts.	Avg.
62	18-11	28	134	338	39.6	102	143	71.3	163	5.8	370	13.2
63	20-9	29	170	380	44.7	133	193	68.9	170	5.9	473	16.3
64	30-0	30	204	458	44.5	150	209	71.8	142	4.7	558	18.6
3 yrs.	68-20	87	508	1176	43.2	385	545	70.6	475	5.5	1401	16.1

NCAA Tournament

Yr.	W-L	G	FG	FGA	FG%	FT	FTA	FT%	RBs	Avg.	Pts.	Avg.
62	3-1	4	20	48	41.7	17	21	81.0	28	7.0	57	14.3
63	0-2	2	8	22	36.4	10	12	83.3	9	4.5	26	13.0
64	4-0	4	29	53	54.7	21	28	75.0	20	5.0	79	19.8
3 yrs.	7-3	10	57	123	46.3	48	61	78.7	57	5.7	162	16.2

TOM HEINSOHN
Holy Cross   6-7   Union City, N.J.

Consensus first team all-American in 1956...Naismith Memorial Basketball Hall of Fame... Played on the NIT title team in 1954.

	Team											
Yr.	W-L	G	FG	FGA	FG%	FT	FTA	FT%	RBs	Avg.	Pts.	Avg.
54	26-2	28	175	364	48.1	94	142	66.2	300	10.7	444	15.9
55	19-7	26	232	499	46.5	141	215	65.6	385	14.8	605	23.3
56	22-4	26	247	602	41.0	220	292	75.3	549	21.1	714	27.5
3 yrs.	67-13	80	654	1465	44.6	455	649	70.1	1234	15.4	1763	22.0

NCAA Tournament

Yr.	W-L	G	FG	FGA	FG%	FT	FTA	FT%	RBs	Avg.	Pts.	Avg.
56	0-1	1	7	28	25.0	12	12	100.0	20	20.0	26	26.0

DICKIE HEMRIC

Wake Forest   6-6   Jonesville, N.C.

Consensus second team all-American in 1955...Through the 1991 season, held the NCAA career record for most free throws made and attempted.

Yr.	Team W-L	G	FG	FGA	FG%	FT	FTA	FT%	RBs	Avg.	Pts.	Avg.
52	10-19	24	182	413	44.1	174	310	56.1	447	18.6	538	22.4
53	22-7	25	212	452	46.9	199	336	59.2	416	16.6	623	24.9
54	17-12	28	225	446	50.4	230	310	74.2	424	15.1	680	24.3
55	17-10	27	222	429	51.7	302	403	74.9	515	19.1	746	27.6
4 yrs.	66-48	104	841	1740	48.3	905	1359	66.6	1802	17.3	2587	24.9

NCAA Tournament

Yr.	W-L	G	FG	FGA	FG%	FT	FTA	FT%	RBs	Avg.	Pts.	Avg.
53	1-1	2	20	45	44.4	18	30	60.0	35	17.5	58	29.0

SKIP HENDERSON

Marshall   6-2   Cartersville, Ga.

Yr.	Team W-L	G	FG	FGA	FG%	3FG	3FGA	3FG%	FT	FTA	FT%	RBs	Avg.	Pts.	Avg.
85	21-13	33	241	436	55.3				102	155	65.8	112	3.4	584	17.7
86	19-11	29	224	443	50.6				86	130	66.2	99	3.4	534	18.4
87	*25-5	31	244	490	49.8	53	125	42.4	111	160	69.4	100	3.2	652	21.0
88	24-8	32	291	595	48.9	80	196	40.8	142	181	78.5	109	3.4	804	25.1
4 yrs.	*89-37	125	1000	1964	50.9	133	321	41.4	441	626	70.5	420	3.4	2574	20.6

NCAA Tournament

Yr.	W-L	G	FG	FGA	FG%	3FG	3FGA	3FG%	FT	FTA	FT%	RBs	Avg.	Pts.	Avg.
85	0-1	1	8	15	53.3				3	4	75.0	4	4.0	19	19.0
87	*0-0	1	5	13	38.5	4	8	50.0	0	0	0.0	1	1.0	14	14.0
2 yrs.	*0-1	2	13	28	46.4	4	8	50.0	3	4	75.0	5	2.5	33	16.5

*NCAA tournament record later vacated: 1987, 0-1.

DON HENNON

Pittsburgh 5-9 Wampum, Pa.

Consensus first team all-American in 1958...Consensus second team all-American in 1959.

Yr.	Team W-L	G	FG	FGA	FG%	FT	FTA	FT%	RBs	Avg.	Pts.	Avg.
57	16-11	27	225	541	41.6	123	149	82.6	95	3.5	573	21.2
58	18-6	25	267	654	40.8	117	140	83.6	118	4.7	651	26.0
59	10-14	24	231	632	36.6	155	191	81.2	105	4.4	617	25.7
3 yrs.	44-31	76	723	1827	39.6	395	480	82.3	318	4.2	1841	24.2

Yr.	NCAA Tournament W-L	G	FG	FGA	FG%	FT	FTA	FT%	RBs	Avg.	Pts.	Avg.
57	1-2	3	29			17	19	89.5			75	25.0
58	0-1	1	12	33	36.4	4	5	80.0	7	7.0	28	28.0
2 yrs.	1-3	4	41			21	24	87.5			103	25.8

FRED HETZEL

Davidson 6-8 Washington, D.C.

Unanimous first team all-American in 1965...Consensus second team all-American in 1964.

Yr.	Team W-L	G	FG	FGA	FG%	FT	FTA	FT%	RBs	Avg.	Pts.	Avg.
63	20-7	27	245	460	53.2	144	181	79.5	359	13.2	634	23.4
64	22-4	26	273	498	54.8	163	211	77.2	351	13.5	709	27.3
65	24-2	26	273	471	58.0	143	178	80.3	384	14.8	689	26.5
3 yrs.	66-13	79	791	1429	55.4	450	570	78.9	1094	13.8	2032	25.7

Did not play in NCAA tournament.

ART HEYMAN

Duke   6-5   Rockville Center, N.Y.

Named player of the year by AP, UPI and the USBWA in 1963...Unanimous first team all-American in 1963...Consensus second team all-American in 1962...NCAA tournament MVP in 1963.

Yr.	Team W-L	G	FG	FGA	FG%	FT	FTA	FT%	RBs	Avg.	Pts.	Avg.
61	22-6	25	229	488	46.9	171	263	65.0	272	10.9	629	25.2
62	20-5	24	219	506	43.3	170	276	61.6	269	11.2	608	25.3
63	27-3	30	265	586	45.2	217	314	69.1	324	10.8	747	24.9
3 yrs.	69-14	79	713	1580	45.1	558	853	65.4	865	10.9	1984	25.1

NCAA Tournament

Yr.	W-L	G	FG	FGA	FG%	FT	FTA	FT%	RBs	Avg.	Pts.	Avg.
63	4-1	4	27	79	34.2	35	51	68.6	42	10.5	89	22.3

TYRONE HILL

Xavier (Ohio)   6-9   Cincinnati, Ohio

Yr.	Team W-L	G	FG	FGA	FG%	3FG	3FGA	3FG%	FT	FTA	FT%	RBs	Avg.	Pts.	Avg.
87	19-13	31	95	172	55.2	0	0	0.0	84	125	67.2	261	8.4	274	8.8
88	26-4	30	172	309	55.7	0	0	0.0	114	153	74.5	314	10.5	458	15.3
89	21-12	33	235	388	60.6	0	0	0.0	155	221	70.1	403	12.2	625	18.9
90	28-5	32	250	430	58.1	0	2	0.0	146	222	65.8	402	12.6	646	20.2
4 yrs.	94-34	126	752	1299	57.9	0	2	0.0	499	721	69.2	1380	11.0	2003	15.9

NCAA Tournament

Yr.	W-L	G	FG	FGA	FG%	3FG	3FGA	3FG%	FT	FTA	FT%	RBs	Avg.	Pts.	Avg.
87	1-1	2	6	11	54.5	0	0	0.0	3	4	75.0	19	9.5	15	7.5
88	0-1	1	1	5	20.0	0	0	0.0	2	4	50.0	4	4.0	4	4.0
89	0-1	1	7	12	58.3	0	0	0.0	7	7	100.0	6	6.0	21	21.0
90	2-1	3	19	35	54.3	0	1	0.0	26	30	86.7	37	12.3	64	21.3
4 yrs.	3-4	7	33	63	52.4	0	1	0.0	38	45	84.4	66	9.4	104	14.9

JOE HOLUP

George Washington 6-6 Swoyersville, Pa.

Led the nation in rebounding in 1956...also led the nation in field-goal percentage in 1954 and 1956.

Yr.	Team W-L	G	FG	FGA	FG%	FT	FTA	FT%	RBs	Avg.	Pts.	Avg.
53	15-7	22	154	301	51.1	119	167	71.6	396	18.0	427	19.4
54	23-3	26	179	313	57.5	189	255	74.1	484	18.6	547	21.0
55	24-6	30	223	373	59.8	155	208	74.5	546	18.2	601	20.0
56	19-7	26	200	309	64.7	251	331	75.8	604	23.0	651	25.0
4 yrs.	81-23	104	756	1296	58.3	714	961	74.3	2030	19.5	2226	21.4

NCAA Tournament

Yr.	W-L	G	FG	FGA	FG%	FT	FTA	FT%	RBs	Avg.	Pts.	Avg.
54	0-1	1	4			5	6	83.3			13	13.0

BOB HOUBREGS

Washington 6-7 Seattle, Wash.

Unanimous first team all-American in 1953...Consensus second team all-American in 1952... Naismith Memorial Basketball Hall of Fame...NCAA all-tournament team in 1953.

Yr.	Team W-L	G	FG	FGA	FG%	FT	FTA	FT%	RBs	Avg.	Pts.	Avg.
51	24-6	30							292	9.7	408	13.6
52	25-6	28	189	440	43.0	142	195	72.8	298	10.6	520	18.6
53	30-3	33	325	604	53.9	196	264	74.3	381	11.5	846	25.6
3 yrs.	79-15	91							971	10.7	1774	19.5

NCAA Tournament

Yr.	W-L	G	FG	FGA	FG%	FT	FTA	FT%	RBs	Avg.	Pts.	Avg.
51	2-1	3	22	61	36.1	9	13	69.2	29	9.7	53	17.7
53	3-1	4	57			25	35	71.4			139	34.8
2 yrs.	5-2	7	79			34	48	70.8			192	27.4

KEVIN HOUSTON

Army 6-0 Pearl River, N.Y.

Led the nation in scoring and free-throw percentage in 1987.

Yr.	Team W-L	G	FG	FGA	FG%	3FG	3FGA	3FG%	FT	FTA	FT%	RBs	Avg.	Pts.	Avg.
84	11-17	28	112	236	47.5				110	133	82.7	67	2.4	334	11.9
85	16-13	29	155	297	52.2				128	151	84.8	96	3.3	438	15.1
86	9-18	27	228	494	46.2				144	170	84.7	74	2.7	600	22.2
87	14-15	29	311	671	46.3	63	132	47.7	268	294	91.2	125	4.3	953	32.9
4 yrs.	50-63	113	806	1698	47.5	63	132	47.7	650	748	86.9	362	3.2	2325	20.6

Did not play in NCAA tournament.

BAILEY HOWELL

Mississippi State 6-7 Middleton, Tenn.

Unanimous first team all-American in 1959... Consensus second team all-American in 1958...
Led the nation in field-goal percentage in 1957.

Yr.	Team W-L	G	FG	FGA	FG%	FT	FTA	FT%	RBs	Avg.	Pts.	Avg.
57	17-8	25	217	382	56.8	213	285	74.7	492	19.7	647	25.9
58	20-5	25	226	439	51.5	243	315	77.1	406	16.2	695	27.8
59	24-1	25	231	464	49.8	226	292	77.4	379	15.2	688	27.5
3 yrs.	61-14	75	674	1285	52.5	682	892	76.5	1277	17.0	2030	27.1

Did not play in NCAA tournament.

ALFREDRICK HUGHES

Loyola (Illinois)   6-5   Chicago, Ill.

Yr.	Team W-L	G	FG	FGA	FG%	FT	FTA	FT%	RBs	Avg.	Pts.	Avg.
82	17-12	29	216	538	40.1	70	109	64.2	177	6.1	502	17.3
83	19-10	29	318	711	44.7	108	188	57.4	254	8.8	744	25.7
84	20-9	29	326	655	49.8	148	209	70.8	237	8.2	800	27.6
85	27-6	33	366	756	48.4	136	195	69.7	314	9.5	868	26.3
4 yrs.	83-37	120	1226	2660	46.1	462	701	65.9	982	8.2	2914	24.3

Yr.	NCAA Tournament W-L	G	FG	FGA	FG%	FT	FTA	FT%	RBs	Avg.	Pts.	Avg.
85	2-1	3	21	55	38.2	4	8	50.0	22	7.3	46	15.3

WILLIE HUMES

Idaho State   6-1   Madison, Ind.

Yr.	Team W-L	G	FG	FGA	FG%	FT	FTA	FT%	RBs	Avg.	Pts.	Avg.
70	13-11	24	278	620	44.8	177	237	74.7	151	6.3	733	30.5
71	9-15	24	287	723	39.7	203	272	74.6	187	7.8	777	32.4
2 yrs.	22-26	48	565	1343	42.1	380	509	74.7	338	7.0	1510	31.5

Did not play in NCAA tournament.

ROD HUNDLEY

West Virginia   6-4   Charleston, W. Va.

Consensus first team all-American in 1957...Consensus second team all-American in 1956.

Yr.	Team W-L	G	FG	FGA	FG%	FT	FTA	FT%	RBs	Avg.	Pts.	Avg.
55	19-11	30	260	756	34.4	191	255	74.9	244	8.1	711	23.7
56	21-9	30	290	814	35.6	218	326	66.9	392	13.1	798	26.6
57	25-5	29	235	648	36.3	201	254	79.4	305	10.5	671	23.1
3 yrs.	65-25	89	785	2218	35.4	610	835	73.1	941	10.6	2180	24.5

Yr.	NCAA Tournament W-L	G	FG	FGA	FG%	FT	FTA	FT%	RBs	Avg.	Pts.	Avg.
55	0-1	1	8			1	2	50.0			17	17.0
56	0-1	1	8			2	5	40.0			18	18.0
57	0-1	1	4	20	20.0	9	9	100.0	7	7.0	17	17.0
3 yrs.	0-3	3	20			12	16	75.0			52	17.3

DARRALL IMHOFF

California   6-10   Alhambra, Calif.

Unanimous first team all-American in 1960...Olympic team member in 1960...NCAA all-tournament team in 1959 and 1960.

Yr.	Team W-L	G	FG	FGA	FG%	FT	FTA	FT%	RBs	Avg.	Pts.	Avg.
58	19-9	16	6	17	35.3	2	5	40.0	23	1.4	14	0.9
59	25-4	29	134	316	42.4	61	114	53.5	318	11.0	329	11.5
60	28-2	30	154	346	44.5	102	162	62.9	371	12.4	410	13.7
3 yrs.	72-15	75	294	679	43.3	165	281	58.7	712	9.5	753	10.0

Yr.	NCAA Tournament W-L	G	FG	FGA	FG%	FT	FTA	FT%	RBs	Avg.	Pts.	Avg.
58	1-1	1	1	2	50.0	1	1	100.0	2	2.0	3	3.0
59	4-0	4	21			9	13	69.2			51	12.8
60	4-1	5	32			22	24	91.7			86	17.2
3 yrs.	9-2	10	54			32	38	84.2			140	14.0

DAN ISSEL

Kentucky   6-9   Batavia, Ill.

Unanimous first team all-American in 1970... Consensus second team all-American in 1969...
First team academic all-American in 1970.

Team

Yr.	W-L	G	FG	FGA	FG%	FT	FTA	FT%	RBs	Avg.	Pts.	Avg.
68	22-5	27	171	390	43.8	102	154	66.2	328	12.1	444	16.4
69	23-5	28	285	534	53.4	176	232	75.9	381	13.6	746	26.6
70	26-2	28	369	667	55.3	210	275	76.4	369	13.2	948	33.9
3 yrs.	71-12	83	825	1591	51.9	488	661	73.8	1078	13.0	2138	25.8

NCAA Tournament

Yr.	W-L	G	FG	FGA	FG%	FT	FTA	FT%	RBs	Avg.	Pts.	Avg.
68	1-1	2	21	36	58.3	13	16	81.3	21	10.5	55	27.5
69	1-1	2	16	25	64.0	17	19	89.5	26	13.0	49	24.5
70	1-1	2	30	53	56.6	12	16	75.0	21	10.5	72	36.0
3 yrs.	3-3	6	67	114	58.8	42	51	82.4	68	11.3	176	29.3

CHRIS JACKSON

Louisiana State   6-1   Gulfport, Miss.

Consensus first team all-American in 1989 and 1990.

Team

Yr.	W-L	G	FG	FGA	FG%	3FG	3FGA	3FG%	FT	FTA	FT%	RBs	Avg.	Pts.	Avg.
89	20-12	32	359	739	48.6	84	216	38.9	163	200	81.5	108	3.4	965	30.2
90	23-9	32	305	662	46.1	88	246	35.8	191	210	91.0	81	2.5	889	27.8
2 yrs.	43-21	64	664	1401	47.4	172	462	37.2	354	410	86.3	189	3.0	1854	29.0

NCAA Tournament

Yr.	W-L	G	FG	FGA	FG%	3FG	3FGA	3FG%	FT	FTA	FT%	RBs	Avg.	Pts.	Avg.
89	0-1	1	16	32	50.0	1	8	12.5	0	0	0.0	5	5.0	33	33.0
90	1-1	2	11	27	40.7	3	11	27.3	4	4	100.0	5	2.5	29	14.5
2 yrs.	1-2	3	27	59	45.8	4	19	21.1	4	4	100.0	10	3.3	62	20.7

DAN ISSEL

JIM JACKSON

Ohio State   6-6   Toledo, Ohio

Consensus first team all-American in 1991.

Team

Yr.	W-L	G	FG	FGA	FG%	3FG	3FGA	3FG%	FT	FTA	FT%	RBs	Avg.	Pts.	Avg.
90	17-13	30	194	389	49.9	21	59	35.6	73	93	78.5	166	5.5	482	16.1
91	27-4	31	228	441	51.7	17	51	33.3	112	149	75.2	169	5.5	585	18.9
2 yrs.	44-17	61	422	830	50.8	38	110	34.5	185	242	76.4	335	5.5	1067	17.5

NCAA Tournament

Yr.	W-L	G	FG	FGA	FG%	3FG	3FGA	3FG%	FT	FTA	FT%	RBs	Avg.	Pts.	Avg.
90	1-1	2	10	30	33.3	0	3	0.0	6	8	75.0	11	5.5	26	13.0
91	2-1	3	22	49	44.9	2	8	25.0	13	21	61.9	20	6.7	59	19.7
2 yrs.	3-2	5	32	79	40.5	2	11	18.2	19	29	65.5	31	6.2	85	17.0

Note: Jackson was still playing at Ohio State at the time of this printing.

TONY JACKSON

St. John's (New York)   6-4   Brooklyn, N.Y.

Consensus second team all-American in 1960 and 1961 ... Played on the NIT title team in 1959.

Team

Yr.	W-L	G	FG	FGA	FG%	FT	FTA	FT%	RBs	Avg.	Pts.	Avg.
59	20-6	26	215	470	45.7	91	130	70.0	401	15.4	521	20.0
60	17-8	25	187	456	41.0	157	196	80.1	286	11.4	531	21.2
61	20-5	25	203	400	50.8	145	180	80.6	310	12.4	551	22.0
3 yrs.	57-19	76	605	1326	45.6	393	506	77.7	997	13.1	1603	21.1

NCAA Tournament

Yr.	W-L	G	FG	FGA	FG%	FT	FTA	FT%	RBs	Avg.	Pts.	Avg.
61	0-1	1	9	15	60.0	8	8	100.0	6	6.0	26	26.0

WILLIE JACKSON

Centenary   6-6   Heflin, La.

Team

Yr.	W-L	G	FG	FGA	FG%	FT	FTA	FT%	RBs	Avg.	Pts.	Avg.
81	16-12	28	191	277	50.7	100	157	63.7	221	7.9	482	17.2
82	17-12	29	273	511	53.4	147	203	72.4	283	9.8	693	23.9
83	16-13	29	271	542	50.0	155	202	76.7	264	9.1	697	24.0
84	12-16	28	260	558	46.6	143	193	74.1	245	8.7	663	23.7
4 yrs.	61-53	114	995	1888	52.7	545	755	72.2	1013	8.9	2535	22.2

Did not play in NCAA tournament.

JOE JAKUBICK

Akron   6-5   Mansfield, Ohio

Led the nation in scoring in 1984.

Yr.	Team W-L	G	FG	FGA	FG%	FT	FTA	FT%	RBs	Avg.	Pts.	Avg.
81	8-18	26	138	299	46.2	72	92	78.3	65	2.5	348	13.4
82	7-19	26	235	449	52.3	124	152	81.6	85	3.3	594	22.8
83	14-15	29	296	585	50.6	182	228	79.8	144	5.0	774	26.7
84	8-19	27	304	580	52.4	206	247	83.4	132	4.9	814	30.1
4 yrs.	37-71	108	973	1913	50.9	584	719	81.2	426	3.9	2530	23.4

Did not play in NCAA tournament.

KEITH JENNINGS

East Tennessee State   5-7   Culpeper, Va.

Frances Pomeroy Naismith Award winner in 1991...Steitz Award winner in 1991...Consensus second team all-American in 1991...Through the 1991 season, held the NCAA career record for highest three-point field-goal percentage.

Yr.	Team W-L	G	FG	FGA	FG%	3FG	3FGA	3FG%	FT	FTA	FT%	RBs	Avg.	Pts.	Avg.
88	14-15	29	116	237	48.9	34	89	38.2	109	132	82.6	119	4.1	374	12.9
89	20-11	31	134	263	51.0	42	94	44.7	138	163	84.7	114	3.7	448	14.5
90	27-7	34	167	291	57.5	63	127	49.6	107	122	87.7	132	3.9	504	14.8
91	28-5	33	221	371	59.6	84	142	59.2	136	152	89.5	129	3.9	662	20.1
4 yrs.	89-38	127	638	1162	54.9	223	452	49.3	490	569	86.1	494	3.9	1988	15.7

NCAA Tournament

Yr.	W-L	G	FG	FGA	FG%	3FG	3FGA	3FG%	FT	FTA	FT%	RBs	Avg.	Pts.	Avg.
89	0-1	1	3	8	37.5	0	1	0.0	2	2	100.0	5	5.0	8	8.0
90	0-1	1	6	11	54.5	5	8	62.5	0	0	0.0	4	4.0	17	17.0
91	0-1	1	4	13	30.8	3	8	37.5	0	0	0.0	4	4.0	11	11.0
3 yrs.	0-3	3	13	32	40.6	8	17	47.1	2	2	100.0	13	4.3	36	12.0

AVERY JOHNSON

Southern-Baton Rouge   5-11   New Orleans, La.

Through the 1991 season, held the NCAA career record for most assists per game with 8.9...Also held the NCAA season record for most assists per game with 13.3 in 1988...Was tied for the NCAA single-game record for assists with 22 against Texas Southern on January 25, 1988...Led the nation in assists in 1987 with 10.7 per game and in 1988 with 13.3.

Yr.	Team W-L	G	FG	FGA	FG%	3FG	3FGA	3FG%	FT	FTA	FT%	RBs	Avg.	Pts.	Avg.
85	17-16	33	54	106	50.9				34	55	61.8	63	1.9	142	4.3
87	19-12	31	86	196	43.9	7	24	29.3	40	65	61.5	73	2.4	219	7.1
88	24-7	30	138	257	53.7	22	47	46.8	44	64	68.8	84	2.8	342	11.4
3 yrs.	60-35	94	278	559	49.7	29	71	40.8	118	184	64.1	220	2.3	703	7.5

Note: Played at Cameron University in 1985.

NCAA Tournament

Yr.	W-L	G	FG	FGA	FG%	3FG	3FGA	3FG%	FT	FTA	FT%	RBs	Avg.	Pts.	Avg.
87	0-1	1	1	8	20.0	1	3	33.3	2	2	100.0	2	2.0	5	5.0
88	0-1	1	1	6	16.7	0	1	0.0	0	0	0.0	3	3.0	2	2.0
2 yrs.	0-2	2	2	14	14.3	1	4	25.0	2	2	100.0	5	2.5	7	3.5

EARVIN "MAGIC" JOHNSON
Michigan State
6-8
Lansing, Mich.

Unanimous first team all-American in 1979...Named to the NCAA Final Four all-time team...Named to the NCAA tournament all-decade team for the 1970s...NCAA tournament MVP in 1979.

Yr.	Team W-L	G	FG	FGA	FG%	FT	FTA	FT%	RBs	Avg.	Pts.	Avg.
78	25-5	30	175	382	45.8	161	205	78.5	237	7.9	511	17.0
79	26-6	32	173	370	46.8	202	240	84.2	234	7.3	548	17.1
2 yrs.	51-11	62	348	752	46.3	363	445	81.6	471	7.6	1059	17.1

NCAA Tournament

Yr.	W-L	G	FG	FGA	FG%	FT	FTA	FT%	RBs	Avg.	Pts.	Avg.
78	2-1	3	10	36	27.8	13	19	68.4	20	6.7	33	11.0
79	5-0	5	34	65	52.3	41	46	89.1	44	8.8	109	21.8
2 yrs.	7-1	8	44	101	43.6	54	65	83.1	64	8.0	142	17.8

LARRY JOHNSON
Nevada-Las Vegas   6-7   Dallas, Texas

Named player of the year by the USBWA and the NABC in 1991...Wooden Award winner in 1991...Naismith Award winner in 1991...Unanimous first team all-American in 1991...Consensus first team all-American in 1990...NCAA all-tournament team in 1990.

Yr.	Team W-L	G	FG	FGA	FG%	3FG	3FGA	3FG%	FT	FTA	FT%	RBs	Avg.	Pts.	Avg.
90	35-5	40	304	487	62.4	13	38	34.2	201	262	76.7	457	11.4	822	20.5
91	34-1	35	308	465	66.2	17	48	35.4	162	198	81.8	380	10.9	795	22.7
2 yrs.	69-6	75	612	952	64.3	30	86	34.9	363	460	78.9	837	11.2	1617	21.6

NCAA Tournament

Yr.	W-L	G	FG	FGA	FG%	3FG	3FGA	3FG%	FT	FTA	FT%	RBs	Avg.	Pts.	Avg.
90	6-0	6	44	73	60.3	4	5	80.0	21	29	72.4	75	12.5	113	18.8
91	4-1	5	44	72	61.1	3	13	23.1	18	23	78.3	51	10.2	109	21.8
2 yrs.	10-1	11	88	145	60.7	7	18	38.9	39	52	75.0	126	11.5	222	20.2

MARQUES JOHNSON

UCLA
6-7
Los Angeles, Calif.

Named player of the year by AP, UPI, the USBWA and the
NABC in 1977...Wooden Award winner in 1977...Naismith
Award winner in 1977...Unanimous first team all-American
in 1977...First team academic all-American in 1977...
Named to the NCAA tournament all-decade team for the
1970s...NCAA all-tournament team in 1976.

Yr.	Team W-L	G	FG	FGA	FG%	FT	FTA	FT%	RBs	Avg.	Pts.	Avg.
74	26-4	27	83	131	51.3	28	38	73.7	90	3.3	194	7.2
75	28-3	29	138	254	54.3	59	86	68.6	205	7.1	335	11.6
76	27-5	32	223	413	54.0	106	140	75.7	301	9.4	552	17.3
77	24-5	27	244	413	59.1	90	145	62.1	301	11.1	578	21.4
4 yrs.	105-17	115	688	1211	56.8	283	409	69.2	897	7.8	1659	14.4

NCAA Tournament

Yr.	W-L	G	FG	FGA	FG%	FT	FTA	FT%	RBs	Avg.	Pts.	Avg.
74	3-1	4	9	17	52.9	5	9	55.6	12	3.0	23	5.8
75	5-0	5	34	66	51.5	12	15	80.0	49	9.8	80	16.0
76	4-1	5	37	68	54.4	19	25	76.0	50	10.0	93	18.6
77	1-1	2	14	28	50.0	10	12	83.3	27	13.5	38	19.0
4 yrs.	13-3	16	94	179	52.5	46	61	75.4	138	8.6	234	14.6

STEVE JOHNSON

Oregon State   6-11   San Bernardino, Calif.

Consensus first team all-American in 1981...Through the 1991 season, held the NCAA season
record for highest field-goal percentage in 1981...Also was tied for the NCAA single-game
record for highest field-goal percentage with 13 of 13 shooting against Hawaii-Hilo on
December 5, 1979...Led the nation in field-goal percentage in 1980 and 1981.

Yr.	Team W-L	G	FG	FGA	FG%	FT	FTA	FT%	RBs	Avg.	Pts.	Avg.
77	16-13	28	159	267	59.6	61	91	67.0	156	5.6	379	13.5
78	16-11	3	26	45	57.8	8	13	61.5	29	9.7	60	20.0
79	18-10	27	197	298	66.1	104	169	61.5	178	6.6	498	18.4
80	*26-3	30	211	297	71.0	87	145	60.0	207	6.9	509	17.0
81	*26-1	28	235	315	74.6	119	174	68.4	215	7.7	589	21.0
5 yrs.	*102-38	116	828	1222	67.8	379	592	64.0	785	6.8	2035	17.5

NCAA Tournament

Yr.	W-L	G	FG	FGA	FG%	FT	FTA	FT%	RBs	Avg.	Pts.	Avg.
80	*0-0	1	11	18	61.1	2	4	50.0	18	18.0	24	24.0
81	*0-0	1	5	10	50.0	6	8	75.0	6	6.0	16	16.0
2 yrs.	*0-0	2	16	28	57.1	8	12	66.7	24	12.0	40	20.0

*NCAA tournament records later vacated: 1980, 0-1; 1981, 0-1.

K. C. JONES

San Francisco 6-2 San Francisco, Calif.

Consensus second team all-American in 1956...Naismith Memorial Basketball Hall of Fame ...Olympic team member in 1956...Named to the NCAA tournament all-decade team for the 1950s...NCAA all-tournament team in 1955.

	Team											
Yr.	W-L	G	FG	FGA	FG%	FT	FTA	FT%	RBs	Avg.	Pts.	Avg.
52	11-13	24	44	128	34.4	46	64	71.9	94	3.9	134	5.5
53	11-12	23	63	159	39.6	79	144	54.9			205	9.0
54	14-7	1	3	12	25.0	2	2	100.0	3	3.0	8	8.0
55	28-1	29	105	293	35.8	97	144	67.3	148	5.1	307	10.6
56	29-0	25	76	208	36.5	93	142	65.4	130	5.2	245	9.8
5 yrs.	93-33	102	291	800	36.4	317	496	63.9			899	8.8

	NCAA Tournament											
Yr.	W-L	G	FG	FGA	FG%	FT	FTA	FT%	RBs	Avg.	Pts.	Avg.
55	5-0	5	25			18	30	60.0			68	13.6

Did not participate in the 1956 NCAA tournament in which team was 4-0.

MICHAEL JORDAN

North Carolina
6-6
Wilmington, N.C.

Named player of the year by AP, UPI, the USBWA and the NABC in 1984...Wooden Award winner in 1984...Naismith Award winner in 1984...Unanimous first team all-American in 1983 and 1984...Olympic team member in 1984... Named to the NCAA Final Four all-time team...Named to the NCAA tournament all-decade team for the 1980s... NCAA all-tournament team in 1982.

	Team											
Yr.	W-L	G	FG	FGA	FG%	FT	FTA	FT%	RBs	Avg.	Pts.	Avg.
82	32-2	34	191	358	53.4	78	108	72.2	149	4.4	460	13.5
83	28-8	36	282	527	53.5	123	167	73.7	197	5.5	687	19.1
84	28-3	31	247	448	55.1	113	145	77.9	163	5.3	607	19.6
3 yrs.	88-13	101	720	1333	54.0	314	420	74.8	509	5.0	1754	17.4

	NCAA Tournament											
Yr.	W-L	G	FG	FGA	FG%	FT	FTA	FT%	RBs	Avg.	Pts.	Avg.
82	5-0	5	25	50	50.0	16	20	80.0	19	3.8	66	13.2
83	2-1	3	22	46	47.8	15	18	83.3	16	5.3	59	19.7
84	1-1	2	17	29	58.6	6	9	66.7	7	3.5	40	20.0
3 yrs.	8-2	10	64	125	51.2	37	47	78.7	42	4.2	165	16.5

K. C. JONES

ROGER KAISER

Georgia Tech   6-1   Dale, Ind.

Consensus first team all-American in 1961...Consensus second team all-American in 1960.

Yr.	Team W-L	G	FG	FGA	FG%	FT	FTA	FT%	RBs	Avg.	Pts.	Avg.
59	17-9	26	138	342	40.4	106	127	83.5	182	7.0	382	14.7
60	22-6	28	237	503	47.1	164	190	86.4	154	5.5	638	22.8
61	13-13	26	216	517	41.8	176	203	86.7	106	4.1	608	23.4
3 yrs.	52-28	80	591	1362	43.4	446	520	85.8	442	5.5	1628	20.4

Yr.	NCAA Tournament W-L	G	FG	FGA	FG%	FT	FTA	FT%	RBs	Avg.	Pts.	Avg.
60	1-1	2	18	46	39.1	16	17	94.1	11	5.5	52	26.0

HARRY KELLY

Texas Southern   6-7   Jackson, Miss.

Led the nation in scoring in 1982 and 1983.

Yr.	Team W-L	G	FG	FGA	FG%	FT	FTA	FT%	RBs	Avg.	Pts.	Avg.
80	9-17	26	313	612	51.1	127	163	77.9	205	7.8	753	29.0
81	13-13	26	252	538	46.8	112	149	75.1	205	7.9	616	23.7
82	21-8	29	336	658	51.1	190	260	73.0	335	11.6	862	29.7
83	22-7	29	333	736	45.2	169	222	76.1	340	11.7	835	28.8
4 yrs.	65-45	110	1234	2544	48.5	598	794	75.3	1085	9.9	3066	27.9

Did not play in NCAA tournament.

GREG KELSER

Michigan State   6-7   Detroit, Mich.

First team academic all-American in 1979...NCAA Today's Top Five recipient in 1980...NCAA all-tournament team in 1979.

Yr.	Team W-L	G	FG	FGA	FG%	FT	FTA	FT%	RBs	Avg.	Pts.	Avg.
76	14-13	27	136	263	51.7	44	78	56.4	260	9.5	316	11.7
77	12-15	26	217	441	49.2	131	196	66.8	280	10.8	565	21.7
78	25-5	30	221	362	61.0	89	152	58.6	274	9.1	531	17.7
79	26-6	32	246	451	54.5	110	164	67.1	278	8.7	602	18.8
4 yrs.	77-39	115	820	1517	54.1	374	590	63.4	1092	9.5	2014	17.5

Yr.	NCAA Tournament W-L	G	FG	FGA	FG%	FT	FTA	FT%	RBs	Avg.	Pts.	Avg.
78	2-1	3	29	40	72.5	7	12	58.3	37	12.3	65	21.7
79	5-0	5	52	93	55.9	23	35	65.7	53	10.6	127	25.4
2 yrs.	7-1	8	81	133	60.9	30	47	63.8	90	11.3	192	24.0

ALEC KESSLER
Georgia
6-11
Roswell, Ga.

First team academic all-American in 1988, 1989 and 1990...
NCAA Postgraduate Scholarship winner in 1990.

Team

Yr.	W-L	G	FG	FGA	FG%	3FG	3FGA	3FG%	FT	FTA	FT%	RBs	Avg.	Pts.	Avg.
87	18-12	28	55	89	61.8	0	0	0.0	30	42	71.4	95	3.4	140	5.2
88	20-16	35	149	303	49.2	0	0	0.0	144	183	78.7	197	5.6	442	12.6
89	15-16	31	210	431	48.7	0	1	0.0	176	232	75.9	301	9.7	596	19.2
90	20-9	29	198	403	49.1	15	35	42.9	199	263	75.7	300	10.3	610	21.0
4 yrs.	73-53	123	612	1226	49.9	15	36	41.7	549	720	76.3	893	7.3	1788	14.5

NCAA Tournament

Yr.	W-L	G	FG	FGA	FG%	3FG	3FGA	3FG%	FT	FTA	FT%	RBs	Avg.	Pts.	Avg.
87	0-1	1	4	5	80.0	0	0	0.0	1	2	50.0	6	6.0	9	9.0
90	0-1	1	12	17	70.6	0	0	0.0	9	10	90.0	17	17.0	33	33.0
2 yrs.	0-2	2	16	22	72.7	0	0	0.0	10	12	83.3	23	11.5	42	21.0

GREG "BO" KIMBLE
Loyola Marymount   6-5   Philadelphia, Pa.

Consensus second team all-American in 1990...Led the nation in scoring in 1990.

Team

Yr.	W-L	G	FG	FGA	FG%	3FG	3FGA	3FG%	FT	FTA	FT%	RBs	Avg.	Pts.	Avg.
86	11-17	28	138	297	46.5				64	83	77.1	101	3.6	340	12.1
88	28-4	26	211	481	43.9	74	195	37.9	81	103	78.6	81	3.1	577	22.2
89	20-11	18	119	259	46.0	33	94	35.1	31	41	75.6	76	4.2	302	16.8
90	26-6	32	404	763	52.9	92	200	46.0	231	268	86.2	247	7.7	1131	35.3
4 yrs.	85-38	104	872	1800	48.4	199	489	40.7	407	495	82.2	505	4.9	2350	22.6

Note: Played at Southern California in 1986.

NCAA Tournament

Yr.	W-L	G	FG	FGA	FG%	3FG	3FGA	3FG%	FT	FTA	FT%	RBs	Avg.	Pts.	Avg.
88	1-1	2	15	43	34.9	5	18	27.8	2	5	40.0	5	2.5	37	18.5
89	0-1	1	7	23	30.4	2	11	18.2	8	9	88.9	10	10.0	24	24.0
90	3-1	4	51	121	42.1	15	33	45.5	26	29	89.7	42	10.5	143	35.8
3 yrs.	4-3	7	73	187	39.0	22	62	35.5	36	43	83.7	57	8.1	204	29.1

BERNARD KING

Tennessee
6-7
Brooklyn, N.Y.

Consensus first team all-American in 1977...Consensus second team all-American in 1976...Led the nation in field-goal percentage in 1975.

Yr.	Team W-L	G	FG	FGA	FG%	FT	FTA	FT%	RBs	Avg.	Pts.	Avg.
75	18-8	25	273	439	62.2	115	147	78.2	308	12.3	661	26.4
76	21-6	25	260	454	57.3	109	163	66.9	325	13.0	629	25.2
77	22-6	26	278	481	57.8	116	163	71.2	371	14.3	672	25.8
3 yrs.	61-20	76	811	1374	59.0	340	473	71.9	1004	13.2	1962	25.8

NCAA Tournament

Yr.	W-L	G	FG	FGA	FG%	FT	FTA	FT%	RBs	Avg.	Pts.	Avg.
77	0-1	1	8	19	42.1	7	8	87.5	12	12.0	23	23.0

Did not participate in the 1976 NCAA tournament in which team was 0-1.

REGGIE KING

Alabama   6-6   Birmingham, Ala.

Yr.	Team W-L	G	FG	FGA	FG%	FT	FTA	FT%	RBs	Avg.	Pts.	Avg.
76	23-5	28	122	250	48.8	62	113	54.9	265	9.5	306	10.9
77	25-6	30	213	386	54.4	117	179	65.4	328	10.9	543	18.1
78	17-10	27	218	371	58.8	136	207	65.7	359	13.3	572	21.2
79	22-11	33	289	507	57.0	169	236	71.6	327	9.9	747	22.6
4 yrs.	87-32	118	842	1514	55.6	484	735	65.9	1279	10.8	2168	18.4

NCAA Tournament

Yr.	W-L	G	FG	FGA	FG%	FT	FTA	FT%	RBs	Avg.	Pts.	Avg.
76	1-1	2	8	17	47.1	1	2	50.0	17	8.5	17	8.5

STACEY KING

Oklahoma
6-10
Lawton, Okla.

Unanimous first team all-American in 1989...NCAA all-tournament team in 1988.

Team

Yr.	W-L	G	FG	FGA	FG%	3FG	3FGA	3FG%	FT	FTA	FT%	RBs	Avg.	Pts.	Avg.
86	26-9	14	26	67	38.8				32	43	74.4	53	3.8	84	6.0
87	24-10	28	71	162	43.8	0	1	0.0	54	87	62.1	108	3.8	196	7.0
88	35-4	39	337	621	54.3	0	1	0.0	195	289	67.5	332	8.5	869	22.3
89	30-6	33	324	618	52.4	0	0	0.0	211	294	71.8	332	10.1	859	26.0
4 yrs.	115-29	114	758	1468	51.6	0	2	0.0	492	713	69.0	825	7.2	2008	17.6

NCAA Tournament

Yr.	W-L	G	FG	FGA	FG%	3FG	3FGA	3FG%	FT	FTA	FT%	RBs	Avg.	Pts.	Avg.
87	2-1	3	10	20	50.0	0	0	0.0	3	4	75.0	10	3.3	23	7.7
88	5-1	6	63	111	56.7	0	0	0.0	26	45	57.8	52	8.7	152	25.3
89	2-1	3	29	54	53.7	0	0	0.0	13	20	65.0	31	10.3	71	23.7
3 yrs.	9-3	12	102	185	55.1	0	0	0.0	42	69	60.9	93	7.8	246	20.5

HOWARD KOMIVES

Bowling Green   6-1   Toledo, Ohio

Led the nation in scoring in 1964.

Team

Yr.	W-L	G	FG	FGA	FG%	FT	FTA	FT%	RBs	Avg.	Pts.	Avg.
62	21-4	25	196	436	45.0	134	156	85.9	83	3.3	526	21.0
63	19-8	23	171	398	43.0	122	150	81.3	80	3.5	464	20.2
64	14-9	23	292	672	43.5	260	303	85.8	109	4.7	844	36.7
3 yrs.	54-21	71	659	1506	43.7	516	609	84.7	272	3.8	1834	25.8

NCAA Tournament

Yr.	W-L	G	FG	FGA	FG%	FT	FTA	FT%	RBs	Avg.	Pts.	Avg.
62	0-1	1	5	15	33.3	1	1	100.0	1	1.0	11	11.0
63	1-2	3	25	72	34.7	29	32	90.6	17	5.7	79	26.3
2 yrs.	1-3	4	30	87	34.5	30	33	90.9	18	4.5	90	22.5

BARRY KRAMER

New York U.   6-4   Schenectady, N.Y.

Consensus first team all-American in 1963.

Yr.	Team W-L	G	FG	FGA	FG%	FT	FTA	FT%	RBs	Avg.	Pts.	Avg.
62	20-5	24	152	349	43.6	120	161	74.5	219	9.1	424	17.7
63	18-5	23	220	463	47.5	235	283	83.0	276	12.0	675	29.3
64	17-10	27	209	488	43.0	150	198	75.7	195	7.2	568	21.0
3 yrs.	55-20	74	581	1300	44.7	505	642	78.7	690	9.3	1667	22.5

NCAA Tournament Yr.	W-L	G	FG	FGA	FG%	FT	FTA	FT%	RBs	Avg.	Pts.	Avg.
62	2-1	3	18	42	42.9	17	23	73.9	29	9.7	51	17.0
63	1-2	3	31	62	50.0	38	45	84.4	27	9.0	100	33.3
2 yrs.	3-3	6	49	104	47.1	55	68	80.9	56	9.3	151	25.2

JIM KREBS

Southern Methodist   6-8   Webster Groves, Mo.

Consensus first team all-American in 1957.

Yr.	Team W-L	G	FG	FGA	FG%	FT	FTA	FT%	RBs	Avg.	Pts.	Avg.
55	15-11	26	209	478	43.7	137	189	72.4	228	8.8	555	21.3
56	26-4	30	228	532	42.8	118	156	69.2	299	10.0	574	19.1
57	22-4	26	233	486	47.7	158	200	79.0	313	12.0	624	24.0
3 yrs.	63-19	82	670	1496	44.8	413	545	75.8	840	10.2	1753	21.2

NCAA Tournament Yr.	W-L	G	FG	FGA	FG%	FT	FTA	FT%	RBs	Avg.	Pts.	Avg.
55	0-2	2	10	31	32.3	14	19	73.7	25	12.5	34	17.0
56	3-2	5	42			25	33	75.8			109	21.8
57	1-1	2	17	52	32.7	17	20	85.0	15	7.5	51	25.5
3 yrs.	4-5	9	69			56	72	77.8			194	21.6

LARRY KRYSTKOWIAK

Montana
6-9
Missoula, Mont.

First team academic all-American in 1985 and 1986...NCAA
Postgraduate Scholarship winner in 1986.

Yr.	Team W-L	G	FG	FGA	FG%	FT	FTA	FT%	RBs	Avg.	Pts.	Avg.
83	21-8	28	42	97	43.3	53	77	68.8	120	4.3	137	4.9
84	23-7	30	185	338	54.7	169	210	80.5	315	10.5	539	18.0
85	22-8	30	214	366	58.5	204	243	84.0	306	10.2	632	21.1
86	21-11	32	258	446	57.8	193	254	76.0	364	11.4	709	22.2
4 yrs.	87-34	120	699	1247	56.1	619	784	79.0	1105	9.2	2017	16.8

Did not play in NCAA tournament.

DWIGHT LAMAR

Southwestern Louisiana   6-1   Columbus, Ohio

Unanimous first team all-American in 1972...Consensus first team all-American in 1973...Led
the nation in scoring in 1972.

Yr.	Team W-L	G	FG	FGA	FG%	FT	FTA	FT%	RBs	Avg.	Pts.	Avg.
70	16-10	26	253	608	41.6	81	107	75.7	132	5.1	587	22.6
71	25-4	29	424	910	46.6	196	261	75.1	102	3.5	1044	36.0
72	*23-3	29	429	949	45.2	196	268	73.1	78	2.7	1054	36.3
73	*23-3	28	339	741	45.7	130	166	78.3	94	3.4	808	28.9
4 yrs.	87-20	112	1445	3208	45.0	603	802	75.2	406	3.6	3493	31.2

Note: During first two years of career Southwestern Louisiana was in Division II.

NCAA Tournament

Yr.	W-L	G	FG	FGA	FG%	FT	FTA	FT%	RBs	Avg.	Pts.	Avg.
72	*0-0	3	41	105	39.0	18	25	72.0	7	2.3	100	33.3
73	*0-0	3	34	82	41.5	7	8	87.5	15	5.0	75	25.0
2 yrs.	*0-0	6	75	187	40.1	25	33	75.8	22	3.7	175	29.2

*NCAA tournament records later vacated: 1972, 2-1; 1973, 1-2.

BOB LANIER

St. Bonaventure   6-11   Buffalo, N.Y.

Unanimous first team all-American in 1970...Consensus second team all-American in 1968.

Yr.	Team W-L	G	FG	FGA	FG%	FT	FTA	FT%	RBs	Avg.	Pts.	Avg.
68	23-2	25	272	466	58.4	112	175	64.0	390	15.6	656	26.2
69	17-7	24	270	460	58.6	114	181	63.0	374	15.5	654	27.2
70	25-3	26	308	549	56.1	141	194	72.7	416	16.0	757	29.1
3 yrs.	65-12	75	850	1475	57.6	367	550	66.7	1180	15.7	2067	27.6

NCAA Tournament

Yr.	W-L	G	FG	FGA	FG%	FT	FTA	FT%	RBs	Avg.	Pts.	Avg.
68	1-2	3	30	61	49.2	13	21	61.9	37	12.3	73	24.3
70	3-2	3	34	69	49.3	10	12	83.3	48	16.0	78	26.0
2 yrs.	4-4	6	64	130	49.2	23	33	69.7	85	14.2	151	25.2

BYRON LARKIN

Xavier (Ohio)   6-3   Cincinnati, Ohio

Yr.	Team W-L	G	FG	FGA	FG%	3FG	3FGA	3FG%	FT	FTA	FT%	RBs	Avg.	Pts.	Avg.
85	16-13	29	187	352	53.1				118	150	78.7	59	2.0	492	17.0
86	25-5	30	261	479	54.5				132	172	76.7	84	2.8	654	21.8
87	19-13	32	278	569	48.9	32	78	41.0	204	253	80.6	142	4.4	792	24.7
88	26-4	30	296	549	53.9	19	57	33.3	147	222	66.2	107	3.6	758	25.3
4 yrs.	86-35	121	1022	1949	52.4	51	135	37.8	601	797	75.4	392	3.2	2696	22.3

NCAA Tournament

Yr.	W-L	G	FG	FGA	FG%	3FG	3FGA	3FG%	FT	FTA	FT%	RBs	Avg.	Pts.	Avg.
86	0-1	1	10	26	38.5				3	5	60.0	2	2.0	23	23.0
87	1-1	2	13	32	40.6	3	5	60.0	18	22	81.8	12	6.0	47	23.5
88	0-1	1	6	18	33.3	0	3	0.0	4	10	40.0	1	1.0	16	16.0
3 yrs.	1-3	4	29	76	38.2	3	8	37.5	25	37	67.6	15	3.8	86	21.5

TONY LAVELLI

Yale   6-3   Somerville, Mass.

Consensus first team all-American in 1949...Consensus second team all-American in 1946 and 1948...Led the nation in scoring in 1949.

Yr.	Team W-L	G	FG	FGA	FG%	FT	FTA	FT%	RBs	Avg.	Pts.	Avg.
46	14-1	15	124			72	90	80.0			320	21.3
47	7-18	25	152			115	159	72.3			419	16.8
48	14-13	27	196			162	212	76.4			554	20.5
49	22-8	30	228	652	35.0	215	261	82.4			671	22.4
4 yrs.	57-40	97	700			564	722	78.1			1964	20.2

NCAA Tournament

Yr.	W-L	G	FG	FGA	FG%	FT	FTA	FT%	RBs	Avg.	Pts.	Avg.
49	0-2	2	11			13					35	17.5

BUTCH LEE

Marquette
6-2
Bronx, N.Y.

Named player of the year by AP and UPI in 1978...Naismith
Award winner in 1978...Unanimous first team all-American
in 1978...Consensus second team all-American in 1977...
NCAA tournament MVP in 1977.

| | Team | | | | | | | | | | | |
Yr.	W-L	G	FG	FGA	FG%	FT	FTA	FT%	RBs	Avg.	Pts.	Avg.
75	23-4	26	85	188	45.2	45	56	80.4	63	2.4	215	8.3
76	27-2	29	160	354	45.2	77	98	78.6	104	3.6	397	14.3
77	25-7	32	239	501	47.7	150	172	87.2	121	3.8	628	19.6
78	24-4	28	182	360	50.6	131	149	87.9	87	3.1	495	17.7
4 yrs.	99-17	115	666	1403	47.4	403	475	84.8	375	3.3	1735	15.1

| | NCAA Tournament | | | | | | | | | | | |
Yr.	W-L	G	FG	FGA	FG%	FT	FTA	FT%	RBs	Avg.	Pts.	Avg.
75	0-1	1	0	3	0.0	0	0	0.0	2	2.0	0	0.0
76	2-1	3	22	52	42.3	1	3	33.3	7	2.3	45	15.0
77	5-0	5	37	84	44.0	14	15	93.3	17	3.4	88	17.6
78	0-1	1	10	16	62.5	7	10	70.0	3	3.0	27	27.0
4 yrs.	7-3	10	69	155	44.5	22	28	78.6	29	2.9	160	16.0

CLYDE LEE

Vanderbilt   6-9   Nashville, Tenn.

Unanimous first team all-American in 1966...Consensus second team all-American in 1965.

| | Team | | | | | | | | | | | |
Yr.	W-L	G	FG	FGA	FG%	FT	FTA	FT%	RBs	Avg.	Pts.	Avg.
64	19-6	25	176	410	42.9	119	176	67.6	391	15.6	471	18.8
65	24-4	28	239	516	46.3	153	228	67.1	420	15.0	631	22.5
66	22-4	26	218	457	45.5	153	206	74.2	412	15.8	589	22.6
3 yrs.	65-14	79	633	1383	45.7	425	610	69.7	1223	15.5	1691	21.4

| | NCAA Tournament | | | | | | | | | | | |
Yr.	W-L	G	FG	FGA	FG%	FT	FTA	FT%	RBs	Avg.	Pts.	Avg.
65	1-1	2	19	42	45.2	14	17	82.4	35	17.5	52	26.0

GREG LEE

UCLA   6-4   Reseda, Calif.

First team academic all-American in 1972, 1973 and 1974.

Yr.	Team W-L	G	FG	FGA	FG%	FT	FTA	FT%	RBs	Avg.	Pts.	Avg.
72	30-0	29	98	199	49.2	56	68	82.4	57	2.0	252	8.7
73	30-0	30	44	93	47.3	49	62	79.0	38	1.3	137	4.6
74	26-4	29	44	111	39.6	29	37	78.4	41	1.4	117	4.0
3 yrs.	86-4	88	186	403	46.2	134	167	80.2	136	1.5	506	5.8

NCAA Tournament

Yr.	W-L	G	FG	FGA	FG%	FT	FTA	FT%	RBs	Avg.	Pts.	Avg.
72	4-0	4	8	20	40.0	6	9	66.7	13	3.3	22	5.5
73	4-0	4	3	8	37.5	4	4	100.0	4	1.0	10	2.5
74	3-1	4	13	29	44.8	2	2	100.0	11	2.8	28	7.0
3 yrs.	11-1	12	24	57	42.1	12	15	80.0	28	2.3	60	5.0

KEITH LEE

Memphis State
6-11
West Memphis, Ark.

Unanimous first team all-American in 1985...Consensus first
team all-American in 1983...Consensus second team all-
American in 1984.

Yr.	Team W-L	G	FG	FGA	FG%	FT	FTA	FT%	RBs	Avg.	Pts.	Avg.
82	*23-4	29	199	370	53.8	134	178	75.3	320	11.0	532	18.3
83	*22-7	31	220	438	50.2	141	172	81.9	336	10.8	581	18.7
84	*24-6	33	245	453	54.1	117	151	77.5	357	10.8	607	18.4
85	*27-3	35	266	536	49.6	156	200	78.0	323	9.2	688	19.7
4 yrs.	*96-20	128	930	1797	51.8	548	701	78.2	1336	10.4	2408	18.8

NCAA Tournament

Yr.	W-L	G	FG	FGA	FG%	FT	FTA	FT%	RBs	Avg.	Pts.	Avg.
82	*0-0	2	14	19	73-7	4	6	66.7	12	6.0	32	16.0
83	*0-0	2	14	26	53.8	13	18	72.2	23	11.5	41	20.5
84	*0-0	3	29	48	60.4	12	17	70.6	37	12.3	70	23.3
85	*0-0	5	31	68	45.6	15	20	75.0	35	7.0	77	15.4
4 yrs.	*0-0	12	88	161	54.7	44	61	72.1	107	8.9	220	18.3

*NCAA tournament records later vacated: 1982, 1-1; 1983, 1-1; 1984, 2-1; 1985, 4-1.

REGGIE LEWIS

Northeastern
6-7
Baltimore, Md.

Team

Yr.	W-L	G	FG	FGA	FG%	3FG	3FGA	3FG%	FT	FTA	FT%	RBs	Avg.	Pts.	Avg.
84	27-5	32	236	447	53.0				99	144	69.0	198	6.2	571	17.8
85	22-9	31	294	585	50.3				159	213	74.6	241	7.8	747	24.1
86	26-5	30	265	559	47.4				184	229	80.3	279	9.3	714	23.8
87	27-7	29	248	507	48.9	30	91	33.0	150	197	76.1	246	8.5	676	23.3
4 yrs.	102-26	122	1043	2098	49.7	30	91	33.0	592	783	75.6	964	7.9	2708	22.2

NCAA Tournament

Yr.	W-L	G	FG	FGA	FG%	3FG	3FGA	3FG%	FT	FTA	FT%	RBs	Avg.	Pts.	Avg.
84	1-1	2	23	30	76.7				6	11	54.5	10	5.0	52	26.0
85	0-1	1	11	28	39.3				0	0	0.0	5	5.0	22	22.0
86	0-1	1	12	34	35.3				11	13	84.6	15	15.0	35	35.0
87	0-1	1	5	12	41.7	1	4	25.0	12	16	75.0	3	3.0	23	23.0
4 yrs.	1-4	5	51	104	49.0	1	4	25.0	29	40	72.5	33	6.6	132	26.4

BOB LLOYD

Rutgers   6-1   Upper Darby, Pa.

Consensus first team all-American in 1967 ... Led the nation in free-throw percentage in 1967.

Team

Yr.	W-L	G	FG	FGA	FG%	FT	FTA	FT%	RBs	Avg.	Pts.	Avg.
65	12-12	24	237	543	43.6	127	145	87.6	72	3.0	601	25.0
66	17-7	24	237	517	45.8	161	183	88.0	70	2.9	635	26.5
67	22-7	29	277	579	47.8	255	277	92.1	96	3.3	809	27.9
3 yrs.	51-26	77	751	1639	45.8	543	605	89.8	238	3.1	2045	26.6

Did not play in NCAA tournament.

CLYDE LOVELLETTE

Kansas
6-9
Terre Haute, Ind.

Consensus first team all-American in 1951 and 1952... Naismith Memorial Basketball Hall of Fame...Olympic team member in 1952...Led the nation in scoring in 1952 ...Named to the NCAA tournament all-decade team for the 1950s...NCAA tournament MVP in 1952.

Yr.	Team W-L	G	FG	FGA	FG%	FT	FTA	FT%	RBs	Avg.	Pts.	Avg.
50	14-11	25	214	499	42.9	117	181	64.6	192	7.7	545	21.8
51	16-8	24	245	554	44.2	58	89	65.2	237	9.9	548	22.8
52	26-2	28	315	660	47.7	165	224	73.7	357	12.8	795	28.4
3 yrs.	56-21	77	774	1713	45.2	340	494	68.8	786	10.2	1888	24.5

NCAA Tournament

Yr.	W-L	G	FG	FGA	FG%	FT	FTA	FT%	RBs	Avg.	Pts.	Avg.
52	4-0	4	53			35	44	79.5			141	35.3

JERRY LUCAS

Ohio State   6-8   Middletown, Ohio

Named player of the year by AP, UPI and the USBWA in 1961 and 1962...Unanimous first team all-American in 1960, 1961 and 1962...Naismith Memorial Basketball Hall of Fame...Olympic team member in 1960...Led the nation in rebounding in 1961 and 1962...Also led the nation in field-goal percentage in 1960, 1961 and 1962...Named to the NCAA tournament all-decade team for the 1960s...NCAA tournament MVP in 1960 and 1961...NCAA all-tournament team in 1962.

Yr.	Team W-L	G	FG	FGA	FG%	FT	FTA	FT%	RBs	Avg.	Pts.	Avg.
60	25-3	27	283	444	63.7	144	187	77.0	442	16.4	710	26.3
61	27-1	27	256	411	62.3	159	208	76.4	470	17.4	671	24.9
62	26-2	28	237	388	61.1	135	169	79.9	499	17.8	609	21.8
3 yrs.	78-6	82	776	1243	62.4	438	564	77.7	1411	17.2	1990	24.3

NCAA Tournament

Yr.	W-L	G	FG	FGA	FG%	FT	FTA	FT%	RBs	Avg.	Pts.	Avg.
60	4-0	4	39	61	63.9	18	23	78.3	64	16.0	96	24.0
61	3-1	4	36	53	67.9	26	36	72.2	73	18.3	98	24.5
62	3-1	4	29	67	43.3	14	17	82.4	60	15.0	72	18.0
3 yrs.	10-2	12	104	181	57.5	58	76	76.3	197	16.4	266	22.2

JOHN LUCAS
Maryland
6-4
Durham, N.C.

Consensus first team all-American in 1975 and 1976.

Yr.	Team W-L	G	FG	FGA	FG%	FT	FTA	FT%	RBs	Avg.	Pts.	Avg.
73	23-7	30	190	353	53.8	45	64	70.3	83	2.8	425	14.2
74	23-5	28	253	495	51.1	58	77	75.3	82	2.9	564	20.1
75	24-5	24	186	359	54.9	97	116	83.6	100	4.2	469	19.5
76	22-6	28	233	456	51.1	91	117	77.8	109	3.9	557	19.9
4 yrs.	92-23	110	862	1663	51.8	291	374	77.8	374	3.4	2015	18.3

NCAA Tournament

Yr.	W-L	G	FG	FGA	FG%	FT	FTA	FT%	RBs	Avg.	Pts.	Avg.
73	1-1	2	18	37	48.6	5	6	83.3	11	5.5	41	20.5
75	2-1	3	28	48	58.3	14	16	87.5	9	3.0	70	23.3
2 yrs.	3-2	5	46	85	54.1	19	22	86.4	20	4.0	111	22.2

KENNETH LYONS
North Texas   6-7   Fort Worth, Texas

Yr.	Team W-L	G	FG	FGA	FG%	FT	FTA	FT%	RBs	Avg.	Pts.	Avg.
80	13-14	27	196	430	45.6	86	139	61.9	257	9.5	478	17.7
81	15-12	27	195	377	51.7	108	164	65.9	238	8.8	498	18.4
82	15-12	27	232	432	53.7	123	176	69.9	273	10.1	587	21.7
83	15-15	30	282	533	53.9	164	229	71.6	252	8.4	728	24.3
4 yrs.	58-53	111	905	1772	51.1	481	708	67.9	1020	9.2	2291	20.6

Did not play in NCAA tournament.

ED MACAULEY

St. Louis   6-8   St. Louis, Mo.

Unanimous first team all-American in 1949...Consensus first team all-American in 1948... Naismith Memorial Basketball Hall of Fame...Led the nation in field-goal percentage in 1949 ...Played on the NIT title team in 1948.

Yr.	Team W-L	G	FG	FGA	FG%	FT	FTA	FT%	RBs	Avg.	Pts.	Avg.
48	24-3	27	132	324	40.7	104	159	65.4			368	13.6
49	22-4	26	144	275	52.4	116	153	75.8			404	15.5
2 yrs.	46-7	53	276	599	46.1	220	312	70.5			772	14.6

Did not play in NCAA tournament.

DURAND MACKLIN

Louisiana State   6-7   Louisville, Ky.

Consensus second team all-American in 1981.

Yr.	Team W-L	G	FG	FGA	FG%	FT	FTA	FT%	RBs	Avg.	Pts.	Avg.
77	15-12	26	161	310	51.9	63	102	61.8	306	11.8	385	14.8
78	18-9	27	217	349	62.2	79	123	64.2	286	10.6	513	19.0
79	23-6	2	19	32	59.4	8	10	80.0	24	12.0	46	23.0
80	26-6	32	232	383	60.6	99	140	69.3	309	9.7	563	17.6
81	31-5	36	223	357	62.5	127	180	70.6	351	9.8	573	15.9
5 yrs.	113-38	123	852	1431	59.5	376	555	67.7	1276	10.4	2080	16.9

NCAA Tournament

Yr.	W-L	G	FG	FGA	FG%	FT	FTA	FT%	RBs	Avg.	Pts.	Avg.
80	2-1	3	22	40	55.0	12	14	85.7	31	10.3	56	18.7
81	3-2	5	29	57	50.9	13	18	72.2	48	9.6	71	14.2
2 yrs.	5-3	8	51	97	52.6	25	32	78.1	79	9.9	127	15.9

Did not play in 1979 NCAA tournament.

MARK MACON

Temple   6-5   Saginaw, Mich.

Consensus second team all-American in 1988.

Yr.	Team W-L	G	FG	FGA	FG%	3FG	3FGA	3FG%	FT	FTA	FT%	RBs	Avg.	Pts.	Avg.
88	32-2	34	280	617	45.4	65	154	42.2	74	96	77.1	192	5.6	699	20.6
89	18-12	30	204	501	40.7	43	134	32.1	97	125	77.6	168	5.6	548	18.3
90	20-11	31	242	622	38.9	61	185	33.0	134	168	79.8	187	6.0	679	21.9
91	24-10	31	254	578	44.0	77	184	41.9	98	128	76.6	153	4.9	683	22.0
4 yrs.	94-35	126	980	2318	42.3	246	657	37.4	403	517	77.9	700	5.6	2609	20.7

Yr.	NCAA Tournament W-L	G	FG	FGA	FG%	3FG	3FGA	3FG%	FT	FTA	FT%	RBs	Avg.	Pts.	Avg.
88	3-1	4	32	85	37.6	4	20	20.0	14	17	82.4	22	5.5	82	20.5
90	0-1	1	11	24	45.8	6	9	66.7	4	4	100.0	6	6.0	32	32.0
91	3-1	4	36	74	48.6	8	17	47.1	16	19	84.2	18	4.5	96	24.0
3 yrs.	6-3	9	79	183	43.2	18	46	39.1	34	40	85.0	46	5.1	210	23.3

KYLE MACY

Kentucky   6-3   Peru, Ind.

Unanimous first team all-American in 1980... First team academic all-American in 1979.

Yr.	Team W-L	G	FG	FGA	FG%	FT	FTA	FT%	RBs	Avg.	Pts.	Avg.
76	16-11	27	144	293	49.1	85	99	85.9	75	2.8	373	13.8
78	30-2	32	143	267	53.6	115	129	89.2	76	2.5	401	12.5
79	19-12	31	179	355	50.4	112	129	86.8	82	2.6	470	15.2
80	29-6	35	218	415	52.5	104	114	91.2	85	2.4	540	15.4
4 yrs.	94-31	125	684	1330	51.4	416	471	88.3	318	2.5	1784	14.3

Note: Played at Purdue in 1976.

Yr.	NCAA Tournament W-L	G	FG	FGA	FG%	FT	FTA	FT%	RBs	Avg.	Pts.	Avg.
78	5-0	5	16	34	47.1	18	22	81.8	9	1.8	50	10.0
80	1-1	2	9	25	36.0	4	4	100.0	6	3.0	22	11.0
2 yrs.	6-1	7	25	59	42.4	22	26	84.6	15	2.1	72	10.3

DANNY MANNING
Kansas
6-10
Lawrence, Kan.

Named player of the year by the NABC in 1988...Wooden Award winner in 1988...Naismith Award winner in 1988... Unanimous first team all-American in 1987 and 1988... Consensus second team all-American in 1986...Olympic team member in 1988...Through the 1991 season, held the NCAA career record for most games scoring in double figures with 132...Also held the NCAA career record for most games played...NCAA tournament MVP in 1988...Through the 1991 NCAA tournament, held the Final Four game record for most blocked shots with six against Duke in 1988.

Team

Yr.	W-L	G	FG	FGA	FG%	3FG	3FGA	3FG%	FT	FTA	FT%	RBs	Avg.	Pts.	Avg.
85	26-8	34	209	369	56.6				78	102	76.5	258	7.6	496	14.6
86	35-4	39	279	465	60.0				95	127	74.8	245	6.3	653	16.7
87	25-11	36	347	562	61.7	1	3	33.3	165	226	73.0	342	9.5	860	23.9
88	27-11	38	381	653	58.3	9	26	34.6	171	233	73.4	342	9.0	942	24.8
4 yrs.	113-34	147	1216	2049	59.3	10	29	34.5	509	688	74.0	1187	8.1	2951	20.1

NCAA Tournament

Yr.	W-L	G	FG	FGA	FG%	3FG	3FGA	3FG%	FT	FTA	FT%	RBs	Avg.	Pts.	Avg.
85	1-1	2	7	17	41.2				2	4	50.0	14	7.0	16	8.0
86	4-1	5	33	60	55.0				6	8	75.0	24	4.8	72	14.4
87	2-1	3	31	55	56.4	0	0	0.0	15	21	71.4	23	7.7	77	25.7
88	6-0	6	69	125	55.2	2	6	33.3	23	33	69.7	56	9.3	163	27.2
4 yrs.	13-3	16	140	257	54.5	2	6	33.3	46	66	69.7	117	7.3	328	20.5

PETE MARAVICH
Louisiana State   6-5   Raleigh, N.C.

Named player of the year by AP, UPI and the USBWA in 1970...Naismith Award winner in 1970...Unanimous first team all-American in 1968, 1969 and 1970...Naismith Memorial Basketball Hall of Fame...Through the 1991 season, held the NCAA career record for most points, highest scoring average, and most field goals made and attempted...Also held the NCAA season record for most points and highest scoring average, and most field goals made and attempted in 1970...Also held the NCAA single-game record for most free throws made with 30 against Oregon State on December 22, 1969...Led the nation in scoring in 1968, 1969 and 1970.

Team

Yr.	W-L	G	FG	FGA	FG%	FT	FTA	FT%	RBs	Avg.	Pts.	Avg.
68	14-12	26	432	1022	42.3	274	338	81.1	195	7.5	1138	43.8
69	13-13	26	433	976	44.4	282	378	74.6	169	6.5	1148	44.2
70	22-10	31	522	1168	44.7	337	436	77.3	164	5.3	1381	44.5
3 yrs.	49-35	83	1387	3166	43.8	893	1152	77.5	528	6.4	3667	44.2

Did not play in NCAA tournament.

PETE MARAVICH

MARC MAROTTA

Marquette   6-7   Pittsburgh, Pa.

First team academic all-American in 1982, 1983 and 1984...NCAA Postgraduate Scholarship winner in 1984.

Team

Yr.	W-L	G	FG	FGA	FG%	FT	FTA	FT%	RBs	Avg.	Pts.	Avg.
81	20-11	30	48	107	44.9	40	50	80.0	89	3.0	136	4.5
82	23-9	31	98	199	49.2	68	86	79.1	136	4.4	264	8.5
83	19-10	29	103	239	43.1	69	89	77.5	175	6.0	275	9.5
84	17-13	30	121	237	51.1	64	95	67.4	212	7.1	306	10.2
4 yrs.	79-43	120	370	782	47.3	241	320	75.3	612	5.1	981	8.2

NCAA Tournament

Yr.	W-L	G	FG	FGA	FG%	FT	FTA	FT%	RBs	Avg.	Pts.	Avg.
82	1-1	2	1	4	25.0	4	4	100.0	4	2.0	6	3.0
83	0-1	1	7	12	58.3	1	1	100.0	10	10.0	15	15.0
2 yrs.	1-2	3	8	16	50.0	5	5	100.0	14	4.7	21	7.0

DON MAY

Dayton   6-4   Dayton, Ohio

Consensus second team all-American in 1967 and 1968...NCAA all-tournament team in 1967...Played on the NIT title team in 1968.

Team

Yr.	W-L	G	FG	FGA	FG%	FT	FTA	FT%	RBs	Avg.	Pts.	Avg.
66	23-6	29	238	505	47.1	114	166	68.7	331	11.4	590	20.3
67	25-6	31	258	543	47.5	173	213	81.2	519	16.7	689	22.2
68	21-9	30	239	509	47.0	223	284	78.5	451	15.0	701	23.4
3 yrs.	69-21	90	735	1557	47.2	510	663	76.9	1301	14.5	1980	22.0

NCAA Tournament

Yr.	W-L	G	FG	FGA	FG%	FT	FTA	FT%	RBs	Avg.	Pts.	Avg.
66	1-2	3	15	52	28.8	13	20	65.0	21	7.0	43	14.3
67	4-1	5	46	97	47.4	26	35	74.3	82	16.4	118	23.6
2 yrs.	5-3	8	61	149	40.9	39	55	70.9	103	12.9	161	20.1

SCOTT MAY

Indiana
6-7
Sandusky, Ohio

Named player of the year by AP, UPI and the NABC in 1976
...Naismith Award winner in 1976...Unanimous first team
all-American in 1976...Consensus first team all-American
in 1975...Olympic team member in 1976...Named to the
NCAA tournament all-decade team for the 1970s ...NCAA
all-tournament team in 1976.

Yr.	Team W-L	G	FG	FGA	FG%	FT	FTA	FT%	RBs	Avg.	Pts.	Avg.
74	23-5	28	154	313	49.2	43	56	76.8	150	5.4	351	12.5
75	31-1	30	204	400	51.0	82	107	76.6	199	6.6	490	16.3
76	32-0	32	308	584	52.7	136	174	78.2	245	7.7	752	23.5
3 yrs.	86-6	90	666	1297	51.3	261	337	77.4	594	6.6	1593	17.7

NCAA Tournament

Yr.	W-L	G	FG	FGA	FG%	FT	FTA	FT%	RBs	Avg.	Pts.	Avg.
75	2-1	3	1	6	16.7	0	0	0.0	1	0.3	2	0.7
76	5-0	5	45	88	51.1	23	28	82.1	38	7.6	113	22.6
2 yrs.	7-1	8	46	94	48.9	23	28	82.1	39	4.9	115	14.4

ROBERT McADOO

North Carolina   6-8   Greensboro, N.C.

Consensus first team all-American in 1972...NCAA all-tournament team in 1972.

Yr.	Team W-L	G	FG	FGA	FG%	FT	FTA	FT%	RBs	Avg.	Pts.	Avg.
72	26-5	31	243	471	51.6	118	167	70.7	312	10.1	604	19.5

NCAA Tournament

Yr.	W-L	G	FG	FGA	FG%	FT	FTA	FT%	RBs	Avg.	Pts.	Avg.
72	3-1	4	31	63	49.2	20	27	74.2	56	14.0	82	20.5

BOB McCURDY

Richmond   6-7   Deer Park, N.Y.

Led the nation in scoring in 1975.

Yr.	Team W-L	G	FG	FGA	FG%	FT	FTA	FT%	RBs	Avg.	Pts.	Avg.
74	16-12	28	216	369	58.5	60	78	76.9	174	6.2	492	17.6
75	10-16	26	321	594	54.0	213	276	77.2	250	9.6	855	32.9
2 yrs.	26-28	54	537	963	55.8	273	354	77.1	424	7.9	1347	24.9

Did not play in NCAA tournament.

XAVIER McDANIEL

Wichita State
6-7
Columbia, S.C.

Consensus first team all-American in 1985...Led the nation in scoring and rebounding in 1985...Also led the nation in rebounding in 1983.

Yr.	Team W-L	G	FG	FGA	FG%	FT	FTA	FT%	RBs	Avg.	Pts.	Avg.
82	23-6	28	68	135	50.4	27	43	62.8	103	3.7	163	5.8
83	25-3	28	223	376	59.3	80	148	54.1	403	14.4	526	18.8
84	18-12	30	251	445	56.4	117	172	68.0	393	13.1	619	20.6
85	18-13	31	351	628	55.9	142	224	63.4	460	14.8	844	27.2
4 yrs.	84-34	117	893	1584	56.4	366	587	62.4	1359	11.6	2152	18.4

NCAA Tournament

Yr.	W-L	G	FG	FGA	FG%	FT	FTA	FT%	RBs	Avg.	Pts.	Avg.
85	0-1	1	11	18	61.1	0	0	0.0	11	11.0	22	22.0

JIM McDANIELS

Western Kentucky   7-0   Scottsdale, Ky.

Consensus first team all-American in 1971...NCAA all-tournament team in 1971...Through the 1991 NCAA tournament, held the tournament series record for most field goals attempted in 1971.

Yr.	Team W-L	G	FG	FGA	FG%	FT	FTA	FT%	RBs	Avg.	Pts.	Avg.
69	16-10	26	273	544	50.2	98	152	65.4	324	12.5	644	24.8
70	22-3	25	305	535	57.0	106	141	75.2	340	13.6	716	28.6
71	*20-5	30	357	684	52.2	164	221	74.2	454	15.1	878	29.3
3 yrs.	*58-18	81	935	1763	53.0	368	514	71.6	1118	13.8	2238	27.6

Yr.	NCAA Tournament W-L	G	FG	FGA	FG%	FT	FTA	FT%	RBs	Avg.	Pts.	Avg.
70	0-1	1	13	22	59.1	3	4	75.0	7	7.0	29	29.0
71	*0-0	5	61	138	44.5	25	35	71.4	66	13.2	147	29.4
2 yrs.	*0-1	6	74	160	46.3	28	39	71.8	73	12.2	176	29.3

*NCAA tournament record later vacated: 1971, 4-1.

BILLY McGILL

Utah   6-9   Los Angeles, Calif.

Unanimous first team all-American in 1962...Consensus second team all-American in 1961...Led the nation in scoring in 1962.

Yr.	Team W-L	G	FG	FGA	FG%	FT	FTA	FT%	RBs	Avg.	Pts.	Avg.
60	26-3	29	179	374	47.8	92	138	66.7	285	9.8	450	15.5
61	23-8	31	343	650	52.8	176	249	71.5	430	13.9	862	27.8
62	23-3	26	394	705	55.9	221	302	73.1	391	15.0	1009	38.8
3 yrs.	72-14	86	916	1729	53.0	489	689	71.0	1106	12.9	2321	27.0

Yr.	NCAA Tournament W-L	G	FG	FGA	FG%	FT	FTA	FT%	RBs	Avg.	Pts.	Avg.
60	2-1	2	13	32	40.6	21	31	67.7	22	11.0	47	23.5
61	2-2	4	49	102	48.0	21	29	72.4	53	13.3	119	29.8
2 yrs.	4-3	6	62	134	46.3	42	60	70.0	75	12.5	166	27.7

JIM McINTYRE

Minnesota   6-10   Minneapolis, Minn.

Consensus first team all-American in 1948.

Yr.	Team W-L	G	FG	FGA	FG%	FT	FTA	FT%	RBs	Avg.	Pts.	Avg.
46	14-7											
47	14-7											
48	10-10	19	125			110					360	18.9
49	18-3	21	126			102	146	69.9			354	16.9
4 yrs.	56-27	81									1223	15.1

Did not play in NCAA tournament.

TOM McMILLEN

Maryland
6-11
Mansfield, Pa.

Consensus second team all-American in 1973...First team academic all-American in 1972, 1973 and 1974...NCAA Postgraduate Scholarship winner in 1974...Olympic team member in 1972...Played on the NIT title team in 1972.

Yr.	Team W-L	G	FG	FGA	FG%	FT	FTA	FT%	RBs	Avg.	Pts.	Avg.
72	27-5	32	235	428	54.9	197	241	81.7	306	9.6	667	20.8
73	23-7	29	250	427	58.5	116	145	80.0	284	9.8	616	21.2
74	23-5	27	214	404	53.0	96	126	76.2	269	10.0	524	19.4
3 yrs.	73-17	88	699	1259	55.5	409	512	79.9	859	9.8	1807	20.5

NCAA Tournament

Yr.	W-L	G	FG	FGA	FG%	FT	FTA	FT%	RBs	Avg.	Pts.	Avg.
73	1-1	2	18	26	69.2	7	7	100.0	12	6.0	43	21.5

GENE MELCHIORRE

Bradley   5-8   Highland Park, Ill.

Consensus first team all-American in 1951.

Yr.	Team W-L	G	FG	FGA	FG%	FT	FTA	FT%	RBs	Avg.	Pts.	Avg.
48	28-3	31	111	279	39.8	82	137	59.9			304	9.8
49	27-8	34	142	328	43.3	116	177	65.5			400	11.8
50	32-5	37	153	384	39.8	134	202	61.4			440	11.9
51	32-6	35									432	12.3
4 yrs.	119-22	137									1576	11.5

NCAA Tournament												
Yr.	W-L	G	FG	FGA	FG%	FT	FTA	FT%	RBs	Avg.	Pts.	Avg.
50	2-1	3	17	39	43.6	12	15	80.0			46	15.3

DEAN MEMINGER

Marquette   6-1   New York, N.Y.

Unanimous first team all-American in 1971...Played on the NIT title team in 1970.

Yr.	Team W-L	G	FG	FGA	FG%	FT	FTA	FT%	RBs	Avg.	Pts.	Avg.
69	24-5	29	172	409	42.0	131	233	56.1	187	6.4	475	16.3
70	26-3	29	184	400	46.0	178	279	63.8	142	4.8	546	18.8
71	28-1	29	216	425	50.8	184	250	73.6	117	4.1	616	21.2
3 yrs.	78-9	87	572	1234	46.4	493	762	64.7	446	5.1	1637	18.8

NCAA Tournament												
Yr.	W-L	G	FG	FGA	FG%	FT	FTA	FT%	RBs	Avg.	Pts.	Avg.
69	2-1	3	17	40	42.5	13	23	56.5	25	8.3	47	15.7
71	2-1	3	18	32	56.3	26	36	72.2	9	3.0	62	20.7
2 yrs.	4-2	6	35	72	48.6	39	59	66.1	34	5.7	109	18.2

DAVE MEYERS

UCLA   6-8   La Habra, Calif.

Unanimous first team all-American in 1975.

Team

Yr.	W-L	G	FG	FGA	FG%	FT	FTA	FT%	RBs	Avg.	Pts.	Avg.
73	30-0	28	52	109	47.7	34	45	75.6	82	2.9	138	4.9
74	26-4	30	144	295	48.8	54	77	70.1	171	5.7	342	11.4
75	28-3	31	230	475	48.4	106	144	73.6	244	7.9	566	18.3
3 yrs.	84-7	89	426	879	48.5	194	266	72.9	497	5.6	1046	11.8

NCAA Tournament

Yr.	W-L	G	FG	FGA	FG%	FT	FTA	FT%	RBs	Avg.	Pts.	Avg.
73	4-0	4	7	16	43.8	2	3	66.7	16	4.0	16	4.0
74	3-1	4	28	40	70.0	4	7	57.1	25	6.3	60	15.0
75	5-0	5	34	81	42.0	21	27	77.8	48	9.6	89	17.8
3 yrs.	12-1	13	69	137	50.4	27	37	73.0	89	6.8	165	12.7

LARRY MILLER

North Carolina   6-4   Catasauqua, Pa.

Consensus first team all-American in 1968...Consensus second team all-American in 1967...NCAA all-tournament team in 1968.

Team

Yr.	W-L	G	FG	FGA	FG%	FT	FTA	FT%	RBs	Avg.	Pts.	Avg.
66	16-11	27	219	400	54.8	127	187	67.9	277	10.3	565	20.9
67	26-6	32	278	553	50.3	144	218	66.1	299	9.3	700	21.9
68	28-4	32	268	545	49.1	181	256	70.7	258	8.1	717	22.4
3 yrs.	70-21	91	765	1498	51.1	452	661	68.4	834	9.2	1982	21.8

NCAA Tournament

Yr.	W-L	G	FG	FGA	FG%	FT	FTA	FT%	RBs	Avg.	Pts.	Avg.
67	2-2	4	24	71	33.8	15	19	78.9	39	9.8	63	15.8
68	3-1	4	31	68	45.6	15	26	57.7	34	8.5	77	19.3
2 yrs.	5-3	8	55	139	39.6	30	45	66.7	73	9.1	140	17.5

BILL MLKVY

Temple   6-4   Palmerton, Pa.

Unanimous first team all-American in 1951... Led the nation in scoring in 1951.

Yr.	Team W-L	G	FG	FGA	FG%	FT	FTA	FT%	RBs	Avg.	Pts.	Avg.
50	14-10	24	152			86	110	78.2			390	16.3
51	12-13	25	303	964	31.4	125	181	69.1	472	18.9	731	29.2
52	9-15	24	169			80	103	77.7	379	15.8	418	17.4
3 yrs.	35-38	73	624			291	394	73.9			1539	21.1

Did not play in NCAA tournament.

SIDNEY MONCRIEF

Arkansas   6-4   Little Rock, Ark.

Consensus first team all-American in 1979... Led the nation in field-goal percentage in 1976.

Yr.	Team W-L	G	FG	FGA	FG%	FT	FTA	FT%	RBs	Avg.	Pts.	Avg.
76	19-9	28	149	224	66.5	56	77	72.7	213	7.6	354	12.6
77	26-2	28	157	242	64.9	117	171	68.4	235	8.4	431	15.4
78	32-4	36	209	354	59.0	203	256	79.3	278	7.7	621	17.3
79	25-5	30	224	400	56.0	212	248	85.5	289	9.6	660	22.0
4 yrs.	102-20	122	739	1220	60.6	588	752	78.2	1015	8.3	2066	16.9

NCAA Tournament

Yr.	W-L	G	FG	FGA	FG%	FT	FTA	FT%	RBs	Avg.	Pts.	Avg.
77	0-1	1	6	8	75.0	0	2	0.0	10	10.0	12	12.0
78	4-1	5	24	46	52.2	23	36	63.9	29	5.8	71	14.2
79	2-1	3	22	38	57.9	26	27	96.3	25	8.3	70	23.3
3 yrs.	6-3	9	52	92	56.5	49	65	75.4	64	7.1	153	17.0

RODNEY MONROE

North Carolina State   6-3   Hagerstown, Md.

Yr.	Team W-L	G	FG	FGA	FG%	3FG	3FGA	3FG%	FT	FTA	FT%	RBs	Avg.	Pts.	Avg.
88	*24-7	32	132	277	47.7	49	114	43.0	42	51	82.4	77	2.4	355	11.1
89	22-9	31	240	513	46.8	85	212	40.1	98	123	79.7	149	4.8	663	21.4
90	18-12	30	228	505	45.1	84	174	48.3	157	192	81.8	130	4.3	697	23.2
91	20-11	31	285	641	44.5	104	239	43.5	162	183	88.5	136	4.4	836	27.0
4 yrs.	*84-39	124	885	1936	45.7	322	739	43.6	459	549	83.6	492	4.0	2551	20.6

NCAA Tournament

Yr.	W-L	G	FG	FGA	FG%	3FG	3FGA	3FG%	FT	FTA	FT%	RBs	Avg.	Pts.	Avg.
88	*0-0	1	5	15	33.3	2	6	33.3	0	0	0.0	4	4.0	12	12.0
89	2-1	3	28	54	51.9	11	23	47.8	21	24	87.5	12	4.0	88	29.3
91	1-1	2	12	38	31.6	3	14	21.4	17	17	100.0	8	4.0	44	22.0
3 yrs.	*3-2	6	45	107	42.1	16	43	37.2	38	41	92.7	24	4.0	144	24.0

*NCAA tournament record later vacated: 1988, 0-1.

JONATHAN MOORE

Furman   6-8   Charleston, S.D.

Yr.	Team W-L	G	FG	FGA	FG%	FT	FTA	FT%	RBs	Avg.	Pts.	Avg.
77	18-10	28	229	413	55.4	103	167	61.7	314	11.2	561	20.0
78	19-11	30	234	418	56.0	82	128	64.1	368	12.3	550	18.3
79	20-9	29	264	486	54.3	108	143	75.5	288	9.9	636	21.9
80	23-7	30	220	440	50.0	112	157	71.3	272	9.1	552	18.4
4 yrs.	80-37	117	947	1757	53.9	405	595	68.1	1242	10.6	2299	19.6

NCAA Tournament

Yr.	W-L	G	FG	FGA	FG%	FT	FTA	FT%	RBs	Avg.	Pts.	Avg.
78	0-1	1	7	13	53.8	5	6	83.3	14	14.0	19	19.0
80	0-1	1	9	14	64.3	4	8	50.0	17	17.0	22	22.0
2 yrs.	0-2	2	16	27	59.3	9	14	64.3	31	15.5	41	20.5

SHON MORRIS

Northwestern   6-9   Runnells, Iowa

First team academic all-American in 1986, 1987 and 1988.

Yr.	Team W-L	G	FG	FGA	FG%	3FG	3FGA	3FG%	FT	FTA	FT%	RBs	Avg.	Pts.	Avg.
85	6-22	28	64	147	43.5				45	58	77.6	84	3.0	173	6.2
86	7-20	27	153	297	51.5				126	157	80.3	203	7.5	432	16.0
87	7-21	28	140	289	48.4	3	6	50.0	96	120	80.0	229	8.2	379	13.5
88	7-21	28	155	320	48.4	9	27	33.3	104	132	78.8	196	7.0	423	15.1
4 yrs.	27-84	111	512	1053	48.6	12	33	36.4	371	467	79.4	712	6.4	1407	12.7

Did not play in NCAA tournament.

GLENN MOSLEY

Seton Hall   6-8   Irvington, N.J.

Through the 1991 season, held the career record for highest rebound average per game for careers beginning in 1973 or after...Led the nation in rebounding in 1977.

Yr.	Team W-L	G	FG	FGA	FG%	FT	FTA	FT%	RBs	Avg.	Pts.	Avg.
74	16-11	21	120	278	43.2	49	89	55.1	299	14.2	289	13.8
75	16-11	13	93	189	49.2	25	53	47.2	212	16.3	211	16.2
76	18-9	20	155	302	51.3	52	89	58.4	279	14.0	362	18.1
77	18-11	29	239	458	52.2	101	166	60.8	473	16.3	579	19.7
4 yrs.	68-42	83	607	1227	49.5	227	397	57.2	1263	15.2	1441	17.4

Did not play in NCAA tournament.

RICK MOUNT

Purdue   6-4   Lebanon, Ind.

Unanimous first team all-American in 1969 and 1970...NCAA all-tournament team in 1969.

Yr.	Team W-L	G	FG	FGA	FG%	FT	FTA	FT%	RBs	Avg.	Pts.	Avg.
68	15-9	24	259	593	43.7	165	195	84.6	67	2.8	683	28.5
69	23-5	28	366	710	51.5	200	236	84.7	90	3.2	932	33.3
70	18-6	20	285	582	49.0	138	166	83.1	54	2.7	708	35.4
3 yrs.	56-20	72	910	1885	48.3	503	597	84.3	211	2.9	2323	32.3

Yr.	NCAA Tournament W-L	G	FG	FGA	FG%	FT	FTA	FT%	RBs	Avg.	Pts.	Avg.
69	3-1	4	49	116	42.2	24	27	88.9	8	2.0	122	30.5

CHRIS MULLIN

St. John's (New York)　6-6　Brooklyn, N.Y.

Named player of the year by UPI and the USBWA in 1985...Wooden Award winner in 1985...
Unanimous first team all-American in 1985...Consensus second team all-American in 1984
...Olympic team member in 1984.

Team

Yr.	W-L	G	FG	FGA	FG%	FT	FTA	FT%	RBs	Avg.	Pts.	Avg.
82	21-9	30	175	328	53.4	148	187	79.1	97	3.2	498	16.6
83	28-5	33	228	395	57.7	173	197	87.8	123	3.7	629	19.1
84	18-12	27	225	394	57.1	169	187	90.4	120	4.4	619	22.9
85	31-4	35	251	482	52.1	192	233	82.4	169	4.8	694	19.8
4 yrs.	98-30	125	879	1599	55.0	682	804	84.8	509	4.1	2440	19.5

NCAA Tournament

Yr.	W-L	G	FG	FGA	FG%	FT	FTA	FT%	RBs	Avg.	Pts.	Avg.
83	1-1	2	16	24	66.7	11	12	91.7	7	3.5	43	21.5
84	0-1	1	8	18	44.4	5	7	71.4	4	4.0	21	21.0
85	4-1	5	39	77	50.6	32	37	86.5	24	4.8	110	22.0
3 yrs.	5-3	8	63	119	52.9	48	56	85.7	35	4.4	174	21.8

ERIC MURDOCK

Providence
6-2
West Bridgewater, N.J.

Consensus second team all-American in 1991...Through
the 1991 season, held the NCAA career record for most
steals with 376 and most steals per game with 3.2.

Team

Yr.	W-L	G	FG	FGA	FG%	3FG	3FGA	3FG%	FT	FTA	FT%	RBs	Avg.	Pts.	Avg.
88	11-17	28	114	276	41.3	27	76	35.5	45	61	73.8	85	3.0	300	10.7
89	18-11	29	164	359	45.7	44	126	34.9	99	130	76.2	135	4.7	471	16.2
90	17-12	28	147	351	41.9	42	115	36.5	96	126	76.2	116	4.1	432	15.4
91	19-13	32	262	589	44.5	56	160	34.4	238	293	81.2	168	5.2	818	25.6
4 yrs.	65-53	117	687	1575	43.6	169	477	35.4	478	610	78.3	504	4.3	2021	17.3

NCAA Tournament

Yr.	W-L	G	FG	FGA	FG%	3FG	3FGA	3FG%	FT	FTA	FT%	RBs	Avg.	Pts.	Avg.
89	0-1	1	6	12	50.0	2	4	50.0	2	2	100.0	1	1.0	16	16.0
90	0-1	1	7	18	38.9	2	5	40.0	1	2	50.0	6	6.0	17	17.0
2 yrs.	0-2	2	13	30	43.3	4	9	44.4	3	4	75.0	7	3.5	33	16.5

CALVIN MURPHY

Niagara   5-10   Norwalk, Conn.

Consensus first team all-American in 1969 and 1970...Consensus second team all-American in 1968.

Yr.	Team W-L	G	FG	FGA	FG%	FT	FTA	FT%	RBs	Avg.	Pts.	Avg.
68	12-12	24	337	772	43.7	242	288	84.0	118	4.9	916	38.2
69	11-13	24	294	700	42.0	190	230	82.6	87	3.6	778	32.4
70	22-7	29	316	692	45.7	222	252	88.1	103	3.6	854	29.4
3 yrs.	45-32	77	947	2164	43.8	654	770	84.9	308	4.0	2548	33.1

NCAA Tournament

Yr.	W-L	G	FG	FGA	FG%	FT	FTA	FT%	RBs	Avg.	Pts.	Avg.
70	1-2	3	34	72	47.2	20	22	90.9	19	6.3	88	29.3

TONY MURPHY

Southern-Baton Rouge   6-3   Paterson, N.J.

Led the nation in scoring in 1980.

Yr.	Team W-L	G	FG	FGA	FG%	FT	FTA	FT%	RBs	Avg.	Pts.	Avg.
79	16-12	28	289	609	47.5	104	122	85.2	94	3.4	682	24.4
80	14-15	29	377	744	50.6	178	225	79.1	109	3.7	932	32.1
2 yrs.	30-27	57	666	1353	49.2	282	347	81.3	203	3.6	1614	28.3

Did not play in NCAA tournament.

COTTON NASH

Kentucky   6-5   Lake Charles, La.

Unanimous first team all-American in 1964...Consensus second team all-American in 1962 and 1963.

Yr.	Team W-L	G	FG	FGA	FG%	FT	FTA	FT%	RBs	Avg.	Pts.	Avg.
62	23-3	26	221	489	45.2	166	218	76.1	345	13.2	608	23.4
63	16-9	25	176	471	37.3	162	236	68.6	300	12.0	514	20.6
64	21-6	27	248	588	42.1	152	198	76.7	317	11.7	648	24.0
3 yrs.	60-18	78	645	1548	41.7	480	652	73.6	962	12.3	1770	22.7

Yr.	NCAA Tournament W-L	G	FG	FGA	FG%	FT	FTA	FT%	RBs	Avg.	Pts.	Avg.
62	1-1	2	16	43	37.2	5	7	71.4	19	9.5	37	18.5
64	0-2	2	15	41	36.6	3	6	50.0	20	10.0	33	16.5
2 yrs.	1-3	4	31	84	36.9	8	13	61.5	39	9.8	70	17.5

CALVIN NATT

Northeast Louisiana   6-5   Bastrop, La.

Consensus second team all-American in 1979.

Yr.	Team W-L	G	FG	FGA	FG%	FT	FTA	FT%	RBs	Avg.	Pts.	Avg.
76	18-7	25	207	371	55.8	102	129	79.1	274	11.0	516	20.6
77	15-12	27	307	493	62.3	168	226	74.3	340	12.6	782	29.0
78	20-7	27	220	401	54.9	136	186	73.1	356	13.2	576	21.3
79	23-6	29	283	506	55.9	141	178	79.2	315	10.9	707	24.4
4 yrs.	76-32	108	1017	1771	57.4	547	719	76.1	1285	11.9	2581	23.9

Did not play in NCAA tournament.

JOHNNY NEUMANN

Mississippi   6-6   Memphis, Tenn.

Consensus second team all-American in 1971...Led the nation in scoring in 1971.

Yr.	Team W-L	G	FG	FGA	FG%	FT	FTA	FT%	RBs	Avg.	Pts.	Avg.
71	11-15	23	366	792	46.2	191	250	76.4	152	6.6	923	40.1

Did not play in NCAA tournament.

JOHNNY O'BRIEN

Seattle 5-8 South Amboy, N.J.

Unanimous first team all-American in 1953...Consensus second team all-American in 1952.

Yr.	Team W-L	G	FG	FGA	FG%	FT	FTA	FT%	RBs	Avg.	Pts.	Avg.
52	25-3	37	345	646	53.4	361	475	76.0			1051	28.4
53	29-4	32	284	535	53.1	348	430	80.9	173	5.4	916	28.6
2 yrs.	54-7	69	629	1181	53.3	709	905	78.3			1967	28.5

Note: Seattle was Division II in 1952.

NCAA Tournament

Yr.	W-L	G	FG	FGA	FG%	FT	FTA	FT%	RBs	Avg.	Pts.	Avg.
53	2-1	3	29			38	45	84.4			96	32.0

MIKE O'KOREN

North Carolina 6-8 Jersey City, N.C.

Consensus second team all-American in 1979 and 1980...NCAA all-tournament team in 1977.

Yr.	Team W-L	G	FG	FGA	FG%	FT	FTA	FT%	RBs	Avg.	Pts.	Avg.
77	28-5	33	172	298	57.7	114	157	72.6	217	6.6	458	13.9
78	23-8	27	173	269	64.3	122	163	74.8	180	6.7	468	17.3
79	23-6	28	135	259	52.1	144	188	76.6	202	7.2	414	14.8
80	21-8	29	163	298	54.7	99	152	65.1	216	7.4	425	14.7
4 yrs.	95-27	117	643	1124	57.2	479	660	72.6	815	7.0	1765	15.1

NCAA Tournament

Yr.	W-L	G	FG	FGA	FG%	FT	FTA	FT%	RBs	Avg.	Pts.	Avg.
77	4-1	5	35	57	61.4	16	26	61.5	36	7.2	86	17.2
78	0-1	1	5	13	38.5	4	5	80.0	5	5.0	14	14.0
79	0-1	1	7	12	58.3	1	3	33.3	10	10.0	15	15.0
80	0-1	1	5	13	38.5	1	2	50.0	18	18.0	11	11.0
4 yrs.	4-4	8	52	95	54.7	22	36	61.1	69	8.6	126	15.8

AKEEM OLAJUWON
Houston
7-0
Lagos, Nigeria

Consensus first team all-American in 1984...Led the nation in rebounding and field-goal percentage in 1984...Named to the NCAA tournament all-decade team for the 1980s... NCAA tournament MVP in 1983...NCAA all-tournament team in 1984...Changed his name to Hakeem Olajuwon.

	Team W-L	G	FG	FGA	FG%	FT	FTA	FT%	RBs	Avg.	Pts.	Avg.
82	25-8	29	91	150	60.7	58	103	56.3	179	6.2	240	8.3
83	31-3	34	192	314	61.1	88	148	59.5	388	11.4	472	13.9
84	32-5	37	249	369	67.5	122	232	52.6	500	13.5	620	16.8
3 yrs.	88-16	100	532	833	63.9	268	483	55.5	1067	10.7	1332	13.3

NCAA Tournament

Yr.	W-L	G	FG	FGA	FG%	FT	FTA	FT%	RBs	Avg.	Pts.	Avg.
82	4-1	5	14	26	54.0	7	18	38.9	31	6.2	35	7.0
83	4-1	5	42	64	65.6	10	21	47.6	65	13.0	94	18.8
84	4-1	5	39	56	69.6	19	39	48.7	57	11.4	97	19.4
3 yrs.	12-3	15	95	146	65.1	36	78	46.2	153	10.2	226	15.1

MIKE OLLIVER
Lamar   6-1   Mt. Olive, N.C.

	Team W-L	G	FG	FGA	FG%	FT	FTA	FT%	RBs	Avg.	Pts.	Avg.
78	18-9	27	196	431	45.5	36	59	61.0	85	3.1	428	15.9
79	23-9	32	326	648	50.3	52	69	75.4	116	3.6	704	22.0
80	22-11	33	311	659	47.2	94	125	75.2	89	2.7	716	21.7
81	25-5	30	297	580	51.2	76	119	63.9	71	2.4	670	22.3
4 yrs.	88-34	122	1130	2318	48.7	258	372	69.4	361	3.0	2518	20.6

NCAA Tournament

Yr.	W-L	G	FG	FGA	FG%	FT	FTA	FT%	RBs	Avg.	Pts.	Avg.
79	1-1	2	14	39	35.9	3	6	50.0	11	5.5	31	15.5
80	2-1	3	33	59	55.9	9	11	81.8	6	2.0	75	25.0
81	1-1	2	24	38	63.2	6	9	66.7	3	1.5	54	27.0
3 yrs.	4-3	7	71	136	52.2	18	26	69.2	20	2.9	160	22.9

SHAQUILLE O'NEAL

Louisiana State
7-1
San Antonio, Texas

Named player of the year by AP and UPI in 1991...Unanimous first team all-American in 1991.

Yr.	Team W-L	G	FG	FGA	FG%	3FG	3FGA	3FG%	FT	FTA	FT%	RBs	Avg.	Pts.	Avg.
90	23-9	32	180	314	57.3	0	0	0.0	85	153	55.6	385	12.0	445	13.9
91	20-10	28	312	497	62.8	0	0	0.0	150	235	63.8	411	14.7	774	27.6
2 yrs.	43-19	60	492	811	60.7	0	0	0.0	235	388	60.6	796	13.3	1219	20.3

NCAA Tournament

Yr.	W-L	G	FG	FGA	FG%	3FG	3FGA	3FG%	FT	FTA	FT%	RBs	Avg.	Pts.	Avg.
90	1-1	2	9	18	50.0	0	0	0.0	13	19	68.4	25	12.5	31	15.5
91	0-1	1	11	22	50.0	0	0	0.0	5	6	83.3	16	16.0	27	27.0
2 yrs.	1-2	3	20	40	50.0	0	0	0.0	18	25	72.0	41	13.7	58	19.3

Note: O'Neal was still playing at Louisiana State at the time of this printing.

KEVIN O'SHEA

Notre Dame   6-1   San Francisco, Calif.

Unanimous first team all-American in 1948...Consensus second team all-American in 1950.

Yr.	Team W-L	G	FG	FGA	FG%	FT	FTA	FT%	RBs	Avg.	Pts.	Avg.
47	20-4	22	91	261	34.9	28	57	49.1			210	9.5
48	17-7	23	100	316	31.6	65	106	61.3			265	11.5
49	17-7	22	85	268	31.7	62	92	67.4			232	10.6
50	15-9	24	133	390	34.1	92	141	65.2			358	14.9
4 yrs.	69-27	91	409	1235	33.1	247	396	62.4			1065	11.7

Did not play in NCAA tournament.

BILLY OWENS

Syracuse   6-9   Carlisle, Pa.

Unanimous first team all-American in 1991.

Team

Yr.	W-L	G	FG	FGA	FG%	3FG	3FGA	3FG%	FT	FTA	FT%	RBs	Avg.	Pts.	Avg.
89	30-8	38	196	376	52.1	8	36	22.2	94	145	64.8	263	6.9	494	13.0
90	26-7	33	228	469	48.6	19	60	31.7	127	176	72.2	276	8.4	602	18.2
91	26-6	32	282	554	50.9	23	58	39.7	157	233	67.4	371	11.6	744	23.3
3 yrs.	82-21	103	706	1399	50.5	50	154	32.5	378	554	68.2	910	8.8	1840	17.9

NCAA Tournament

Yr.	W-L	G	FG	FGA	FG%	3FG	3FGA	3FG%	FT	FTA	FT%	RBs	Avg.	Pts.	Avg.
89	3-1	4	33	57	57.9	1	3	33.3	13	19	68.4	35	8.8	80	20.0
90	2-1	3	21	47	44.7	2	8	25.0	5	8	62.5	27	9.0	49	16.3
91	0-1	1	9	19	47.4	1	3	33.3	3	4	75.0	7	7.0	22	22.0
3 yrs.	5-3	8	63	123	51.2	4	14	28.6	21	31	67.7	69	8.6	151	18.9

JOHN PAXSON

Notre Dame   6-2   Kettering, Ohio

Consensus second team all-American in 1982 and 1983 . . . First team academic all-American in 1982 and 1983 . . . NCAA Postgraduate Scholarship winner in 1983.

Team

Yr.	W-L	G	FG	FGA	FG%	FT	FTA	FT%	RBs	Avg.	Pts.	Avg.
80	22-6	27	42	87	48.3	41	55	74.5	34	1.3	125	4.6
81	23-6	29	113	218	51.8	61	89	68.5	53	1.8	287	9.9
82	10-17	27	185	346	53.5	72	93	77.4	55	2.0	442	16.4
83	19-10	29	219	411	53.3	74	100	74.0	63	2.2	512	17.7
4 yrs.	74-39	112	559	1062	52.6	248	337	73.6	205	1.8	1366	12.2

NCAA Tournament

Yr.	W-L	G	FG	FGA	FG%	FT	FTA	FT%	RBs	Avg.	Pts.	Avg.
80	0-1	1	2	5	40.0	2	3	66.7	2	2.0	6	6.0
81	1-1	2	3	11	27.3	3	5	60.0	7	3.5	9	4.5
2 yrs.	1-2	3	5	16	31.3	5	8	62.5	9	3.0	15	5.0

GARY PAYTON
Oregon State   6-3   Oakland, Calif.

Unanimous first team all-American in 1990.

Team

Yr.	W-L	G	FG	FGA	FG%	3FG	3FGA	3FG%	FT	FTA	FT%	RBs	Avg.	Pts.	Avg.
87	19-11	30	153	333	46.0	13	35	37.1	55	82	67.1	120	7.6	374	12.5
88	20-11	31	180	368	48.9	31	78	39.7	58	83	69.9	103	3.3	449	14.5
89	22-8	30	208	438	47.5	82	213	38.5	105	155	67.7	122	4.1	603	20.1
90	22-7	29	288	571	50.4	52	156	33.3	118	171	69.0	135	4.7	746	25.7
4 yrs.	83-37	120	829	1710	48.5	178	482	36.9	336	491	68.4	480	4.0	2172	18.1

NCAA Tournament

Yr.	W-L	G	FG	FGA	FG%	3FG	3FGA	3FG%	FT	FTA	FT%	RBs	Avg.	Pts.	Avg.
88	0-1	1	5	11	45.5	1	3	33.3	1	1	100.0	4	4.0	12	12.0
89	0-1	1	11	22	50.0	2	5	40.0	7	8	87.5	3	3.0	31	31.0
90	0-1	1	3	12	25.0	1	4	25.0	4	4	100.0	5	5.0	11	11.0
3 yrs.	0-3	3	19	45	42.2	4	12	33.3	12	13	92.3	12	4.0	54	18.0

SAM PERKINS
North Carolina   6-10   Latham, N.Y.

Consensus first team all-American in 1983 and 1984...Consensus second team all-American in 1982...Olympic team member in 1984...NCAA all-tournament team in 1982.

Team

Yr.	W-L	G	FG	FGA	FG%	FT	FTA	FT%	RBs	Avg.	Pts.	Avg.
81	29-8	37	199	318	62.6	152	205	74.1	289	7.8	550	14.9
82	32-2	32	174	301	57.8	109	142	76.8	250	7.8	457	14.3
83	28-8	35	218	414	52.7	145	177	81.9	330	9.4	581	16.6
84	28-3	31	195	331	58.9	155	181	85.6	298	9.6	545	17.6
4 yrs.	117-21	135	786	1364	57.6	561	705	79.6	1167	8.6	2133	15.8

NCAA Tournament

Yr.	W-L	G	FG	FGA	FG%	FT	FTA	FT%	RBs	Avg.	Pts.	Avg.
81	4-1	5	29	53	54.7	14	21	66.7	44	8.8	72	14.4
82	5-0	5	28	47	59.6	24	31	77.4	39	7.8	80	16.0
83	2-1	3	17	32	53.1	13	18	72.2	23	7.7	47	15.7
84	1-1	2	12	25	48.0	14	16	87.5	23	11.5	38	19.0
4 yrs.	12-3	15	86	157	54.8	65	86	75.6	129	8.6	237	15.8

RON PERRY

Holy Cross
6-2
Shrewsbury, Mass.

First team academic all-American in 1978, 1979 and 1980... NCAA Postgraduate Scholarship winner in 1980... NCAA Today's Top Five recipient in 1981... Through the 1991 season, held the NCAA career record for highest free-throw percentage among players with 600 or more made.

Yr.	Team W-L	G	FG	FGA	FG%	FT	FTA	FT%	RBs	Avg.	Pts.	Avg.
77	23-6	25	209	421	49.6	156	177	88.1	67	2.7	574	23.0
78	20-7	27	202	424	47.6	181	201	90.0	49	1.8	585	21.7
79	17-11	28	261	575	45.4	178	196	90.8	60	2.1	700	25.0
80	19-11	29	250	529	47.3	165	194	85.1	66	2.3	665	22.9
4 yrs.	79-35	109	922	1949	47.3	680	768	88.5	242	2.2	2524	23.2

NCAA Tournament

Yr.	W-L	G	FG	FGA	FG%	FT	FTA	FT%	RBs	Avg.	Pts.	Avg.
80	0-1	1	10			4	4	100.0			24	24.0

Did not participate in the 1977 tournament in which team was 0-1.

BOB PETTIT

Louisiana State   6-9   Baton Rouge, La.

Consensus first team all-American in 1954... Consensus second team all-American in 1953... Naismith Memorial Basketball Hall of Fame... NCAA Silver Anniversary recipient in 1979.

Yr.	Team W-L	G	FG	FGA	FG%	FT	FTA	FT%	RBs	Avg.	Pts.	Avg.
52	17-7	23	247	563	43.9	118	199	59.3	315	13.1	612	25.5
53	22-3	21	193	394	49.0	133	215	61.9	292	13.9	519	24.7
54	20-5	25	281	573	49.0	223	308	72.4	432	17.3	785	31.4
3 yrs.	59-15	69	721	1530	47.1	474	722	65.7	1039	15.1	1916	27.8

NCAA Tournament

Yr.	W-L	G	FG	FGA	FG%	FT	FTA	FT%	RBs	Avg.	Pts.	Avg.
53	3-1	4	49			24	42	57.1			122	30.5
54	0-2	2	23	45	51.1	15	19	78.9	36	18.0	61	30.5
2 yrs.	3-3	6	72			39	61	63.9			183	30.5

TIMOTHY POLLARD

Mississippi Valley   6-3   Clarksdale, Miss.

Through the 1991 season, held the NCAA career record for most three-point field goals made per game with a 4.6 average... Led the nation in three-point field goals made per game in 1988 and 1989.

Yr.	Team W-L	G	FG	FGA	FG%	3FG	3FGA	3FG%	FT	FTA	FT%	RBs	Avg.	Pts.	Avg.
88	8-20	28	181	455	39.8	132	308	42.8	41	57	71.9	75	2.7	535	19.1
89	8-20	28	165	432	38.2	124	307	40.4	55	73	75.3	109	3.9	509	17.9
2 yrs.	16-40	56	346	887	39.0	256	615	41.6	96	130	73.8	184	3.3	1044	18.6

Did not play in NCAA tournament.

DAREN QUEENAN

Lehigh   6-5   Norristown, Pa.

Yr.	Team W-L	G	FG	FGA	FG%	3FG	3FGA	3FG%	FT	FTA	FT%	RBs	Avg.	Pts.	Avg.
85	12-19	30	225	440	51.1				96	134	71.6	249	8.3	546	18.2
86	13-15	28	215	446	48.2				125	193	64.8	198	7.1	555	19.8
87	15-14	29	260	550	47.3	9	31	29.0	191	247	77.3	265	9.1	720	24.8
88	21-10	31	324	677	47.9	20	67	29.9	214	280	76.4	301	9.7	882	28.5
4 yrs.	61-58	118	1024	2113	48.5	29	98	29.6	626	854	73.3	1013	8.6	2703	22.9

NCAA Tournament

Yr.	W-L	G	FG	FGA	FG%	3FG	3FGA	3FG%	FT	FTA	FT%	RBs	Avg.	Pts.	Avg.
85	0-1	1	2	12	16.7				9	10	90.0	7	7.0	13	13.0
88	0-1	1	8	23	34.8	1	4	25.0	4	7	57.1	7	7.0	21	21.0
2 yrs.	0-2	2	10	35	28.6	1	4	25.0	13	17	76.5	14	7.0	34	17.0

ART QUIMBY

Connecticut   6-5   New London, Conn.

Led the nation in rebounding in 1954.

Yr.	Team W-L	G	FG	FGA	FG%	FT	FTA	FT%	RBs	Avg.	Pts.	Avg.
52	20-7	8	18	74	24.4	8	15	53.3	87	10.9	44	5.5
53	17-4	21	125	307	40.7	100	168	59.6	430	20.5	350	16.7
54	23-3	26	158			107			588	22.6	423	16.3
55	20-5	25	227	546	41.6	127	248	51.3	611	24.4	581	23.2
4 yrs.	80-19	80	528			342			1716	21.5	1398	17.5

Yr.	NCAA Tournament W-L	G	FG	FGA	FG%	FT	FTA	FT%	RBs	Avg.	Pts.	Avg.
54	0-1	1	8			3	7	42.9			19	19.0

FRANK RAMSEY

Kentucky   6-3   Madisonville, Ky.

Consensus second team all-American in 1954...Naismith Memorial Basketball Hall of Fame.

Yr.	Team W-L	G	FG	FGA	FG%	FT	FTA	FT%	RBs	Avg.	Pts.	Avg.
51	32-2	34	135	413	32.7	75	123	60.9	434	12.8	345	10.1
52	29-3	32	185	470	39.3	139	214	64.9	383	12.0	509	15.9
54	25-0	25	179	430	41.6	132	181	72.9	221	8.8	490	19.6
3 yrs.	86-5	91	499	1313	38.0	346	518	66.8	1038	11.4	1344	14.8

Yr.	NCAA Tournament W-L	G	FG	FGA	FG%	FT	FTA	FT%	RBs	Avg.	Pts.	Avg.
51	4-0	4	14	58	24.1	14	22	63.6	43	10.8	42	10.5
52	1-1	2	9			7	9	77.8			25	12.5
2 yrs.	5-1	6	23			21	31	67.7			67	11.2

SAM RANZINO

North Carolina State   6-1   Gary, Ind.

Consensus first team all-American in 1951.

Team

Yr.	W-L	G	FG	FGA	FG%	FT	FTA	FT%	RBs	Avg.	Pts.	Avg.
48	29-3	32	105			46	71	64.8			256	8.0
49	25-8	33	157			67	97	69.1			381	11.5
50	27-6	33	241	721	33.3	142	197	72.1			624	18.8
51	30-7	34	241	760	31.7	224	305	73.4	220	6.5	706	20.8
4 yrs.	111-24	132	744			479	670	71.5			1967	14.9

NCAA Tournament

Yr.	W-L	G	FG	FGA	FG%	FT	FTA	FT%	RBs	Avg.	Pts.	Avg.
50	2-1	3	26	85	30.6	25	34	73.5			77	25.7

Did not participate in the 1951 tournament in which team was 1-2.

ED RATLEFF

Long Beach State   6-6   Columbus, Ohio

Unanimous first team all-American in 1972 and 1973...Olympic team member in 1972.

Team

Yr.	W-L	G	FG	FGA	FG%	FT	FTA	FT%	RBs	Avg.	Pts.	Avg.
71	*22-4	27	218	485	44.9	103	132	78.0	239	8.9	539	20.0
72	*23-3	29	250	517	48.4	121	157	77.1	220	7.6	621	21.4
73	*24-2	29	275	549	50.1	110	138	79.7	251	8.7	660	22.8
3 yrs.	*69-9	85	743	1551	47.9	334	427	78.2	710	8.4	1820	21.4

NCAA Tournament

Yr.	W-L	G	FG	FGA	FG%	FT	FTA	FT%	RBs	Avg.	Pts.	Avg.
71	*0-0	3	23	42	54.8	16	21	76.2	27	9.0	62	20.7
72	*0-0	3	22	52	42.3	10	15	66.7	13	4.3	54	18.0
73	*0-0	3	19	45	42.2	15	16	93.8	26	8.7	53	17.7
3 yrs.	*0-0	9	64	139	46.0	41	52	78.8	66	7.3	169	18.8

*NCAA tournament records later vacated: 1971, 2-1; 1972, 2-1; 1973, 2-1.

J. R. REID

North Carolina   6-9   Virginia Beach, Va.

Consensus first team all-American in 1988...Olympic team member in 1988.

Team Yr.	W-L	G	FG	FGA	FG%	3FG	3FGA	3FG%	FT	FTA	FT%	RBs	Avg.	Pts.	Avg.
87	32-4	36	198	339	58.4	0	0	0.0	132	202	65.3	268	7.4	528	14.7
88	27-7	33	222	366	60.7	0	0	0.0	151	222	68.0	293	8.9	595	18.0
89	29-8	27	164	267	61.4	0	0	0.0	101	151	66.9	170	6.3	429	15.9
3 yrs.	88-19	96	584	972	60.1	0	0	0.0	384	575	66.8	731	7.6	1552	16.2

NCAA Tournament

Yr.	W-L	G	FG	FGA	FG%	3FG	3FGA	3FG%	FT	FTA	FT%	RBs	Avg.	Pts.	Avg.
87	3-1	4	33	53	62.3	0	0	0.0	18	26	69.2	28	7.0	84	21.0
88	3-1	4	29	50	58.0	0	0	0.0	18	25	72.0	41	10.3	76	19.0
89	1-1	2	20	30	66.7	0	0	0.0	4	9	44.4	16	8.0	44	22.0
3 yrs.	7-3	10	82	133	62.7	0	0	0.0	40	60	66.7	85	8.5	204	20.4

GLEN RICE

Michigan
6-7
Flint, Mich.

Consensus second team all-American in 1989...NCAA tournament MVP in 1989...Through the 1991 NCAA tournament, held the tournament series record for most points, field goals made and three-point field goals made in 1989.

Team Yr.	W-L	G	FG	FGA	FG%	3FG	3FGA	3FG%	FT	FTA	FT%	RBs	Avg.	Pts.	Avg.
86	28-5	32	105	191	55.0				15	25	60.0	97	3.0	225	7.0
87	20-12	32	226	402	56.2	3	12	25.0	85	108	78.7	294	9.2	540	16.9
88	26-8	33	308	539	57.1	33	77	42.9	79	98	80.6	236	7.2	728	22.1
89	30-7	37	363	629	57.7	99	192	51.6	124	149	83.2	232	6.3	949	25.6
4 yrs.	104-32	134	1002	1761	56.7	135	281	48.0	303	380	79.7	859	6.4	2442	18.2

NCAA Tournament

Yr.	W-L	G	FG	FGA	FG%	3FG	3FGA	3FG%	FT	FTA	FT%	RBs	Avg.	Pts.	Avg.
86	1-1	2	7	12	58.3				2	2	100.0	6	3.0	16	8.0
87	1-1	2	20	34	58.8	1	2	50.0	2	3	66.7	22	11.0	43	21.5
88	2-1	3	26	47	55.3	7	11	63.6	6	8	75.0	15	5.0	65	21.7
89	6-0	6	75	131	57.3	27	49	55.1	7	7	100.0	39	6.5	184	30.7
4 yrs.	10-3	13	128	224	57.1	35	62	56.5	17	20	85.0	82	6.3	308	23.7

J. R. REID

DICK RICKETTS

Duquesne   6-8   Pottstown, Pa.

Consensus first team all-American in 1955... Consensus second team all-American in 1954... Played on the NIT title team in 1955.

Yr.	Team W-L	G	FG	FGA	FG%	FT	FTA	FT%	RBs	Avg.	Pts.	Avg.
52	23-4	27	130	331	39.2	76	105	72.3	290	10.7	336	12.8
53	21-8	29	229	637	35.9	148	226	65.5	318	11.0	606	20.9
54	26-3	29	205	488	42.0	88	121	72.7	301	10.4	498	17.2
55	22-4	26	174	435	40.0	175	225	77.8	450	17.3	523	20.1
4 yrs.	92-19	111	738	1891	39.0	487	677	71.9	1359	12.2	1963	17.7

NCAA Tournament Yr.	W-L	G	FG	FGA	FG%	FT	FTA	FT%	RBs	Avg.	Pts.	Avg.
52	1-1	2	13			10	13	76.9			36	18.0

TOM RIKER

South Carolina   6-10   Oyster Bay, N.Y.

Consensus first team all-American in 1972.

Yr.	Team W-L	G	FG	FGA	FG%	FT	FTA	FT%	RBs	Avg.	Pts.	Avg.
70	25-3	28	143	277	51.6	101	151	66.9	251	9.0	387	13.8
71	23-6	29	148	313	47.3	110	173	63.6	231	8.0	406	14.0
72	24-5	28	208	375	55.5	134	187	71.7	292	10.4	550	19.6
3 yrs.	72-14	85	499	965	51.7	345	511	67.5	774	9.1	1343	15.8

NCAA Tournament Yr.	W-L	G	FG	FGA	FG%	FT	FTA	FT%	RBs	Avg.	Pts.	Avg.
71	0-2	2	21	41	51.2	7	9	77.8	20	10.0	49	24.5
72	2-1	3	27	49	55.2	15	23	65.2	31	10.3	69	23.0
2 yrs.	2-3	5	48	90	53.3	22	32	68.8	51	10.2	118	23.6

OSCAR ROBERTSON
Cincinnati   6-5   Indianapolis, Ind.

Named player of the year by UPI in 1958, 1959 and 1960...Named player of the year by the USBWA in 1959 and 1960...Unanimous first team all-American in 1958, 1959 and 1960... Naismith Memorial Basketball Hall of Fame...NCAA Silver Anniversary recipient in 1985... Olympic team member in 1960...Led the nation in scoring in 1958, 1959 and 1960...Named to the NCAA tournament all-decade team for the 1950s...NCAA all-tournament team in 1959 and 1960...Through the 1991 NCAA tournament, held the tournament career record for most free throws.

Team

Yr.	W-L	G	FG	FGA	FG%	FT	FTA	FT%	RBs	Avg.	Pts.	Avg.
58	25-3	28	352	617	57.1	280	355	78.9	425	15.2	984	35.1
59	26-4	30	331	650	50.9	316	398	79.4	489	16.3	978	32.6
60	28-2	30	369	701	52.6	273	361	75.6	424	14.1	1011	33.7
3 yrs.	79-9	88	1052	1968	53.5	869	1114	78.0	1338	15.2	2973	33.8

NCAA Tournament

Yr.	W-L	G	FG	FGA	FG%	FT	FTA	FT%	RBs	Avg.	Pts.	Avg.
58	1-1	2	33	56	58.9	20	24	83.3	21	10.5	86	43.0
59	3-1	4	37	85	43.5	42	52	80.8	63	15.8	116	29.0
60	3-1	4	47	94	50.0	28	40	70.0	47	11.8	122	30.5
3 yrs.	7-3	10	117	235	49.8	90	116	77.6	131	13.1	324	32.4

DAVID ROBINSON
Navy   6-11   Woodbridge, Va.

Named player of the year by AP, UPI, the USBWA and the NABC in 1987...Wooden Award winner in 1987...Naismith Award winner in 1987...Unanimous first team all-American in 1987...Consensus second team all-American in 1986...NCAA Today's Top Five recipient in 1988...Olympic team member in 1988...Through the 1991 season, held the NCAA career record for most blocked shots per game with 5.2...Also held the NCAA season record for most blocked shots with 207 in 1986 and had the most per game with 5.9 in 1986...Was tied for the NCAA single-game record for blocked shots with 14 against North Carolina-Wilmington on January 4, 1986...Led the nation in rebounding in 1986...Also led the nation in blocked shots in 1986 and with 4.5 per game in 1987...Through the 1991 NCAA tournament, held the tournament series record for most blocked shots in 1986...Also held the tournament game record for most blocked shots with nine against Cleveland State in 1986 and was tied for the record for most free throws attempted with 27 against Syracuse in 1986.

Team

Yr.	W-L	G	FG	FGA	FG%	3FG	3FGA	3FG%	FT	FTA	FT%	RBs	Avg.	Pts.	Avg.
84	24-8	28	86	138	62.3				42	73	57.5	111	4.0	214	7.6
85	26-6	32	302	469	64.4				152	243	62.6	370	11.6	756	23.6
86	30-5	35	294	484	60.7				208	331	62.8	455	13.0	796	22.7
87	26-6	32	350	592	59.1	1	1	100.0	202	317	63.7	378	11.8	903	28.2
4 yrs.	106-25	127	1032	1683	61.3	1	1	100.0	604	964	62.7	1314	10.3	2669	21.0

NCAA Tournament

Yr.	W-L	G	FG	FGA	FG%	3FG	3FGA	3FG%	FT	FTA	FT%	RBs	Avg.	Pts.	Avg.
85	1-1	2	19	32	59.4				2	10	20.0	26	13.0	40	20.0
86	3-1	4	35	57	61.4				40	55	72.7	47	11.8	110	27.5
87	0-1	1	22	37	59.5	0	0	0.0	6	12	50.0	13	13.0	50	50.0
3 yrs.	4-3	7	76	126	60.3	0	0	0.0	48	77	62.3	86	12.3	200	28.6

JOHN ROCHE
South Carolina 6-3 New York, N.Y.

Consensus second team all-American in 1970 and 1971 ... First team academic all-American in 1970 and 1971.

Yr.	Team W-L	G	FG	FGA	FG%	FT	FTA	FT%	RBs	Avg.	Pts.	Avg.
69	21-7	28	239	507	47.1	184	226	81.4	73	2.6	662	23.6
70	25-3	28	222	469	47.3	179	216	82.9	70	2.5	623	22.3
71	23-6	29	205	493	41.6	215	262	82.1	67	2.3	625	21.6
3 yrs.	69-16	85	666	1469	45.3	578	704	82.1	210	2.5	1910	22.5

NCAA Tournament

Yr.	W-L	G	FG	FGA	FG%	FT	FTA	FT%	RBs	Avg.	Pts.	Avg.
71	0-2	2	7	27	25.9	8	11	72.7	5	2.5	22	11.0

GUY RODGERS
Temple 6-0 Philadelphia, Pa.

Unanimous first team all-American in 1958 ... Consensus second team all-American in 1957 ... Named to the NCAA tournament all-decade team for the 1950s ... NCAA all-tournament team in 1958.

Yr.	Team W-L	G	FG	FGA	FG%	FT	FTA	FT%	RBs	Avg.	Pts.	Avg.
56	27-4	31	243	552	44.0	87	155	56.1	186	6.0	573	18.5
57	20-9	29	216	565	38.2	159	224	71.0	202	7.0	591	20.4
58	27-3	30	249	564	44.1	105	171	61.4	199	6.6	603	20.1
3 yrs.	74-16	90	708	1681	42.1	351	550	63.8	587	6.5	1767	19.6

NCAA Tournament

Yr.	W-L	G	FG	FGA	FG%	FT	FTA	FT%	RBs	Avg.	Pts.	Avg.
56	4-1	5	34			21	36	58.3			89	17.8
58	3-1	4	31	86	36.0	10	26	38.5	24	6.0	72	18.0
2 yrs.	7-2	9	65			31	62	50.0			161	17.9

MARSHALL RODGERS

Texas-Pan American 6-2 St. Louis, Mo.

Led the nation in scoring in 1976.

Yr.	Team W-L	G	FG	FGA	FG%	FT	FTA	FT%	RBs	Avg.	Pts.	Avg.
73	8-18	18	52	152	34.2	34	51	66.7	46	2.6	138	7.6
75	22-2	22	248	546	45.4	92	123	74.8	134	6.1	588	26.7
76	20-5	25	361	683	52.9	197	230	85.7	122	4.9	919	36.8
3 yrs.	50-25	65	661	1381	47.7	323	404	80.0	302	4.6	1645	25.3

Note: Played at Kansas in 1973.
Did not play in NCAA tournament.

LEN ROSENBLUTH

North Carolina 6-5 New York, N.Y.

Consensus first team all-American in 1957 ... Named to the NCAA tournament all-decade team for the 1950s ... NCAA all-tournament team in 1957 ... Through the 1991 NCAA tournament, held the Final Four game record for most field goals attempted with 42 against Michigan State in 1957.

Yr.	Team W-L	G	FG	FGA	FG%	FT	FTA	FT%	RBs	Avg.	Pts.	Avg.
55	10-11	21	189	444	42.6	158	222	71.2	246	11.7	536	25.5
56	18-5	23	227	496	45.6	160	217	73.7	264	11.4	614	26.7
57	32-0	32	305	631	48.3	285	376	75.8	280	8.8	895	28.0
3 yrs.	60-16	76	721	1571	45.9	603	815	74.0	790	10.4	2045	26.9

Yr.	NCAA Tournament W-L	G	FG	FGA	FG%	FT	FTA	FT%	RBs	Avg.	Pts.	Avg.
57	5-0	5	53	124	42.7	34	47	72.3	46	9.2	140	28.0

BILL RUSSELL

San Francisco
6-9
Oakland, Calif.

Named player of the year by UPI in 1956...Unanimous first
team all-American in 1956...Consensus first team all-
American in 1955...Naismith Memorial Basketball Hall of
Fame...Olympic team member in 1956...Named to the
NCAA tournament all-decade team for the 1950s...NCAA
tournament MVP in 1955...NCAA all-tournament team in
1956...Through the 1991 NCAA tournament, held the
Final Four game record for most rebounds with 27 against
Iowa in 1956.

	Team											
Yr.	W-L	G	FG	FGA	FG%	FT	FTA	FT%	RBs	Avg.	Pts.	Avg.
54	14-7	21	150	309	48.5	117	212	55.2	403	19.2	417	19.9
55	28-1	29	229	423	54.1	164	278	59.0	594	20.5	622	21.4
56	29-0	29	246	480	51.3	105	212	49.5	609	21.0	597	20.6
3 yrs.	71-8	79	625	1212	51.6	386	702	55.0	1606	20.3	1636	20.7

NCAA Tournament												
Yr.	W-L	G	FG	FGA	FG%	FT	FTA	FT%	RBs	Avg.	Pts.	Avg.
55	5-0	5	49			20	39	51.3			118	23.6
56	4-0	4	40			11					91	22.8
2 yrs.	9-0	9	89			31					209	23.2

CAZZIE RUSSELL

Michigan   6-5   Chicago, Ill.

Named player of the year by AP, UPI and the USBWA in 1966...Unanimous first team all-
American in 1965 and 1966 ...Consensus second team all-American in 1964...Named to
the NCAA tournament all-decade team for the 1960s...NCAA all-tournament team in 1965.

	Team											
Yr.	W-L	G	FG	FGA	FG%	FT	FTA	FT%	RBs	Avg.	Pts.	Avg.
64	23-5	27	260	507	51.3	150	178	84.3	244	9.0	670	24.8
65	24-4	27	271	558	48.6	152	186	81.7	213	7.9	694	25.7
66	18-8	26	308	595	51.8	184	223	82.5	219	8.4	800	30.8
3 yrs.	65-17	80	839	1660	50.5	486	587	82.8	676	8.5	2164	27.1

NCAA Tournament												
Yr.	W-L	G	FG	FGA	FG%	FT	FTA	FT%	RBs	Avg.	Pts.	Avg.
64	3-1	3	30	54	55.6	17	21	81.0	21	7.0	77	25.7
65	3-1	4	34	70	48.6	28	32	87.5	32	8.0	96	24.0
66	0-1	1	7	15	46.7	10	12	83.3	6	6.0	24	24.0
3 yrs.	6-3	8	71	139	51.1	55	65	84.6	59	7.4	197	24.6

RALPH SAMPSON

Virginia
7-4
Harrisonburg, Va.

Named player of the year by AP, UPI and the USBWA in 1981, 1982 and 1983, and by the NABC in 1982 and 1983... Wooden Award winner in 1982 and 1983...Naismith Award winner in 1981, 1982 and 1983...Unanimous first team all-American in 1981, 1982 and 1983...Played on the NIT title team in 1980.

Yr.	Team W-L	G	FG	FGA	FG%	FT	FTA	FT%	RBs	Avg.	Pts.	Avg.
80	24-10	34	221	404	54.7	66	94	70.2	381	11.2	508	14.9
81	29-4	33	230	413	55.7	125	198	63.1	378	11.5	585	17.7
82	30-4	32	198	353	56.1	110	179	61.5	366	11.4	506	15.8
83	29-5	33	250	414	60.4	126	179	70.4	386	11.7	626	19.0
4 yrs.	112-23	132	899	1584	56.8	427	650	65.7	1511	11.4	2225	16.9

NCAA Tournament

Yr.	W-L	G	FG	FGA	FG%	FT	FTA	FT%	RBs	Avg.	Pts.	Avg.
81	4-1	5	26	56	46.4	17	27	63.0	49	9.8	69	13.8
82	1-1	2	17	32	53.1	4	12	33.3	30	15.0	38	19.0
83	2-1	3	23	31	74.2	11	21	52.4	34	11.3	57	19.0
3 yrs.	7-3	10	66	119	55.5	32	60	53.3	113	11.3	164	16.4

KENNY SANDERS

George Mason 6-5 Washington, D.C.

Yr.	Team W-L	G	FG	FGA	FG%	3FG	3FGA	3FG%	FT	FTA	FT%	RBs	Avg.	Pts.	Avg.
86	20-12	22	152	291	52.2				90	140	64.3	153	7.0	394	17.9
87	15-13	26	168	381	44.1	1	14	7.1	128	184	69.6	208	8.0	465	17.9
88	20-10	29	225	435	51.7	18	42	42.9	170	226	75.2	339	11.7	638	22.0
89	20-11	30	242	470	51.5	22	59	37.3	174	249	69.9	326	10.9	680	22.7
4 yrs.	75-46	107	787	1577	49.9	41	115	35.7	562	799	70.3	1026	9.6	2177	20.3

NCAA Tournament

Yr.	W-L	G	FG	FGA	FG%	3FG	3FGA	3FG%	FT	FTA	FT%	RBs	Avg.	Pts.	Avg.
89	0-1	1	9	16	56.3	1	1	100.0	4	7	57.1	8	8.0	23	23.0

STEPHEN SCHEFFLER

Purdue
6-9
Ada, Mich.

Through the 1991 season, held the NCAA career record for highest field-goal percentage.

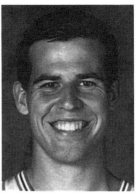

Yr.	Team W-L	G	FG	FGA	FG%	3FG	3FGA	3FG%	FT	FTA	FT%	RBs	Avg.	Pts.	Avg.
87	25-5	16	9	16	56.3	0	0	0.0	6	14	42.9	24	1.5	24	1.5
88	29-4	33	80	113	70.8	0	0	0.0	65	100	65.0	144	4.4	225	6.8
89	15-16	31	146	219	66.7	0	0	0.0	111	143	77.6	187	6.0	403	13.0
90	22-8	30	173	248	69.8	0	0	0.0	157	195	80.5	183	6.1	503	16.8
4 yrs.	91-33	110	408	596	68.5	0	0	0.0	339	452	75.0	538	4.9	1155	10.5

NCAA Tournament

Yr.	W-L	G	FG	FGA	FG%	3FG	3FGA	3FG%	FT	FTA	FT%	RBs	Avg.	Pts.	Avg.
87	1-1	1	1	1	100.0	0	0	0.0	0	0	0.0	1	1.0	2	2.0
88	2-1	3	7	10	70.0	0	0	0.0	9	11	81.8	11	3.7	23	7.7
90	1-1	2	13	28	46.4	0	0	0.0	15	16	93.8	18	9.0	41	20.5
3 yrs.	4-3	6	21	39	53.8	0	0	0.0	24	27	88.9	30	5.0	66	11.0

DAVE SCHELLHASE

Purdue   6-4   Evansville, Ind.

Unanimous first team all-American in 1966 . . . Consensus second team all-American in 1965 . . . First team academic all-American in 1965 and 1966 . . . Led the nation in scoring in 1966.

Yr.	Team W-L	G	FG	FGA	FG%	FT	FTA	FT%	RBs	Avg.	Pts.	Avg.
64	12-12	24	213	441	48.3	163	211	77.3	271	11.3	589	24.5
65	12-12	24	249	559	45.1	206	262	79.0	195	8.1	704	26.3
66	8-16	24	284	611	46.4	213	276	77.1	255	10.6	781	23.5
3 yrs.	32-40	72	746	1611	46.3	582	749	77.7	721	10.0	2074	28.8

Did not play in NCAA tournament.

DON SCHLUNDT

Indiana   6-10   South Bend, Ind.

Consensus first team all-American in 1954...Consensus second team all-American in 1953 and 1955...NCAA all-tournament team in 1953.

Yr.	Team W-L	G	FG	FGA	FG%	FT	FTA	FT%	RBs	Avg.	Pts.	Avg.
52	16-6	22	131	289	45.3	114	171	66.7	158	7.2	376	17.1
53	23-3	26	206	477	43.2	249	310	80.3	220	10.0	661	25.4
54	20-4	24	177	354	50.0	229	296	77.4	267	11.1	583	24.3
55	8-14	22	169	377	44.8	234	299	78.3	215	9.8	572	26.0
4 yrs.	67-27	94	683	1497	45.6	826	1076	76.8	860	9.1	2192	23.3

Yr.	NCAA Tournament W-L	G	FG	FGA	FG%	FT	FTA	FT%	RBs	Avg.	Pts.	Avg.
53	4-0	4	37	81	45.7	49	63	77.8			123	30.8
54	1-1	2	10	25	40.0	19	23	82.6	9	4.5	39	19.5
2 yrs.	5-1	6	47	106	44.3	68	86	79.1			162	27.0

DICK SCHNITTKER

Ohio State   6-5   Sandusky, Ohio

Unanimous first team all-American in 1950.

Yr.	Team W-L	G	FG	FGA	FG%	FT	FTA	FT%	RBs	Avg.	Pts.	Avg.
47	7-13	2	1	1	100.0	0	0	0.0			2	1.0
48	10-10	20	116	281	41.3	90	120	75.0			322	16.1
49	14-7	19	125	275	40.0	86	125	68.8			336	17.7
50	22-4	22	158	390	40.5	153	204	75.0			469	21.3
4 yrs.	53-34	63	400	947	42.2	329	449	73.3			1129	17.9

Yr.	NCAA Tournament W-L	G	FG	FGA	FG%	FT	FTA	FT%	RBs	Avg.	Pts.	Avg.
50	1-1	2	15	29	51.7	13	17	76.5			43	21.5

CHARLIE SCOTT

North Carolina   6-5   New York, N.Y.

Consensus second team all-American in 1969 and 1970... First team academic all-American in 1970... Olympic team member in 1968... Named to the NCAA tournament all-decade team for the 1960s... NCAA all-tournament team in 1969.

Yr.	Team W-L	G	FG	FGA	FG%	FT	FTA	FT%	RBs	Avg.	Pts.	Avg.
68	28-4	32	234	490	49.8	94	141	66.7	191	6.0	562	17.6
69	27-5	32	290	577	50.3	134	191	70.2	226	7.1	714	22.3
70	18-9	27	281	611	46.0	169	215	78.6	232	8.6	731	27.1
3 yrs.	73-18	91	805	1678	48.0	397	547	72.6	649	7.1	2007	22.1

NCAA Tournament

Yr.	W-L	G	FG	FGA	FG%	FT	FTA	FT%	RBs	Avg.	Pts.	Avg.
68	3-1	4	29	61	47.5	6	11	54.5	17	4.3	64	16.0
69	2-2	4	45	85	52.9	15	24	62.5	25	6.3	105	26.3
2 yrs.	5-3	8	74	146	50.7	21	35	60.0	42	5.3	169	21.1

PHIL SELLERS

Rutgers   6-5   Brooklyn, N.Y.

Consensus second team all-American in 1976.

Yr.	Team W-L	G	FG	FGA	FG%	FT	FTA	FT%	RBs	Avg.	Pts.	Avg.
73	15-11	26	197	499	39.5	112	176	63.6	264	10.2	506	19.5
74	18-8	26	227	509	44.6	148	188	78.7	242	9.3	602	23.2
75	22-7	29	254	536	47.4	149	190	78.4	272	9.4	657	22.7
76	31-2	33	243	543	44.8	148	203	72.9	337	10.2	634	19.2
4 yrs.	86-28	114	921	2087	44.1	557	757	73.6	1115	9.8	2399	21.0

NCAA Tournament

Yr.	W-L	G	FG	FGA	FG%	FT	FTA	FT%	RBs	Avg.	Pts.	Avg.
75	0-1	1	12	17	70.6	5	8	62.5	4	4.0	29	29.0
76	3-2	5	26	71	36.6	19	29	65.5	45	9.0	71	14.2
2 yrs.	3-3	6	38	88	43.2	24	37	64.9	49	8.2	100	16.7

FRANK SELVY

Furman 6-3 Corbin, Ky.

Consensus first team all-American in 1954...Consensus second team all-American in 1953...Through the 1991 season, held the NCAA season record for most free throws made and attempted in 1954...Also held the NCAA single-game record for scoring with 100 points against Newberry on February 13, 1954...Set the NCAA single-game record for most field goals made with 41 in that game...Led the nation in scoring in 1953 and 1954.

Yr.	Team W-L	G	FG	FGA	FG%	FT	FTA	FT%	RBs	Avg.	Pts.	Avg.
52	18-6	24	223	556	40.1	145	199	72.9			591	24.6
53	21-6	25	272	646	42.1	194	263	73.3			738	29.5
54	20-9	29	427	941	45.4	355	444	79.4	400	13.8	1209	41.7
3 yrs.	59-21	78	922	2143	43.0	694	906	76.6			2538	32.5

Did not play in NCAA tournament.

BILL SHARMAN

Southern California 6-2 Porterville, Calif.

Consensus first team all-American in 1950...Naismith Memorial Basketball Hall of Fame.

Yr.	Team W-L	G	FG	FGA	FG%	FT	FTA	FT%	RBs	Avg.	Pts.	Avg.
47	10-14	10	16			9	12	75.0			41	4.1
48	14-10	24	100			38	44	86.4			238	9.9
49	14-10	24	142			98	125	78.4			382	15.9
50	16-8	24	171	421	40.6	104	129	80.6			446	18.6
4 yrs.	54-42	82	429			249	310	80.3			1107	13.5

Did not play in NCAA tournament.

RON SHAVLIK

North Carolina State   6-9   Denver, Colo.

Consensus first team all-American in 1956... Consensus second team all-American in 1955...
NCAA Silver Anniversary recipient in 1981.

Yr.	Team W-L	G	FG	FGA	FG%	FT	FTA	FT%	RBs	Avg.	Pts.	Avg.
54	26-7	33	204	536	38.1	115	203	56.7	441	13.4	523	15.8
55	28-4	32	260	646	40.2	187	267	70.0	581	18.2	707	22.1
56	24-4	28	177	429	41.3	156	227	68.7	545	19.5	510	18.2
3 yrs.	78-15	93	641	1611	39.8	458	697	65.7	1567	16.8	1740	18.7

Yr.	NCAA Tournament W-L	G	FG	FGA	FG%	FT	FTA	FT%	RBs	Avg.	Pts.	Avg.
54	2-1	3	19			14	18	77.8			52	17.3
56	0-1	1	10			5	10	50.0			25	25.0
2 yrs.	2-2	4	29			19	28	67.9			77	19.3

JOHN SHUMATE

Notre Dame   6-9   Elizabeth, N.J.

Unanimous first team all-American in 1974.

Yr.	Team W-L	G	FG	FGA	FG%	FT	FTA	FT%	RBs	Avg.	Pts.	Avg.
73	18-12	30	257	434	59.2	117	179	65.4	365	12.2	631	22.0
74	26-3	29	281	448	62.7	141	196	71.9	319	11.0	703	24.2
2 yrs.	44-15	59	538	882	61.0	258	375	68.8	684	11.6	1334	22.6

Yr.	NCAA Tournament W-L	G	FG	FGA	FG%	FT	FTA	FT%	RBs	Avg.	Pts.	Avg.
74	2-1	3	35	50	70.0	16	18	88.9	24	8.0	86	28.7

PAUL SILAS

Creighton   6-7   Oakland, Calif.

First team academic all-American in 1964...NCAA Silver Anniversary recipient in 1978...Led the nation in rebounding in 1963.

Yr.	Team W-L	G	FG	FGA	FG%	FT	FTA	FT%	RBs	Avg.	Pts.	Avg.
62	21-5	25	213	524	40.7	125	215	58.1	563	22.5	551	22.0
63	14-13	27	220	531	41.4	133	228	58.3	557	20.6	573	21.2
64	22-7	29	210	529	39.7	117	194	60.3	631	21.8	537	18.5
3 yrs.	57-25	81	643	1584	40.6	375	637	58.9	1751	21.6	1661	20.5

NCAA Tournament

Yr.	W-L	G	FG	FGA	FG%	FT	FTA	FT%	RBs	Avg.	Pts.	Avg.
62	2-1	3	17	61	27.9	20	30	66.7			54	18.0
64	1-2	3	18	42	42.9	15	24	62.5	57	19.0	51	17.0
2 yrs.	3-3	6	35	103	34.0	35	54	64.8			105	17.5

LIONEL SIMMONS

La Salle
6-7
Philadelphia, Pa.

Named player of the year by AP, UPI, the USBWA and the NABC in 1990...Wooden Award winner in 1990...Naismith Award winner in 1990...Unanimous first team all-American in 1990...Consensus second team all-American in 1989...Through the 1991 season, held the NCAA career record for most consecutive games scoring in double figures with 115.

Yr.	Team W-L	G	FG	FGA	FG%	3FG	3FGA	3FG%	FT	FTA	FT%	RBs	Avg.	Pts.	Avg.
87	20-13	33	263	500	52.6	2	6	33.3	142	186	76.3	322	9.8	670	20.3
88	24-10	34	297	613	48.5	2	8	25.0	196	259	75.7	386	11.4	792	23.3
89	26-6	32	349	716	48.7	21	56	37.5	189	266	71.1	365	11.4	908	28.4
90	30-2	32	335	653	51.3	31	65	47.7	146	221	66.1	356	11.1	847	26.5
4 yrs.	100-31	131	1244	2482	50.1	56	135	41.5	673	932	72.2	1429	10.9	3217	24.6

NCAA Tournament

Yr.	W-L	G	FG	FGA	FG%	3FG	3FGA	3FG%	FT	FTA	FT%	RBs	Avg.	Pts.	Avg.
88	0-1	1	7	14	50.0	0	0	0.0	6	12	50.0	10	10.0	20	20.0
89	0-1	1	12	28	42.9	0	2	0.0	2	5	40.0	16	16.0	26	26.0
90	1-1	2	25	47	53.2	4	11	36.4	6	8	75.0	22	11.0	60	30.0
3 yrs.	1-3	4	44	89	49.4	4	13	30.8	14	25	56.0	48	12.0	106	26.5

CHARLIE SLACK
Marshall   6-5   Pomeroy, Ohio

Through the 1991 season, held the NCAA season record for most rebounds per game in 1955... Led the nation in rebounding in 1955.

Yr.	Team W-L	G	FG	FGA	FG%	FT	FTA	FT%	RBs	Avg.	Pts.	Avg.
53	20-4	24	128	308	41.6	97	134	72.4	392	16.3	353	14.7
54	12-9	21	111	291	38.1	72	96	75.0	466	22.1	294	14.0
55	17-4	21	156	322	47.5	101	141	71.6	538	25.6	413	19.3
56	18-5	22	193	448	43.0	111	143	77.6	520	23.6	497	22.5
4 yrs.	67-22	88	588	1369	43.0	381	514	74.1	1916	21.8	1557	17.7

Did not participate in the 1956 tournament in which team was 0-1.

DOUG SMITH
Missouri   6-10   Detroit, Mich.

Yr.	Team W-L	G	FG	FGA	FG%	3FG	3FGA	3FG%	FT	FTA	FT%	RBs	Avg.	Pts.	Avg.
88	19-11	30	145	288	50.4	0	0	0.0	48	75	64.0	197	6.6	338	11.3
89	29-8	36	217	455	47.7	1	4	25.0	67	91	73.6	250	7.0	502	13.9
90	26-6	32	260	462	56.3	0	1	0.0	115	161	71.4	295	9.2	635	19.8
91	20-10	30	275	553	49.7	3	18	16.7	156	190	82.1	311	10.4	709	23.6
4 yrs.	94-35	128	897	1758	51.0	4	23	17.4	386	517	74.7	1053	8.2	2184	17.1

NCAA Tournament

Yr.	W-L	G	FG	FGA	FG%	3FG	3FGA	3FG%	FT	FTA	FT%	RBs	Avg.	Pts.	Avg.
88	0-1	1	3	3	100.0	0	0	0.0	0	0	0.0	3	3.0	6	6.0
89	2-1	3	26	46	56.5	1	2	50.0	13	16	81.3	26	8.7	66	22.0
90	0-1	1	9	17	52.9	0	0	0.0	2	4	50.0	12	12.0	20	20.0
3 yrs.	2-3	5	38	66	57.6	1	2	50.0	15	20	75.0	41	8.2	92	18.4

KENNY SMITH

North Carolina
6-3
Queens, N.Y.

Unanimous first team all-American in 1987.

	Team W-L	G	FG	FGA	FG%	3FG	3FGA	3FG%	FT	FTA	FT%	RBs	Avg.	Pts.	Avg.
84	28-3	23	83	160	51.9				44	55	80.0	40	1.7	210	9.1
85	27-9	36	173	334	51.8				98	114	86.0	92	2.6	444	12.3
86	28-6	34	164	318	51.6				80	99	80.8	75	2.2	408	12.0
87	32-4	34	208	414	50.2	87	213	40.8	71	88	80.7	76	2.2	574	16.9
4 yrs.	115-22	127	628	1226	51.2	87	213	40.8	293	356	82.3	283	2.2	1636	12.9

NCAA Tournament

Yr.	W-L	G	FG	FGA	FG%	3FG	3FGA	3FG%	FT	FTA	FT%	RBs	Avg.	Pts.	Avg.
84	1-1	2	6	16	37.5				7	9	77.8	4	2.0	19	9.5
85	3-1	4	18	36	50.0				8	11	72.7	12	3.0	44	11.0
86	2-1	3	18	34	52.9				9	11	81.8	8	2.7	45	15.0
87	3-1	4	22	47	46.8	12	30	40.0	10	11	90.9	8	2.0	66	16.5
4 yrs.	9-4	13	64	133	48.1	12	30	40.0	34	42	81.0	32	2.5	174	13.4

MICHAEL SMITH

Brigham Young   6-10   Hacienda Heights, Calif.

Consensus second team all-American in 1988...First team academic all-American in 1987, 1988 and 1989...NCAA Postgraduate Scholarship winner in 1989...Led the nation in free-throw percentage in 1989.

	Team W-L	G	FG	FGA	FG%	3FG	3FGA	3FG%	FT	FTA	FT%	RBs	Avg.	Pts.	Avg.
84	20-11	29	99	218	45.4				34	45	75.5	153	5.3	232	8.0
87	21-11	32	253	497	50.9	34	70	48.6	103	114	90.4	273	8.5	643	20.1
88	26-6	32	248	489	50.7	49	113	43.4	134	159	84.3	248	7.8	679	21.2
89	14-15	29	286	545	52.5	33	87	37.9	160	173	92.5	248	8.6	765	26.4
4 yrs.	81-43	122	886	1749	50.7	116	270	43.0	431	491	87.8	922	7.6	2319	19.0

Note: Served on LDS mission to Argentina in 1985-86.

NCAA Tournament

Yr.	W-L	G	FG	FGA	FG%	3FG	3FGA	3FG%	FT	FTA	FT%	RBs	Avg.	Pts.	Avg.
84	1-1	2	6	7	85.7				2	3	66.7	6	3.0	14	7.0
87	0-1	1	9	25	36.0	0	3	0.0	5	5	100.0	15	15.0	23	23.0
88	1-1	2	19	37	51.4	5	11	45.5	7	8	87.5	24	12.0	50	25.0
3 yrs.	2-3	5	34	69	49.3	5	14	35.7	14	16	87.5	45	9.0	87	17.4

BILL SPIVEY

Kentucky
7-0
Warner Robins, Ga.

Unanimous first team all-American in 1951.

Yr.	Team W-L	G	FG	FGA	FG%	FT	FTA	FT%	RBs	Avg.	Pts.	Avg.
50	25-5	30	225	619	36.3	128	176	72.7			578	19.3
51	32-2	33	252	632	39.9	131	211	62.0	567	17.2	635	19.2
2 yrs.	57-7	63	477	1251	38.1	259	387	66.9			1213	19.3

NCAA Tournament

Yr.	W-L	G	FG	FGA	FG%	FT	FTA	FT%	RBs	Avg.	Pts.	Avg.
51	4-0	4	27	68	39.7	18	25	72.0	55	13.8	72	18.0

DAVE STALLWORTH

Wichita State   6-7   Dallas, Texas

Unanimous first team all-American in 1964...Consensus second team all-American in 1965.

Yr.	Team W-L	G	FG	FGA	FG%	FT	FTA	FT%	RBs	Avg.	Pts.	Avg.
62	18-8	7	56	127	44.1	28	35	80.0	64	9.1	140	20.0
63	19-8	27	222	421	52.7	165	199	82.9	275	10.2	609	22.6
64	23-6	29	283	518	54.6	203	279	72.8	294	10.1	769	26.5
65	21-9	16	153	275	55.7	94	139	67.6	194	12.1	400	25.0
4 yrs.	81-31	79	714	1341	53.2	490	652	75.2	827	10.5	1918	24.3

NCAA Tournament

Yr.	W-L	G	FG	FGA	FG%	FT	FTA	FT%	RBs	Avg.	Pts.	Avg.
64	1-1	2	21	39	53.8	17	21	81.0	39	19.5	59	29.5

Did not participate in the 1965 tournament in which team was 2-2.

GREG STARRICK

Southern Illinois   6-0   Marion, Ill.

Through the 1991 season, held the NCAA career record for highest free-throw percentage...Led the nation in free-throw percentage in 1971 and 1972.

Yr.	Team W-L	G	FG	FGA	FG%	FT	FTA	FT%	RBs	Avg.	Pts.	Avg.
69	23-5	7	11	25	44.0	13	14	92.9	9	1.3	35	5.0
70	13-10	16	117	236	49.5	61	69	88.4	48	3.0	295	18.4
71	13-10	23	198	470	42.1	119	132	90.2	57	2.5	515	22.4
72	10-16	26	235	504	46.7	148	160	92.5	75	2.9	618	23.8
4 yrs.	59-41	72	561	1235	45.4	341	375	90.9	189	2.6	1463	20.3

Note: Played at Kentucky in 1969.
Did not play in NCAA tournament.

TOM STITH

St. Bonaventure   6-5   Brooklyn, N.Y.

Unanimous first team all-American in 1961...Consensus first team all-American in 1960.

Yr.	Team W-L	G	FG	FGA	FG%	FT	FTA	FT%	RBs	Avg.	Pts.	Avg.
59	20-3	22	162	295	54.9	79	129	61.2	224	10.2	403	18.3
60	21-5	26	318	614	51.8	183	261	70.1	296	11.4	819	31.5
61	24-4	28	327	622	52.6	176	265	66.4	191	6.8	830	29.6
3 yrs.	65-12	76	807	1531	52.7	438	655	66.9	711	9.4	2052	27.0

NCAA Tournament

Yr.	W-L	G	FG	FGA	FG%	FT	FTA	FT%	RBs	Avg.	Pts.	Avg.
61	2-1	3	29			29	36	80.6			87	29.0

TOM THACKER

Cincinnati   6-2   Covington, Ky.

Consensus first team all-American in 1963...NCAA all-tournament team in 1962 and 1963.

Yr.	Team W-L	G	FG	FGA	FG%	FT	FTA	FT%	RBs	Avg.	Pts.	Avg.
61	27-3	30	139	531	39.6	91	133	68.4	284	9.5	369	12.3
62	29-2	31	134	331	40.5	74	121	61.2	266	8.6	342	11.0
63	26-2	28	169	357	47.3	103	155	66.5	281	10.0	441	15.8
3 yrs.	82-7	89	442	1219	36.3	268	409	65.5	831	9.3	1152	12.9

NCAA Tournament

Yr.	W-L	G	FG	FGA	FG%	FT	FTA	FT%	RBs	Avg.	Pts.	Avg.
61	4-0	4	16	49	32.7	12	22	54.5	39	9.8	44	11.0
62	4-0	4	15	37	40.5	11	15	73.3	27	6.8	41	10.3
63	3-1	4	22	44	50.0	15	24	62.5	46	11.5	59	14.8
3 yrs.	11-1	12	53	130	40.8	38	61	62.3	112	9.3	144	12.0

ISIAH THOMAS

Indiana   6-1   Chicago, Ill.

Unanimous first team all-American in 1981...Olympic team member in 1980...Named to the NCAA tournament all-decade team for the 1980s...NCAA tournament MVP in 1981.

Team

Yr.	W-L	G	FG	FGA	FG%	FT	FTA	FT%	RBs	Avg.	Pts.	Avg.
80	21-8	29	154	302	51.0	115	149	76.8	116	4.0	423	14.6
81	26-9	34	212	383	55.4	121	163	74.2	105	3.1	545	16.0
2 yrs.	47-17	63	366	685	53.4	236	312	75.6	221	3.5	968	15.4

NCAA Tournament

Yr.	W-L	G	FG	FGA	FG%	FT	FTA	FT%	RBs	Avg.	Pts.	Avg.
80	1-1	2	20	34	58.8	7	8	87.5	4	2.0	47	23.5
81	5-0	5	33	56	58.9	25	31	80.6	13	2.6	91	18.2
2 yrs.	6-1	7	53	90	58.9	32	39	82.1	17	2.4	138	19.7

DAVID THOMPSON

North Carolina State   6-4   Shelby, N.C.

Named player of the year by UPI, the USBWA and the NABC in 1975, and by AP in 1974 and 1975...Naismith Award winner in 1975...Unanimous first team all-American in 1973, 1974 and 1975...Named to the NCAA tournament all-decade team for the 1970s...NCAA tournament MVP in 1974.

Team

Yr.	W-L	G	FG	FGA	FG%	FT	FTA	FT%	RBs	Avg.	Pts.	Avg.
73	27-0	27	267	469	56.9	132	160	82.5	220	8.1	666	24.7
74	30-1	31	325	594	54.7	155	208	74.5	245	7.9	805	26.0
75	22-6	28	347	635	54.6	144	197	73.1	229	8.2	838	29.9
3 yrs.	79-7	86	939	1698	55.3	431	565	76.3	694	8.1	2309	26.8

NCAA Tournament

Yr.	W-L	G	FG	FGA	FG%	FT	FTA	FT%	RBs	Avg.	Pts.	Avg.
74	4-0	4	38	70	54.3	21	27	77.8	29	7.3	97	24.3

ISIAH THOMAS

MYCHAL THOMPSON

Minnesota   6-10   Nassau, Bahamas

Consensus first team all-American in 1978...Consensus second team all-American in 1977.

Yr.	Team W-L	G	FG	FGA	FG%	FT	FTA	FT%	RBs	Avg.	Pts.	Avg.
75	18-8	23	114	215	53.0	59	78	75.6	176	7.7	287	12.5
76	16-10	25	264	461	57.3	119	171	69.6	312	12.5	647	25.9
77	+0-27	27	251	414	60.6	93	132	70.5	240	8.9	595	22.0
78	17-10	21	194	362	53.6	75	119	63.0	228	10.9	463	22.1
4 yrs.	51-55	96	823	1452	56.7	346	500	69.2	956	10.0	1992	20.8

+All games forfeited, on-court record was 24-3.
Did not play in NCAA tournament.

ROD THORN

West Virginia   6-4   Princeton, W. Va.

Consensus second team all-American in 1962 and 1963.

Yr.	Team W-L	G	FG	FGA	FG%	FT	FTA	FT%	RBs	Avg.	Pts.	Avg.
61	23-4	24	192	416	46.2	61	106	57.5	299	12.5	445	18.5
62	24-6	29	259	586	44.2	170	241	70.5	351	12.1	688	23.7
63	23-8	29	241	557	43.3	170	221	76.9	262	9.0	652	22.5
3 yrs.	70-18	82	692	1559	44.4	401	568	70.6	912	11.1	1785	21.8

NCAA Tournament

Yr.	W-L	G	FG	FGA	FG%	FT	FTA	FT%	RBs	Avg.	Pts.	Avg.
62	0-1	1	11	21	52.4	1	3	33.3	13	13.0	23	23.0
63	2-1	3	37	69	53.6	20	25	80.0	22	7.3	94	31.3
2 yrs.	2-2	4	48	90	53.3	21	28	75.0	35	8.8	117	29.3

NATE THURMOND

Bowling Green   6-11   Akron, Ohio

Consensus second team all-American in 1963...Naismith Memorial Basketball Hall of Fame
...Through the 1991 NCAA tournament, held the tournament series record for highest
rebound average in 1963.

Team

Yr.	W-L	G	FG	FGA	FG%	FT	FTA	FT%	RBs	Avg.	Pts.	Avg.
61	10-14	24	170	427	39.8	87	129	67.4	449	18.7	427	17.8
62	21-4	25	163	358	45.5	67	113	59.3	394	15.8	393	15.7
63	19-8	27	206	466	44.2	124	197	63.0	452	16.7	536	19.9
3 yrs.	50-26	76	539	1251	43.1	278	439	63.3	1295	17.0	1356	17.8

NCAA Tournament

Yr.	W-L	G	FG	FGA	FG%	FT	FTA	FT%	RBs	Avg.	Pts.	Avg.
62	0-1	1	10	18	55.6	1	3	33.3	14	14.0	21	21.0
63	1-2	3	17	57	29.8	15	22	68.2	70	23.3	49	16.3
2 yrs.	1-3	4	27	75	36.0	16	25	64.0	84	21.0	70	17.5

WAYMAN TISDALE

Oklahoma
6-9
Tulsa, Okla.

Unanimous first team all-American in 1984 and 1985...
Consensus first team all-American in 1983...Olympic
team member in 1984.

Team

Yr.	W-L	G	FG	FGA	FG%	FT	FTA	FT%	RBs	Avg.	Pts.	Avg.
83	24-9	33	338	583	58.0	134	211	63.5	341	10.3	810	24.5
84	29-5	34	369	639	57.7	181	283	64.0	329	9.7	919	27.0
85	31-6	37	370	640	57.8	192	273	70.3	378	10.2	932	25.2
3 yrs.	84-20	104	1077	1862	57.8	507	767	66.1	1048	10.1	2661	25.6

NCAA Tournament

Yr.	W-L	G	FG	FGA	FG%	FT	FTA	FT%	RBs	Avg.	Pts.	Avg.
83	1-1	2	13	25	52.0	5	7	71.4	13	6.5	31	15.5
84	0-1	1	12	25	48.0	12	12	100.0	11	11.0	36	36.0
85	3-1	4	41	59	69.5	9	16	56.3	43	10.8	91	22.8
3 yrs.	4-3	7	66	109	60.6	26	35	74.3	67	9.6	158	22.6

ANDREW TONEY

Southwestern Louisiana   6-3   Birmingham, Ala.

Yr.	Team W-L	G	FG	FGA	FG%	FT	FTA	FT%	RBs	Avg.	Pts.	Avg.
77	21-8	29	253	489	51.7	102	133	76.7	89	3.1	608	21.0
78	19-8	27	262	468	56.0	137	179	76.5	71	2.6	661	24.5
79	16-11	27	242	500	48.4	146	193	75.6	90	3.3	630	23.3
80	21-9	24	239	425	56.2	149	185	80.5	90	3.8	627	26.1
4 yrs.	77-36	107	996	1882	52.9	534	690	77.4	340	3.2	2526	23.6

Did not play in NCAA tournament.

KELLY TRIPUCKA

Notre Dame   6-7   Essex Fells, N.J.

Consensus second team all-American in 1979 and 1981 ... First team academic all-American in 1979.

Yr.	Team W-L	G	FG	FGA	FG%	FT	FTA	FT%	RBs	Avg.	Pts.	Avg.
78	23-8	31	141	247	57.1	80	108	74.1	161	5.2	362	11.7
79	24-6	29	143	277	51.6	129	151	85.4	125	4.3	415	14.3
80	22-6	23	150	270	55.6	115	151	76.2	151	6.6	415	18.0
81	23-6	29	195	354	55.1	137	168	81.5	169	5.8	527	18.2
4 yrs.	92-26	112	629	1148	54.8	461	578	79.8	606	5.4	1719	15.3

NCAA Tournament												
Yr.	W-L	G	FG	FGA	FG%	FT	FTA	FT%	RBs	Avg.	Pts.	Avg.
78	3-2	5	29	65	44.6	16	21	76.2	33	6.6	74	14.8
79	2-1	3	18	30	60.0	17	18	94.4	11	3.7	53	17.7
80	0-1	1	9	20	45.0	4	6	66.7	5	5.0	22	22.0
81	1-1	2	10	23	43.5	7	11	63.6	4	2.0	27	13.5
4 yrs.	6-5	11	66	138	47.8	44	56	78.6	53	4.8	176	16.0

GLENN TROPF

Holy Cross
6-7
Holt, Mich.

Through the 1991 season, held the NCAA season record for highest three-point field-goal percentage in 1988...Led the nation in three-point field-goal percentage in 1988.

Yr.	Team W-L	G	FG	FGA	FG%	3FG	3FGA	3FG%	FT	FTA	FT%	RBs	Avg.	Pts.	Avg.
86	12-18	30	76	141	53.9				74	96	77.0	145	4.8	226	7.5
87	9-19	28	129	251	51.3	2	20	10.0	74	98	75.5	201	7.1	334	11.9
88	14-15	29	149	270	55.1	52	82	63.4	72	100	72.0	203	7.0	422	14.5
89	13-15	10	41	88	46.5	13	29	44.8	27	35	77.1	50	5.0	122	12.2
4 yrs.	48-67	97	395	750	52.7	67	131	51.1	247	329	75.1	599	6.2	1104	11.4

Did not play in NCAA tournament.

JACK TWYMAN

Cincinnati   6-6   Pittsburgh, Pa.

Naismith Memorial Basketball Hall of Fame...NCAA Silver Anniversary recipient in 1980.

Yr.	Team W-L	G	FG	FGA	FG%	FT	FTA	FT%	RBs	Avg.	Pts.	Avg.
52	11-16	16	27	83	32.5	13	27	48.1	55	3.4	67	4.2
53	11-13	24	136	323	42.1	89	143	62.2	362	15.1	361	15.0
54	11-10	21	174	443	39.3	110	145	75.9	347	16.5	458	21.8
55	21-8	29	285	628	45.4	142	192	74.0	478	16.5	712	24.6
3 yrs.	54-47	90	622	1477	42.1	354	507	69.8	1242	13.8	1598	17.8

Did not play in NCAA tournament.

CHARLIE TYRA

Louisville   6-8   Louisville, Ky.

Consensus first team all-American in 1957...Played on the NIT title team in 1956.

Yr.	Team W-L	G	FG	FGA	FG%	FT	FTA	FT%	RBs	Avg.	Pts.	Avg.
54	22-7	13	36	82	43.9	13	38	34.2	84	6.5	85	6.5
55	19-8	27	149	379	39.3	100	158	63.3	368	13.6	398	14.7
56	26-3	29	262	592	44.3	166	256	64.8	645	22.2	690	23.8
57	21-5	26	193	452	42.7	169	234	72.2	520	20.0	555	21.3
4 yrs.	88-23	95	640	1505	42.5	448	686	65.3	1617	17.0	1728	18.2

Did not play in NCAA tournament.

PAUL UNRUH

Bradley   6-4   Toulon, Ill.

Unanimous first team all-American in 1950.

Yr.	Team W-L	G	FG	FGA	FG%	FT	FTA	FT%	RBs	Avg.	Pts.	Avg.
47	25-7	32	156	465	33.5	71	115	61.7			383	12.0
48	28-3	29	176	461	38.2	103	157	65.6			455	15.7
49	27-8	35	202	522	38.7	105	156	67.3			509	14.5
50	32-5	37									475	12.8
4 yrs.	112-23	133									1822	13.7

NCAA Tournament

Yr.	W-L	G	FG	FGA	FG%	FT	FTA	FT%	RBs	Avg.	Pts.	Avg.
50	2-1	3	11	34	32.4	6	8	75.0			28	9.3

WES UNSELD

Louisville   6-8   Louisville, Ky.

Unanimous first team all-American in 1967 and 1968...Naismith Memorial Basketball Hall of Fame.

Yr.	Team W-L	G	FG	FGA	FG%	FT	FTA	FT%	RBs	Avg.	Pts.	Avg.
66	16-10	26	195	374	52.1	128	202	63.4	505	19.4	518	19.9
67	23-5	28	201	374	53.7	121	177	68.4	533	19.0	523	18.7
68	21-7	28	234	382	61.3	177	275	64.4	513	18.3	645	23.0
3 yrs.	60-22	82	630	1130	55.8	426	654	65.1	1551	18.9	1686	20.6

NCAA Tournament

Yr.	W-L	G	FG	FGA	FG%	FT	FTA	FT%	RBs	Avg.	Pts.	Avg.
67	0-2	2	14	28	50.0	6	8	75.0	29	14.5	34	17.0
68	1-1	2	18	30	60.0	12	19	63.2	41	20.5	48	24.0
2 yrs.	1-3	4	32	58	55.2	18	27	66.7	70	17.5	82	20.5

DARNELL VALENTINE
Kansas
6-2
Wichita, Kan.

First team academic all-American in 1979, 1980 and 1981...
Olympic team member in 1980.

Yr.	Team W-L	G	FG	FGA	FG%	FT	FTA	FT%	RBs	Avg.	Pts.	Avg.
78	24-5	29	143	297	48.1	106	143	74.1	82	2.8	392	13.5
79	18-11	29	166	375	44.3	136	200	68.0	133	4.6	468	16.1
80	15-14	28	155	322	48.1	153	197	77.7	89	3.2	463	16.5
81	24-8	32	176	350	50.3	146	214	68.2	118	3.7	498	15.6
4 yrs.	81-38	118	640	1344	47.6	541	754	71.8	422	3.6	1821	15.4

NCAA Tournament

Yr.	W-L	G	FG	FGA	FG%	FT	FTA	FT%	RBs	Avg.	Pts.	Avg.
78	0-1	1	5	14	35.7	1	2	50.0	3	3.0	11	11.0
81	2-1	3	16	30	53.3	20	28	71.4	7	2.3	52	17.3
2 yrs.	2-2	4	21	44	47.7	21	30	70.0	10	2.5	63	15.8

BOB VERGA
Duke　6-0　Sea Girt, N.J.

Consensus first team all-American in 1967...Consensus second team all-American in 1966.

Yr.	Team W-L	G	FG	FGA	FG%	FT	FTA	FT%	RBs	Avg.	Pts.	Avg.
65	20-5	25	229	431	53.1	76	116	65.5	84	3.4	534	21.4
66	26-4	28	216	441	49.0	87	119	73.1	113	4.0	519	18.5
67	18-9	27	283	614	46.1	139	179	77.7	102	3.8	705	26.1
3 yrs.	64-18	80	728	1486	48.9	302	414	72.9	299	3.7	1758	22.0

NCAA Tournament

Yr.	W-L	G	FG	FGA	FG%	FT	FTA	FT%	RBs	Avg.	Pts.	Avg.
66	3-1	4	27	50	54.0	8	10	80.0	11	2.8	62	15.5

MARK WADE

Nevada-Las Vegas
6-0
San Pedro, Calif.

Through the 1991 season, held the NCAA season record for
most assists with 406 in 1987...Through the 1991 NCAA
tournament, held the tournament series record for most
assists with 61 in 1987...Also held the tournament game
record for most assists with 18 against Indiana in 1987,
which was also the Final Four game record.

Yr.	Team W-L	G	FG	FGA	FG%	3FG	3FGA	3FG%	FT	FTA	FT%	RBs	Avg.	Pts.	Avg.
84	29-5	3	0	1	0.0				2	3	66.7	3	3.0	2	2.0
86	33-5	38	32	67	47.7				50	73	68.5	81	2.1	106	2.8
87	37-2	38	60	142	42.3	22	60	36.7	38	49	77.6	103	2.7	180	4.7
3 yrs.	99-12	79	92	210	43.8	22	60	36.7	90	125	72.0	187	2.4	288	3.6

Note: Played at Oklahoma in 1984.

NCAA Tournament

Yr.	W-L	G	FG	FGA	FG%	3FG	3FGA	3FG%	FT	FTA	FT%	RBs	Avg.	Pts.	Avg.
86	2-1	3	2	6	33.3				1	4	25.0	6	2.0	5	1.7
87	4-1	5	5	16	31.3	2	10	20.0	1	4	25.0	23	4.6	13	2.6
2 yrs.	6-2	8	7	22	31.8	2	10	20.0	2	8	25.0	29	3.6	18	2.3

CHET WALKER

Bradley   6-6   Benton Harbor, Mich.

Unanimous first team all-American in 1962...Consensus first team all-American in 1961...
Played on the NIT title team in 1960.

Yr.	Team W-L	G	FG	FGA	FG%	FT	FTA	FT%	RBs	Avg.	Pts.	Avg.
60	27-2	29	244	436	56.0	144	234	61.5	388	13.4	632	21.8
61	21-5	26	238	423	56.3	180	250	72.0	327	12.6	656	25.2
62	21-7	26	268	500	53.6	151	236	64.0	321	12.3	687	26.4
3 yrs.	69-14	81	750	1359	55.2	475	720	66.0	1036	12.8	1975	24.4

Did not play in NCAA tournament.

JIM WALKER

Providence   6-3   Boston, Mass.

Unanimous first team all-American in 1967 . . . Consensus first team all-American in 1966 . . . Led the nation in scoring in 1967.

Yr.	Team W-L	G	FG	FGA	FG%	FT	FTA	FT%	RBs	Avg.	Pts.	Avg.
65	24-2	26	211	444	47.5	110	143	76.9	158	6.1	532	20.5
66	22-5	27	248	488	50.8	166	215	77.2	182	6.7	662	24.5
67	21-7	28	323	659	49.0	205	256	80.1	169	6.0	851	30.4
3 yrs.	67-14	81	782	1591	49.2	481	614	78.3	509	6.3	2045	25.2

NCAA Tournament

Yr.	W-L	G	FG	FGA	FG%	FT	FTA	FT%	RBs	Avg.	Pts.	Avg.
65	2-1	3	20	48	41.7	21	25	84.0	10	3.3	61	20.3
66	0-1	1	8	16	50.0	3	6	50.0	6	6.0	19	19.0
2 yrs.	2-2	4	28	64	43.8	24	31	77.4	16	4.0	80	20.0

KENNY WALKER

Kentucky
6-8
Roberta, Ga.

Unanimous first team all-American in 1986 . . . Consensus second team all-American in 1985 . . . Through the 1991 NCAA tournament, held the tournament game record for highest field-goal percentage with 11 of 11 shooting against Western Kentucky in 1986.

Yr.	Team W-L	G	FG	FGA	FG%	FT	FTA	FT%	RBs	Avg.	Pts.	Avg.
83	23-8	31	88	144	61.1	51	77	66.2	151	4.9	227	7.3
84	29-5	34	171	308	55.5	80	109	73.4	200	5.9	422	12.4
85	18-13	31	246	440	55.9	218	284	76.8	315	10.2	710	23.0
86	32-4	36	260	447	58.2	201	263	76.4	276	7.7	721	20.0
4 yrs.	102-30	132	765	1339	57.1	550	733	75.0	942	7.1	2080	15.8

NCAA Tournament

Yr.	W-L	G	FG	FGA	FG%	FT	FTA	FT%	RBs	Avg.	Pts.	Avg.
83	2-1	3	8	14	57.1	3	4	75.0	6	2.0	19	6.3
84	3-1	4	12	26	46.2	13	14	92.9	19	4.8	37	9.3
85	2-1	3	28	43	65.1	19	23	82.6	24	8.0	75	25.0
86	3-1	4	35	50	70.0	24	32	75.0	32	8.0	94	23.5
4 yrs.	10-4	14	83	133	62.4	59	73	80.8	81	5.8	225	16.1

GRADY WALLACE

South Carolina   6-5   Mare Creek, Ky.

Consensus second team all-American in 1957...Led the nation in scoring in 1957.

Yr.	Team W-L	G	FG	FGA	FG%	FT	FTA	FT%	RBs	Avg.	Pts.	Avg.
56	9-14	23	217	484	44.8	116	153	75.8	250	10.9	550	23.9
57	17-12	29	336	803	41.8	234	303	77.2	419	14.4	906	31.3
2 yrs.	26-26	52	553	1287	43.0	350	456	76.8	669	12.9	1456	28.0

Did not play in NCAA tournament.

BILL WALTON

UCLA
6-11
La Mesa, Calif.

Named player of the year by UPI and the USBWA in 1972, 1973 and 1974, and by AP in 1972 and 1973...Naismith Award winner in 1972, 1973 and 1974...Unanimous first team all-American in 1972, 1973 and 1974...First team academic all-American in 1972, 1973 and 1974...Named to the NCAA tournament all-decade team for the 1970s... NCAA tournament MVP in 1972 and 1973...NCAA all-tournament team in 1974...Through the 1991 NCAA tournament, held the tournament career record for highest field-goal percentage...Through the 1991 NCAA tournament, held the Final Four game record for highest field-goal percentage with 95.5 percent (21 of 22) against Memphis State in 1973.

Yr.	Team W-L	G	FG	FGA	FG%	FT	FTA	FT%	RBs	Avg.	Pts.	Avg.
72	30-0	30	238	372	64.0	157	223	70.4	466	15.5	633	21.1
73	30-0	30	277	426	65.0	58	102	56.9	506	16.9	612	20.4
74	26-4	27	232	349	66.5	58	100	58.0	398	14.7	522	19.3
3 yrs.	86-4	87	747	1147	65.1	273	425	64.2	1370	15.7	1767	20.3

Yr.	NCAA Tournament W-L	G	FG	FGA	FG%	FT	FTA	FT%	RBs	Avg.	Pts.	Avg.
72	4-0	4	28	41	68.3	24	35	68.6	64	16.0	80	20.0
73	4-0	4	45	59	76.3	5	9	55.6	58	14.5	95	23.8
74	3-1	4	36	59	61.0	7	14	50.0	54	13.5	79	19.8
3 yrs.	11-1	12	109	159	68.6	36	58	62.1	176	14.7	254	21.2

KERMIT WASHINGTON

American
6-8
Washington, D.C.

Consensus second team all-American in 1973...First team academic all-American in 1972 and 1973...NCAA Postgraduate Scholarship winner in 1973...Through the 1991 season, held the season record for rebound average in 1973 for seasons beginning with 1973...Led the nation in rebounding in 1972 and 1973.

Yr.	Team W-L	G	FG	FGA	FG%	FT	FTA	FT%	RBs	Avg.	Pts.	Avg.
71	13-12	25	173	370	46.8	119	183	65.0	512	20.5	465	18.6
72	16-8	23	193	355	54.9	96	144	66.7	455	19.8	482	21.0
73	21-5	25	211	426	49.5	98	132	74.2	511	20.4	520	20.8
3 yrs.	50-25	73	577	1151	50.1	313	459	68.2	1478	20.2	1467	20.1

Did not play in NCAA tournament.

RICH WASHINGTON

UCLA   6-10   Portland, Ore.

Consensus first team all-American in 1976...NCAA tournament MVP in 1975.

Yr.	Team W-L	G	FG	FGA	FG%	FT	FTA	FT%	RBs	Avg.	Pts.	Avg.
74	26-4	24	41	80	51.3	17	34	50.0	66	2.8	99	4.1
75	28-3	31	204	354	57.6	84	116	72.4	242	7.8	492	15.9
76	27-5	32	276	538	51.3	92	125	73.6	274	8.6	644	20.1
3 yrs.	81-12	87	521	972	53.6	193	275	70.2	582	6.7	1235	14.2

NCAA Tournament

Yr.	W-L	G	FG	FGA	FG%	FT	FTA	FT%	RBs	Avg.	Pts.	Avg.
74	3-1	3	6	9	66.7	0	2	0.0	7	2.3	12	4.0
75	5-0	5	49	86	57.0	10	14	71.4	60	12.0	108	21.6
76	4-1	5	39	80	48.8	11	16	68.8	32	6.4	89	17.8
3 yrs.	12-2	13	94	175	53.7	21	32	65.6	99	7.6	209	16.1

NICK WERKMAN
Seton Hall   6-3   Trenton, N.J.

Led the nation in scoring in 1963.

Yr.	Team W-L	G	FG	FGA	FG%	FT	FTA	FT%	RBs	Avg.	Pts.	Avg.
62	15-9	24	271	563	48.1	251	347	72.3	413	17.2	793	33.0
63	16-7	22	221	502	44.0	208	325	64.0	278	12.6	650	29.5
64	13-12	25	320	734	43.6	190	308	61.7	345	13.8	830	33.2
3 yrs.	44-28	71	812	1799	45.1	649	980	66.2	1036	14.6	2273	32.0

Did not play in NCAA tournament.

FRED WEST
Texas Southern   6-9   Tyler, Texas

Yr.	Team W-L	G	FG	FGA	FG%	3FG	3FGA	3FG%	FT	FTA	FT%	RBs	Avg.	Pts.	Avg.
87	11-11	29	163	387	42.1	18	56	32.1	52	77	67.5	287	9.9	396	13.6
88	21-8	29	231	487	47.4	17	41	41.4	97	134	72.3	322	11.1	576	19.8
89	17-13	30	219	452	48.4	4	21	19.0	111	147	75.5	276	9.2	553	18.4
90	19-12	30	218	444	49.1	19	57	33.3	86	112	76.8	251	8.4	541	18.0
4 yrs.	68-44	118	831	1770	46.9	58	175	33.1	346	470	73.6	1136	9.6	2066	17.5

NCAA Tournament

Yr.	W-L	G	FG	FGA	FG%	3FG	3FGA	3FG%	FT	FTA	FT%	RBs	Avg.	Pts.	Avg.
90	0-1	1	7	23	30.4	2	12	16.7	1	3	33.3	7	7.0	17	17.0

JERRY WEST

West Virginia
6-3
Cabin Creek, W. Va.

Unanimous first team all-American in 1959 and 1960... Naismith Memorial Basketball Hall of Fame...Olympic team member in 1960...Named to the NCAA tournament all-decade team for the 1950s...NCAA tournament MVP in 1959...Through the 1991 NCAA tournament, held the tournament series record for most free throws attempted in 1959...Through the 1991 NCAA tournament, was tied for the Final Four game record for most free throws attempted with 20 against Louisville in 1959.

Yr.	Team W-L	G	FG	FGA	FG%	FT	FTA	FT%	RBs	Avg.	Pts.	Avg.
58	26-2	28	178	359	49.6	142	194	73.2	311	11.1	498	17.8
59	29-5	34	340	656	51.8	223	320	69.7	419	12.3	903	26.6
60	26-5	31	325	645	50.4	258	337	76.6	510	16.5	908	29.3
3 yrs.	81-12	93	843	1660	50.8	623	851	73.2	1240	13.3	2309	24.8

NCAA Tournament

Yr.	W-L	G	FG	FGA	FG%	FT	FTA	FT%	RBs	Avg.	Pts.	Avg.
58	0-1	1	5	12	41.7	0	1	0.0	4	4.0	10	10.0
59	4-1	5	57	105	54.3	46	71	64.8	73	14.6	160	32.0
60	2-1	3	35	77	45.5	35	42	83.3	47	15.7	105	35.0
3 yrs.	6-3	9	97	194	50.0	81	114	71.1	124	13.8	275	30.6

JO JO WHITE

Kansas   6-3   St. Louis, Mo.

Consensus second team all-American in 1968 and 1969...Olympic team member in 1968.

Yr.	Team W-L	G	FG	FGA	FG%	FT	FTA	FT%	RBs	Avg.	Pts.	Avg.
66	23-4	9	44	112	39.3	14	26	53.8	8	0.9	102	11.3
67	23-4	27	170	416	40.9	59	72	81.9	150	5.6	399	14.8
68	22-8	30	188	462	40.7	83	115	72.2	107	3.6	459	15.3
69	20-7	18	134	286	46.9	58	79	73.4	84	4.7	326	18.1
4 yrs.	88-23	84	536	1276	42.0	214	292	73.3	349	4.2	1286	15.3

NCAA Tournament

Yr.	W-L	G	FG	FGA	FG%	FT	FTA	FT%	RBs	Avg.	Pts.	Avg.
66	1-1	2	11	31	35.5	7	8	87.5	18	9.0	29	14.5
67	1-1	2	20	46	43.5	0	0	0.0	8	4.0	40	20.0
2 yrs.	2-2	4	31	77	40.3	7	8	87.5	26	6.5	69	17.3

SIDNEY WICKS

UCLA
6-8
Los Angeles, Calif.

Named player of the year by the USBWA in 1971...Unanimous first team all-American in 1971...Consensus second team all-American in 1970...First team academic all-American in 1971...Named to the NCAA tournament all-decade team for the 1970s...NCAA tournament MVP in 1970...NCAA all-tournament team in 1971.

Yr.	Team W-L	G	FG	FGA	FG%	FT	FTA	FT%	RBs	Avg.	Pts.	Avg.
69	29-1	30	84	193	43.5	58	100	58.0	153	5.1	226	7.5
70	28-2	30	221	415	53.3	117	185	63.3	357	11.9	559	18.6
71	29-1	30	244	466	52.4	150	227	66.0	384	12.8	638	21.3
3 yrs.	86-4	90	549	1074	51.1	325	512	63.5	894	9.9	1423	15.8

Yr.	NCAA Tournament W-L	G	FG	FGA	FG%	FT	FTA	FT%	RBs	Avg.	Pts.	Avg.
69	4-0	4	3	9	33.3	8	14	57.1	7	1.8	14	3.5
70	4-0	4	33	49	67.3	19	29	65.5	53	13.3	85	21.3
71	4-0	4	19	45	42.2	22	31	71.0	52	13.0	60	15.0
3 yrs.	12-0	12	55	103	53.4	49	74	66.2	112	9.3	159	13.3

MURRAY WIER

Iowa   5-9   Muscatine, Iowa

Consensus first team all-American in 1948...Led the nation in scoring in 1948.

Yr.	Team W-L	G	FG	FGA	FG%	FT	FTA	FT%	RBs	Avg.	Pts.	Avg.
45	17-1	17	58			18	33	54.5			134	7.8
46	14-4	18	57			39	62	62.9			153	8.4
47	12-7	18	105	348	30.2	62	93	66.7			272	15.1
48	15-4	19	152	429	35.4	95	136	69.9			399	21.0
4 yrs.	58-16	72	372			214	324	66.0			958	13.3

Did not play in NCAA tournament.

LEN WILKENS

Providence   6-0   Brooklyn, N.Y.

Consensus second team all-American in 1960...Naismith Memorial Basketball Hall of Fame.

Yr.	Team W-L	G	FG	FGA	FG%	FT	FTA	FT%	RBs	Avg.	Pts.	Avg.
58	18-6	24	137	316	43.4	84	130	64.6	190	7.9	358	14.9
59	20-7	27	167	390	42.8	89	144	61.8	188	7.0	423	15.6
60	24-5	29	157	362	43.4	98	140	70.0	205	7.1	412	14.2
3 yrs.	62-18	80	461	1068	43.2	271	414	65.5	583	7.3	1193	14.9

Did not play in NCAA tournament.

KEITH WILKES

UCLA
6-7
Santa Barbara, Calif.

Unanimous first team all-American in 1974... Consensus first team all-American in 1973...First team academic all-American in 1972, 1973 and 1974...NCAA all-tournament team in 1972.

Yr.	Team W-L	G	FG	FGA	FG%	FT	FTA	FT%	RBs	Avg.	Pts.	Avg.
72	30-0	30	171	322	53.1	64	92	69.6	245	8.2	406	13.5
73	30-0	30	200	381	52.5	43	66	65.2	220	7.3	443	14.8
74	26-4	30	209	426	49.1	82	94	87.2	198	6.6	500	16.7
3 yrs.	86-4	90	580	1129	51.4	189	252	75.0	663	7.4	1349	15.0

NCAA Tournament

Yr.	W-L	G	FG	FGA	FG%	FT	FTA	FT%	RBs	Avg.	Pts.	Avg.
72	4-0	4	24	49	49.0	11	13	84.6	35	8.8	59	14.8
73	4-0	4	25	51	49.0	3	4	75.0	24	6.0	53	13.3
74	3-1	4	31	70	44.3	6	6	100.0	27	6.8	68	17.0
3 yrs.	11-1	12	80	170	47.1	20	23	87.0	86	7.2	180	15.0

FREEMAN WILLIAMS
Portland State   6-4   Los Angeles, Calif.

Consensus second team all-American in 1978...Led the nation in scoring in 1977 and 1978.

Yr.	Team W-L	G	FG	FGA	FG%	FT	FTA	FT%	RBs	Avg.	Pts.	Avg.
75	18-8	26	186	435	42.8	64	81	79.0	89	3.4	436	16.8
76	17-10	27	356	781	45.6	122	155	78.7	111	4.1	834	30.9
77	16-10	26	417	838	49.8	176	221	79.6	126	4.8	1010	38.8
78	14-13	27	410	872	47.0	149	191	78.0	132	4.9	969	35.9
4 yrs.	65-41	106	1369	2926	46.8	511	648	78.9	458	4.3	3249	30.7

Did not play in NCAA tournament.

HERB WILLIAMS
Ohio State   6-10   Columbus, Ohio

Yr.	Team W-L	G	FG	FGA	FG%	FT	FTA	FT%	RBs	Avg.	Pts.	Avg.
78	16-11	27	196	407	48.2	60	91	65.9	308	11.4	452	16.7
79	19-12	31	253	483	52.4	111	166	66.9	325	10.5	617	19.9
80	21-8	29	206	415	49.6	97	147	66.0	263	9.1	509	17.6
81	14-13	27	179	368	48.6	75	109	68.8	215	7.9	433	16.0
4 yrs.	70-44	114	834	1673	49.8	343	513	66.9	1111	9.7	2011	17.6

NCAA Tournament

Yr.	W-L	G	FG	FGA	FG%	FT	FTA	FT%	RBs	Avg.	Pts.	Avg.
80	1-1	2	13	31	41.9	9	14	64.3	19	9.5	35	17.5

REGGIE WILLIAMS
Georgetown   6-7   Baltimore, Md.

Unanimous first team all-American in 1987.

Yr.	Team W-L	G	FG	FGA	FG%	3FG	3FGA	3FG%	FT	FTA	FT%	RBs	Avg.	Pts.	Avg.
84	34-3	37	130	300	43.3				76	99	76.8	131	3.5	336	9.1
85	35-3	35	168	332	50.6				80	106	75.5	200	5.7	416	11.9
86	24-8	32	227	430	52.8				109	149	73.2	261	8.2	563	17.6
87	29-5	34	284	589	48.2	78	202	38.6	156	194	80.4	294	8.6	802	23.6
4 yrs.	122-19	138	809	1651	49.0	78	202	38.6	421	548	76.8	886	6.4	2117	15.3

NCAA Tournament

Yr.	W-L	G	FG	FGA	FG%	3FG	3FGA	3FG%	FT	FTA	FT%	RBs	Avg.	Pts.	Avg.
84	5-0	5	18	39	46.2				6	8	75.0	15	3.0	42	8.4
85	5-1	6	29	55	52.7				19	22	86.4	30	5.0	77	12.8
86	1-1	2	16	32	50.0				5	8	62.5	11	5.5	37	18.5
87	3-1	4	33	77	42.9	11	32	34.4	27	30	90.0	38	9.5	104	26.0
4 yrs.	14-3	17	96	203	47.3	11	32	34.4	57	68	83.8	94	5.5	260	15.3

GARY WINTON

Army   6-5   Somersville, Ala.

Yr.	Team W-L	G	FG	FGA	FG%	FT	FTA	FT%	RBs	Avg.	Pts.	Avg.
75	3-22	24	201	343	58.6	70	127	55.1	315	13.1	472	19.7
76	11-14	25	238	389	61.2	74	143	51.7	267	10.7	550	22.0
77	20-8	28	269	460	58.5	92	202	45.5	297	10.6	630	22.5
78	19-9	28	276	453	60.9	92	176	52.3	289	10.3	644	23.0
4 yrs.	53-53	105	984	1645	59.8	328	648	50.6	1168	11.1	2296	21.9

Did not play in NCAA tournament.

JAMES WORTHY

North Carolina
6-9
Gastonia, N.C.

Consensus first team all-American in 1982...Named to the NCAA tournament all-decade team for the 1980s...NCAA tournament MVP in 1982.

Yr.	Team W-L	G	FG	FGA	FG%	FT	FTA	FT%	RBs	Avg.	Pts.	Avg.
80	21-8	14	74	126	58.7	27	45	60.0	104	7.4	175	12.5
81	29-8	36	208	416	50.0	96	150	64.0	301	8.4	512	14.2
82	32-2	34	203	354	57.3	126	187	67.4	215	6.3	532	15.6
3 yrs.	82-18	84	485	896	54.1	249	382	65.2	620	7.4	1219	14.5

NCAA Tournament

Yr.	Team W-L	G	FG	FGA	FG%	FT	FTA	FT%	RBs	Avg.	Pts.	Avg.
81	4-1	5	23	51	45.1	20	32	62.5	30	6.0	66	13.2
82	5-0	5	34	55	61.8	19	26	73.1	25	5.0	87	17.4
2 yrs.	9-1	10	57	106	53.8	39	58	67.2	55	5.5	153	15.3

Did not participate in the 1980 tournament in which team was 0-1.

LEROY WRIGHT

Pacific   6-8   Rockdale, Texas

Led the nation in rebounding in 1959 and 1960.

Yr.	Team W-L	G	FG	FGA	FG%	FT	FTA	FT%	RBs	Avg.	Pts.	Avg.
58	9-15	24	124	352	35.2	69	114	60.5	410	17.1	317	13.2
59	11-15	26	152	396	38.4	82	164	50.0	652	25.1	386	14.8
60	9-17	17	110	250	44.0	51	113	45.1	380	22.3	271	15.9
3 yrs.	29-47	67	386	998	38.7	202	391	51.7	1442	21.5	974	14.5

Did not play in NCAA tournament.

RICH YUNKUS

Georgia Tech   6-9   Benton, Ill.

First team academic all-American in 1969, 1970 and 1971.

Yr.	Team W-L	G	FG	FGA	FG%	FT	FTA	FT%	RBs	Avg.	Pts.	Avg.
69	12-13	25	243	465	52.3	117	156	75.0	276	11.0	603	24.1
70	17-10	27	317	568	55.8	180	217	82.9	323	12.0	814	30.1
71	23-9	32	314	691	45.4	187	241	77.6	356	11.1	815	25.5
3 yrs.	52-32	84	874	1724	50.7	484	614	78.8	955	11.4	2232	26.6

Did not play in NCAA tournament.

ALL-AMERICANS

ALL-TIME ALL-AMERICA ROSTER

In the following pages are the 1,050 players from 204 colleges over basketball's first century who were among the top 10 choices on a nationally-distributed all-America team, or who were elected to the Naismith Memorial Basketball Hall of Fame as a player if he played college basketball.

Those who made the NCAA consensus first team at least once are in **bold face** with an asterisk (*) on each consensus year; a plus sign (+*) is added if he was a unanimous choice that year among the teams used by the NCAA to compile the consensus team.

Players who never made the NCAA consensus first team, made all-American before the first consensus team in 1929, or are included because they were elected to the hall of fame as players are in plain type. Years when a player made NCAA second-team consensus are marked (#). A year with no symbol indicates he was chosen in the top 10 on an all-America team with national distribution (whether or not it was used to compile the NCAA consensus team). Selectors named a few non-Division I players—we include them. Hall of fame electees (as players) are marked (HF) after their final season. All-American players later elected as coaches or contributors also are marked (HF).

Why include the top 10 choices by all-America selectors? Because some selectors picked 10-man first teams. These included the U.S. Basketball Writers Association until recent years, the Converse teams from 1956 on, and the Helms (later Citizens Savings) Athletic Foundation teams, 1905 through 1961. Obviously, making the second five on a wire service or coaches' association team was like making a 10-man first team. To be fair, these are included. But those making the second 10 (like Helms and Converse 1956-on) are not. And Helms was excluded when it went to a 12-man first team in 1962 and later to a 36-man first team. Publications naming a 15-man first team were excluded and so were all preseason teams.

The annual NCAA consensus all-America teams, with a second-team consensus and other top-10 selections, were published in the official NCAA Basketball Guides, starting with the 1950 team in the 1951 guide. The 1948 and 1949 consensus teams were compiled and added and the all-time list published in 1970 in the first "College Basketball All-Time Record Book."

In the 1981 record book, consensus first teams for 1929 through 1947 were compiled and added, using the all-America teams listed in Bill Mokray's "Encyclopedia of Basketball," plus all pre-1948 Helms teams. The 50th NCAA Division I Men's Basketball Championship in Kansas City in 1988 was the impetus for another national survey of sports information directors. This led to compiling and publishing consensus teams back through 1939 (the year of the first tournament) and a 1939-87 all-America roster in the 1988 College Basketball Press Kit.

For 1905 through 1928, we depend solely on two sources—the Naismith Memorial Basketball Hall of Fame and the annual 10-man first teams chosen for Helms by the late W. R. "Bill" Schroeder after national research. (There was no divisional classification before 1948 and some top players from colleges not now thought of as Division I will be found.) Schroeder's teams for the 1920-42 period were announced in 1943. His teams back through 1905 were announced in 1957.

After each college is its number of all-America players and the number of years or times they were selected, so (5-7) means five players selected seven times. Adding the first number will total 1,053 players, because three players marked (@) each time made all-American at two different colleges (Elmer Oliphant, Purdue 1914 and Army 1915; Wyndol Gray, Bowling Green 1945 and Harvard 1946 and Vince Boryla, Denver 1949 and Notre Dame 1946). Others requiring symbols: Indiana's Landon Turner (<), honorary USBWA choice in 1982; and three known name changes—Rhode Island's Stan Modzelewski (>) in 1942, UCLA's Lew Alcindor (>) in 1967 and Houston's Akeem Olajuwon (>) in 1984, who later became Stan Stutz, Kareem Abdul-Jabbar and Hakeem Olajuwon, respectively. Doubtless there are others we do not know about.

Akron (1-1)
Fritz Nagy................45

Alabama (5-7)
James "Lindy" Hood........31
Leon Douglas.........#75, 76
Reggie King............78, 79
Ennis Whatley..............83
Derrick McKey............87

American (1-1)
Kermit Washington........#73

Arizona (2-3)
Sean Elliott.......+**88**, +**89**
Steve Kerr.................88

Arizona St. (1-1)
Lionel Hollins...............75

Arkansas (12-13)
Glen Rose.................28
Tom Pickell................29
Eugene Lambert...........29
Wear Schoonover.........30
Ike Poole.................***36**
John Adams..............***41**
George Kok................46
Ron Brewer...............#78
Sidney Moncrief.....78, ***79**
Darrell Walker............#83
Alvin Robertson...........84
Todd Day..................91

Army (8-9)
W. A. Capthorne............10
W. L. Roberts................13
@Elmer Oliphant...........15
Gene Vidal.................18
John Roosma.........26 (HF)
Harry Wilson...............27
Ray Stecker................31
Dale Hall............#44, #45

Auburn (2-3)
Jack Stewart................32
Chuck Person...........85, 86

Austin Peay (1-1)
James "Fly" Williams........74

Baylor (3-3)
Hubert Kirkpatrick.........38
Vinnie Johnson.............79
Terry Teagle...............82

Boston College (1-2)
John Austin.............65, 66

Bowling Green (6-6)
@**Wyndol Gray**..........***45**
Don Otten.................46
Charles Shore.............50
Jim Darrow.................60
Nate Thurmond......#63 (HF)
Howard Komives...........64

Bradley (7-10)
Ted Panish.................39
Paul Unruh.............+***50**
Gene Melchiorre.....50, ***51**
Bob Carney................54
Bobby Joe Mason..........60
Chet Walker....60, ***61**, +***62**
Hersey Hawkins.......+***88**

Brigham Young (7-8)
Elwood Romney.....***31, 32**
Mel Hutchins..............#51
Joe Richey................#53
Dick Nemelka..............66
Danny Ainge..........+***81**
Devin Durrant.............#84
Michael Smith.............#88

Brown (1-1)
John Pryor.................08

Butler (4-4)
H. W. Middlesworth.........24
Oral Hildebrand............29
Marshall Tackett...........32
Frank Baird.................33

California (10-11)
George Hjelte..............17
George Dixon...........26, 27
Vern Corbin............***29**
Joe Kintana.................32
Harold Eifert...............34
Bob Herwig.................36
Andy Wolfe................#48
Bob McKeen...............55
Larry Friend................57
Darrall Imhoff.........+***60**

Cal St. Fullerton (1-2)
Leon Wood............83, #84

Canisius (2-2)
Bob MacKinnon...........50
Larry Fogle...............#74

Case Reserve (1-1)
Eddie Finnegan............33

CCNY (7-7)
Ira Streusand..............08
Barney Sedran.........10 (HF)
Everett Southwick...........14
Moe Spahn.................32
Moe Goldman..............34
Bernard Fliegel.............38
Irwin Dambrot.............50

Centenary (1-1)
Robert Parish..............76

Chicago (9-16)
James Ozanne.............05
James McKeag.............06
John Schommer......06, 07, 08, 09 (HF)
Albert Houghton..........07
Harlan O. Page..08, 09, 10 (HF)
Nelson Norgren............14
Paul "Tony" Hinkle..19, 20 (HF)
R. D. Birkhoff.............21
Bill Haarlow.............35, 36

Cincinnati (8-11)

Jack Twyman..........55 (HF)
Connie Dierking............58
Oscar Robertson......**+*58,**
+*59, +*60 (HF)
Bob Wiesenhahn...........61
Paul Hogue................62
George Wilson.............63
Tom Thacker...........***63**
Ron Bonham........***63,** #64

Clemson (2-2)

Banks McFadden...........39
Horace Grant..............#87

Colgate (4-4)

Walter Runge...............05
Leon Campbell.............10
Emil Schradieck...........12
Ernie Vandeweghe........#49

Colorado (4-4)

Jack Harvey...............#40
Robert Doll................#42
Ken Charlton...............63
Cliff Meely................71

Colorado Col. (2-2)

Earl Mueller................25
Ernie Simpson.............28

Colorado St. (1-1)

Bill Green.................#63

Columbia (20-31)

Harry Fisher..........05 (HF)
Marcus Hurley.......05, 06, 07
John Ryan...........07, 08, 09
Biaggio Cerussi............09
Ted Kiendl...........09, 10, 11
A. D. Alexander.............11
W. M. Lee..................11
Claus Benson...............12
Dan Meehan................14
J. Charles Lee..............15
John Lorch.................27
Louis Bender............30, 32
George Gregory........***31**
Dave Jones.................32
Bill Nash...............35, 36
John O'Brien............37, 38
John Azary.................51

Chet Forte...............*57

Dave Newmark.............68
Jim McMillian........68, 69, 70

Cornell (5-5)

George Halstead...........13
Gil Halstead...............14
Walter Lunden..............14
Leslie Brown...............15
John Luther................23

Creighton (8-10)

Leonard "Jimmie" Lovely...23, 24
Syd Corenman.............27
Conrad "Cornie" Collin.....33
Arthur Kieley..............33
Ed Beisser..............***43**
Ralph Langer...............43
Paul Silas................63, 64
Robert Portman............68

Dartmouth (7-9)

George Grebenstein.......06
R. L. Sisson................12
E. E. Mensel...............12
Al Donniwell...............35
Gus Broberg..39, ***40,** +***41**
George Munroe..........#42
Audley Brindley........***44**

Davidson (3-5)

Dick Snyder..............#66
Fred Hetzel........#64, +***65**
Mike Maloy............#69, 70

Dayton (5-7)

Alphonse Schumacher...12, 13
Don Meineke.............#52
Bill Uhl..................#56
Don May............#67, #68
Jim Paxson...............#79

Denver (2-2)

James Babcock............37
@Vince Boryla..........***49**

DePaul (6-9)

George Mikan...+***44,** +***45,**
+*46 (HF)
Dick Triptow..............#44
Dave Corzine..............78
Mark Aguirre....+***80,** +***81**
Terry Cummings......+***82**
Dallas Comegys...........87

Detroit (3-5)

Bob Calihan..............#39
Dave DeBusschere......60, 61, 62 (HF)
Spencer Haywood......+***69**

Drake (2-2)

Charles Orebaugh.........37
Walter O'Connor...........41

Duke (14-22)

Billy Werber...............30
Jim Thompson.............34
Bill Mock...................40
Ed Koffenberger.......46, #47
Dick Groat........#51, +***52**
Art Heyman......#62, +***63**
Jeff Mullins..............#64
Jack Marin................#66
Bob Verga..........#66, ***67**
Jim Spanarkel.........78, #79
Mike Gminski......***79,** #80
Johnny Dawkins..***85,** +***86**
Danny Ferry.......#88, +***89**
Christian Laettner.........#91

Duquesne (8-12)

Paul Birch.................35
Herbert Bonn..............36
Walter Miller..............36
Charles Cooper..........#50
Jim Tucker.................52
Dick Ricketts....53, #54, ***55**
Si Green........54, ***55,** +***56**
Willie Somerset...........58

East Central Okla. (1-1)

Bart Carlton...............31

East Tenn. St. (1-1)

Keith Jennings...........#91

Emory & Henry (1-1) ☰
Glen Roberts...............35

Evansville (2-2) ☰
Wilfred "Gus" Doerner.....#42
Jerry Sloan..................65

Florida (2-3) ☰
Joe Hobbs.................58
Neal Walk..............68, 69

Florida St. (1-1) ☰
Dave Cowens.........70 (HF)

Fordham (4-4) ☰
Frank Dougherty...........29
Bob Hassmiller............#39
Bob Mullen.................43
Ed Conlin..................55

Franklin (Ind.) (1-1) ☰
Bob Vandiver.........26 (HF)

Furman (3-5) ☰
Frank Selvy.........#53, ***54**
Darrell Floyd.........#55, #56
Clyde Mays...............75

Geo. Washington ☰ (1-1)
Joe Holup..................56

Georgetown (6-9) ☰
John Mahnken..............43
Eric Floyd.........81, +***82**
Patrick Ewing....***83**, +***84**, +***85**
Reggie Williams.......+***87**
Charles Smith..............89
Alonzo Mourning.........#90

Georgia (2-3) ☰
Dominique Wilkins.....81, 82
Alec Kessler...............90

Georgia Tech (5-8) ☰
Roger Kaiser........#60, ***61**
Rich Yunkus................71
Mark Price.............#85, 86
Dennis Scott..............#90
Kenny Anderson....90, +***91**

Gonzaga (1-1) ☰
Frank Burgess.............#61

Grambling (2-2) ☰
Charles Hardnett...........62
Willis Reed...........64 (HF)

Hamline (4-5) ☰
Howie Schultz..............45
Rolland Seltz...............46
Harold Haskins........#48, 50
Vern Mikkelsen............49

Harvard (3-3) ☰
Harold Amberg............06
Ralph Griffiths............06
@Wyndol Gray............46

Hawaii (1-1) ☰
Tom Henderson.............74

Holy Cross (5-9) ☰
George Kaftan........#47, #48
Bob Cousy..48, 49, +***50** (HF)
Togo Palazzi................54
Tom Heinsohn..55, ***56** (HF)
Jack Foley................#62

Houston (8-9) ☰
Gary Phillips..............61
Elvin Hayes..........+***67**, +***68** (HF)
Dwight Davis...............72
Otis Birdsong..........***77**
Rob Williams..............82
Clyde Drexler.............#83
>**Akeem Olajuwon**......***84**
Michael Young.............84

Idaho (1-1) ☰
Al Fox....................23

Illinois (19-25) ☰
Ray Woods...........15, 16, 17
Clyde Alwood...............17
Earl Anderson..............18
Charles Carney.........20, 22
Bill Hapac..............+***40**
Andy Phillip......***42**, +***43**, #47 (HF)
Walton Kirk............***45**
Dwight Eddleman.......48, 49
Bill Erickson...............#49
Don Sunderlage............51
Rod Fletcher............***52**
Irv Bemoras................53
Jim Bredar.................53
George BonSalle...........57
Duane "Skip" Thoren........65
Tal Brody...................65
Derek Harper...............83
Ken Norman...............#87
Kendall Gill..............#90

Illinois St. (1-1) ☰
Doug Collins...........***73**

Indiana (22-30) ☰
Everett Dean..........21 (HF)
Branch McCracken.....***30** (HF)
Vernon Huffman........***36**
Ernie Andres........38, ***39**
Marvin Huffman...........#40
Ralph Hamilton........+***47**
Bill Garrett................#51
Don Schlundt...#53, ***54**, #55
Bob Leonard..........53, #54
Archie Dees..............#58
Walt Bellamy.........60, #61
George McGinnis..........71
Quinn Buckner.............75
Scott May.........***75**, +***76**
Kent Benson.......+***76**, ***77**
Mike Woodson.............80
Isiah Thomas.........+***81**
<Landon Turner............82
Randy Wittman...........#83
Steve Alford.......***86**, +***87**
Jay Edwards..............#89
Calbert Cheaney..........91

Indiana St. (2-3) ☰
Duane Klueh.............#48
Larry Bird.......+***78**, +***79**

Iowa (10-12)

Ben Selzer 34
David Danner 44
Richard Ives . . . .#45
Herb Wilkinson . . . .#45, 46
Murray Wier ***48**
Chuck Darling . . . .+***52**
Carl Cain 56
John Johnson 70
Fred Brown 71
Ronnie Lester 79, 80

Iowa St. (2-2)

Gary Thompson . . . .#57
Jeff Grayer 88

Jacksonville (3-4)

Artis Gilmore . . . . . . .70, +***71**
Harold Fox 72
James Ray 80

Kansas (26-40)

Tommy Johnson 09
Ralph Sproull 15
Arthur "Dutch" Lonborg 19
. . . . (HF)
Paul Endacott . . . . . .22, 23 (HF)
Charles Black 23, 24
Tusten Ackerman 24, 25
Gale Gordon 26
Albert Peterson 26
Forrest "Frosty" Cox 30
Bill Johnson . . . . .33 (HF)
Ray Ebling 36
Ray Noble 37
Fred Pralle . . . . .37, +***38**
Howard Engleman ***41**
Ray Evans 42, 43
Charley Black . . . . . .***43**, #46
Clyde Lovellette 50, ***51**,
. . . . ***52** (HF)
Bert Born 53
Wilt Chamberlain . . . . .+***57**,
. . . . +***58** (HF)
Bill Bridges 61
Walt Wesley . . . . . . ,. . . . . .#66
Jo Jo White . . . .·..#68, #69
Dave Robisch 71
Bud Stallworth . . . .#72
Darnell Valentine 79, 80, 81
Danny Manning . . . .#86,
. . . . +***87**, +***88**

Kansas St. (9-11)

F. I. Reynolds 17
Frank Groves 37
Rick Harman 50
Ernie Barrett . . . .#51
Dick Knostman . . . .#53
Bob Boozer . . . .***58**, +***59**
Chuckie Williams 76
Rolando Blackman 80, 81
Mitch Richmond . . . .#88

Kentucky (33-50)

Basil Hayden 21
Burgess Carey 25
Carey Spicer 29, 31
Paul McBrayer 30
Forrest "Aggie" Sale . .+***32**,
. . . . +***33**
Ellis Johnson 33
John DeMoisey 34
Leroy Edwards ***35**
Bernard Opper . . . .#39
Lee Huber 41
Bob Brannum ***44**
Jack Parkinson . . . .#46
Ralph Beard . . . . .+***47**, +***48**,
. . . . ***49**
Alex Groza . . . . .***47**, #48, ***49**
Jack Tingle 47
Wallace Jones . . . . .47, #49
Bill Spivey . . . . .50, +***51**
Cliff Hagan . . . . .***52**, ***54** (HF)
Frank Ramsey . . . .52, #54 (HF)
Bob Burrow . . . .#56
Vernon Hatton 58
Johnny Cox ***59**
Cotton Nash . . .#62, #63, +***64**
Pat Riley 66
Louie Dampier . . . .#66, #67
Dan Issel . . . .#69, +***70**
Kevin Grevey . . . .#75
Rick Robey . . . . .77, #78
Jack Givens . . . .#78
Kyle Macy . . . .+***80**
Sam Bowie . . . .#81, 84
Melvin Turpin . . . .#84
Kenny Walker . . . . .#85, +***86**

Kentucky St. (2-2)

Elmore Smith 71
Travis Grant 72

La Salle (5-9)

Tom Gola . . . . . .52, ***53**, +***54**,
. . . . +***55** (HF)
Larry Cannon 69
Ken Durrett . . . .#71
Michael Brooks ***80**
Lionel Simmons . . .#89, +***90**

Long Beach St. (1-2)

Ed Ratleff . . . .+***72**, +***73**

LIU-Brooklyn (7-8)

Ben Kramer 36
Jules Bender . . . .+***37**
Irving Torgoff . . . .+***39**
Oscar Schechtman . . . .#41
Joe Holub 42
Jack Goldsmith 46
Sherman White . . . .#50, 51

Loras (1-1)

Merlin Marty 48

Louisiana St. (6-12)

Malcolm Wade 35
Bob Pettit . . .52, #53, ***54** (HF)
Pete Maravich . .+***68**, +***69**,
. . . . +***70** (HF)
Durand Macklin . . . . .80, #81
Chris Jackson ***89**, ***90**
Shaquille O'Neal . . . .+***91**

Louisiana Tech (2-2)

Mike Green 73
Karl Malone 85

Louisville (10-14)

Charlie Tyra 56, ***57**
Butch Beard 67
Wes Unseld +***67**, +***68** (HF)
Jim Price . . . .#72
Junior Bridgeman 75
Wesley Cox 77
Rick Wilson 78
Darrell Griffith . .78, 79, +***80**
Lancaster Gordon 84
Pervis Ellison ***89**

Loyola (Cal.) (2-3)
Eric "Hank" Gathers....89, #90
Greg "Bo" Kimble.........#90

Loyola (Ill.) (5-6)
Charles "Feed" Murphy.....30
Marvin Colen...............37
Michael Novak.........38, #39
Wilbert Kautz...............39
Jerry Harkness..........***63**

Manhattan (1-1)
Nat Volpi...................38

Marquette (8-10)
Ed Mullen..................34
Don Kojis...................61
Dean Meminger....70, +***71**
Jim Chones.............***72**
Earl Tatum................#76
Butch Lee..........#77, +***78**
Bo Ellis....................77
Sam Worthen.............#80

Marshall (2-2)
Harold Greer..........58 (HF)
Leo Byrd.................#59

Maryland (7-14)
Louis Berger........31, +***32**
Gene Shue..............53, 54
Tom McMillen.........#73, 74
Len Elmore...............#74
John Lucas......74, ***75, *76**
Albert King..............#80, 81
Len Bias..........#85, +***86**

McNeese St. (1-1)
Joe Dumars.................85

Memphis St. (3-6)
Larry Finch..............#73
Larry Kenon...............73
Keith Lee..82, ***83**, #84, +***85**

Miami (Fla.) (1-1)
Rick Barry........+***65** (HF)

Miami (Ohio) (1-1)
Ron Harper...............#86

Michigan (17-24)
Harry Kipke...............24
Richard Doyle.............26
Bennie Oosterbaan......27, 28
Ernie McCoy...............29
Joe Truske.................29
John Townsend.........37, 38
Cazzie Russell....#64, +***65, +*66**
Bill Buntin.................#65
Rudy Tomjanovich......69, 70
Henry Wilmore...........#72
Campy Russell...........#74
Rickey Green.......76, +***77**
Phil Hubbard............#77
Roy Tarpley................85
Gary Grant.........87, +***88**
Glen Rice.................#89
Rumeal Robinson.........#90

Michigan St. (7-10)
Jack Quiggle...............57
John Green..........58, #59
Earvin "Magic" Johnson...78, +***79**
Greg Kelser................79
Sam Vincent...............85
Scott Skiles...............#86
Steve Smith............90, #91

Millikin (1-1)
Scott Steagall...............51

Minnesota (17-22)
George Tuck...............05
Garfield Brown.............06
Frank Lawler...............11
Francis Stadsvold..........17
Harold Gillen..............18
Arnold Oss.............19, 21
Erling Platou...............19
Martin Rolek..........37 , 38
Jim McIntyre.......***48, #49**
Meyer "Whitey" Skoog..50, 51
Dick Garmaker.........***55**
Charles Mencel...........55
Ron Behagen...............73
Jim Brewer...............#73
Ray Williams...............77
Mychal Thompson.#77, ***78**
Trent Tucker...............82

Mississippi (3-3)
Bonnie "Country" Graham...38
Joe Gibbon................57
Johnny Neumann..........#71

Mississippi St. (4-5)
James Ashmore.............57
Bailey Howell......#58, +***59**
W. D. "Red" Stroud.........62
Jeff Malone.................83

Missouri (17-24)
Fred Williams..............16
Craig Ruby..............18, 19
George Williams........20, 21
Herb Bunker.........21, 22, 23
Arthur Browning........22, 23
Marshall Craig.............30
Max Collings...............31
John Lobsinger..........39, 40
Bill Stauffer................52
Norm Stewart...............56
John Brown.................73
Willie Smith................76
Ricky Frazier...............82
Steve Stipanovich.........#83
Jon Sundvold..............#83
Derrick Chievous...........87
Doug Smith...........#90, 91

Montana St. (2-6)
John "Cat" Thompson...27, 28, ***29, *30** (HF)
Frank Ward..........29, ***30**

Morgan St. (1-1)
Marvin Webster............75

Murray St. (1-1)
Joe Fulks..............43 (HF)

Navy (8-11)
Harry Hill...................11
Laurence Wild..............13
Knight Farwell..............19
Ira McKee..............22, 23
Elliott Loughlin.....32, +***33**
Buzz Borries................34
Adrian Back................45
David Robinson....#86, +***87**

169

N.C. Central (1-1) ≡
Sam Jones............57 (HF)

N.C.-Charlotte (1-1) ≡
Cedric Maxwell...........77

Nebraska (1-1) ≡
Sam Carrier................13

Nevada-Las Vegas ≡
(4-5)
Sidney Green.............#83
Armon Gilliam............#87
Larry Johnson.....***90, +*91**
Stacey Augmon...........#91

New Mexico (2-2) ≡
Mel Daniels..............#67
Michael Cooper............78

New Mexico St. (2-2) ≡
Jimmy Collins.............#70
John Williamson............72

New York U. (11-13) ≡
Bill Broadhead..............10
Howard Cann.........20 (HF)
Hagan Anderson.............34
Milton Schulman............36
Irving Terjesen.............37
Jerry Fleishman............43
Sid Tannebaum.....***46, *47**
Dolph Schayes........48 (HF)
Don Forman................48
Tom Sanders................60
Barry Kramer........***63,** 64

Niagara (1-3) ≡
Calvin Murphy....#68, ***69,**
*70

North Caro. (28-45) ≡
Dick Carmichael........23, 24
John Cobb...........24, 25, 26
George Glamack...***40, *41**
Jim Jordon..............45, 46
John Dillon.............#46, 47
Len Rosenbluth......56, ***57**

Tom Kearns................58
Pete Brennan..............#58
Lee Shaffer...............#60
Doug Moe.............59, 61
York Larese................61
Bill Cunningham...64, 65 (HF)
Larry Miller.......#67, ***68**
Charlie Scott........#69, #70
Bill Chamberlain...........72
Robert McAdoo.........***72**
Bobby Jones..............#74
Mitch Kupchak..........#76
Phil Ford......#76, ***77, +*78**
Tommy LaGarde..........77
Mike O'Koren.........#79, #80
Al Wood..................#81
James Worthy...........***82**
Sam Perkins...#82, ***83, *84**
Michael Jordan..+***83, +*84**
Brad Daugherty...........#86
Kenny Smith...........+***87**
J. R. Reid................***88**

North Caro. St. ≡
(13-20)
Morris Johnson.............30
Dick Dickey............#48, 50
Sam Ranzino........50, ***51**
Bob Speight................53
Ron Shavlik........#55, ***56**
Victor Molodet............56
Lou Pucillo.................59
John Richter................59
Tom Burleson..........#73, 74
David Thompson......+***73,**
+***74,** +***75**
Kenny Carr.............76, 77
Charles "Hawkeye" Whitney..
80
Rodney Monroe............91

Northeast La. (1-1) ≡
Calvin Natt...............#79

Northeast Mo. St. ≡
(1-1)
Harry Gallatin.........48 (HF)

Northwest Mo. St. ≡
(1-1)
Jack McCracken.......32 (HF)

Northwestern (5-8) ≡
Joe Reiff..........+***31, *33**
Otto Graham........#43, ***44**
Max Morris........#45, ***46**
Ray Ragelis.................51
Frank Ehmann.............55

Notre Dame (23-39) ≡
Raymond Scanlan..........09
Noble Kizer................25
John Nyikos................27
Ed Smith...............29, 30
Ed Krause........+***32, *33,**
*34 (HF)
George Ireland..........34, 35
Paul Nowak.....+***36, +*37,**
*38
John Moir....***36,** +***37, *38**
Bob Rensberger..........#43
Leo Klier..........***44, *46**
Bill Hassett........***45,** #46
Kevin O'Shea......+***48,** #50
@Vince Boryla.............46
Dick Rosenthal.............54
Jack Stephens..............55
Tom Hawkins..........58, #59
Austin Carr........#70, +***71**
John Shumate..........+***74**
Adrian Dantley..+***75,** +***76**
Kelly Tripucka.......#79, #81
Orlando Woolridge.........81
John Paxson..........#82, #83
David Rivers................88

Ohio (1-1) ≡
Frank Baumholtz..........#41

Ohio St. (22-29) ≡
John Miner.................25
Wes Fesler..............***31**
Jimmy Hull..............***39**
Don Grate...........#44, #45
Arnold Risen..............45
Paul Huston................46
Neil Johnston..........48 (HF)
Dick Schnittker........+***50**
Paul Ebert.................53
Robin Freeman....#55, +***56**
Frank Howard.........#57, 58
Jerry Lucas......+***60,** +***61,**
+***62** (HF)
Larry Siegfried...........#61
John Havlicek.....61, #62 (HF)
Gary Bradds.......#63, +***64**
Bill Hosket.................68
Allan Hornyak.............72

Kelvin Ransey.............#80
Herb Williams............81
Clark Kellogg.............82
Dennis Hopson..........#87
Jim Jackson.............***91**

Oklahoma (11-14) ≡
Ernie Lambert.............10
Victor Holt................28
Bruce Drake.........29 (HF)
Thomas Churchill......***29**
Omar "Bud" Browning.....
　　　　　　　　　　*35
Jim McNatt................#40
Gerald Tucker.....#43, +***47**
Alva Paine.............***44**
Wayman Tisdale........***83**,
　　　　　　+***84**, +***85**
Stacey King...........+***89**
Mookie Blaylock.........#89

Oklahoma Baptist ≡
(1-1)
Albert Tucker..............67

Oklahoma City (2-2) ≡
Arnold Short...............54
Bud Koper.................64

Oklahoma St. (8-12) ≡
Merle Rousey..............37
Jesse Renick..........39, #40
Bud Millikan..............42
Bob Kurland......***44**, +***45**,
　　　　　　+***46** (HF)
Robert Harris..............49
Gale McArthur...........#51
Don Johnson...............52
Bob Mattick...........53, #54

Oral Roberts (2-2) ≡
Richard Fuqua...........#72
Anthony Roberts..........77

Oregon (10-11) ≡
Ed Durno.................21
Hugh Latham..............24
Algot Westergren..........26
Urgel "Slim" Wintermute..
　　　　　　　　　　*39
Lauren "Laddy" Gale..39 (HF)
Bobby Anet..............#39

John Dick...............***40**
Stan Love.................71
Ron Lee...............#75, 76
Greg Ballard.............#77

Oregon St. (16-17) ≡
Ade Seiberts..............16
Marshall Hjelte............22
Amory "Slats" Gill.....24 (HF)
Carlos Steele..............25
Ed Lewis..................33
Wally Palmberg............36
John Mandic..............#42
Dan Durdan...............43
Lew Beck.................47
Dave Gambee...........#58
Mel Counts.........63, #64
Fred Boyd................72
Ray Blume................80
Steve Johnson...........***81**
Lester Conner.............82
Gary Payton............+***90**

Pennsylvania (18-28) ≡
George Flint............06, 07
Charles Keinath...06, 07, 08, 09
Lewis Walton.............11
Bill Turner.................12
Ed McNichol..............16
George Sweeney........18, 20
Hubert Peck...........18, 20
Andy Stannard............19
Dan McNichol........19, 20, 21
Bill Grave................22
Emanuel Goldblatt.........25
Sam Goldblatt.............26
Joe Schaaf..........28, +***29**
Tom Magner...............30
Fran Murray................37
Francis Crossin............44
Howard Dallmar.......***45**
Ernie Beck..........52, ***53**

Penn St. (1-1) ≡
Jesse Arnelle..............54

Pittsburg St. (1-1) ≡
Ernie Schmidt.........32 (HF)

Pittsburgh (8-12) ≡
Sykes Reed................28
Chuck Hyatt.......28, +***29**,
　　　　　　+***30** (HF)
Don Smith.............+***33**
Claire Cribbs....+***34**, +***35**
Don Hennon........***58**, #59
Bill Knight................#74
Jerome Lane..............#88
Charles Smith.............88

Portland St. (1-1) ≡
Freeman Williams.........#78

Prairie View (1-1) ≡
Zelmo Beaty...............62

Princeton (8-12) ≡
Oliver deGray Vanderbilt...05
Hamilton Salmon...........13
Cyril Haas..............16, 17
Arthur Loeb............22, 23
Carl Loeb.................26
Ken Fairman..............33
Bill Bradley.......63, +***64**,
　　　　　　+***65** (HF)
Brian Taylor...............72

Providence (9-12) ≡
Eddie Wineapple..........29
John Krieger...........30, 31
Allen Brachen..........32, 33
Len Wilkens.........#60 (HF)
Jim Walker........***66**, +***67**
Ernie DiGregorio........***73**
Marvin Barnes.........+***74**
Kevin Stacom..............74
Eric Murdock............#91

Purdue (21-32) ≡
David Charters..........10, 11
Lawrence Teeple...........13
@Elmer Oliphant...........14
Don White.................21
Ray Miller.................22
George Spradling..........26
Charles "Stretch"
　Murphy..28, +***29**, ***30** (HF)
John Wooden.....***30**, +***31**,
　　　　　　+***32** (HF)
Norman Cottom........***34**
Emmett Lowery.............34
Ed Shaver.................35

Bob Kessler . . . .+*36
Jewell Young . . . . . .*37, +*38
Fred Beretta 40
Forrest Sprowl 42
Scott Hamilton 42
Terry Dischinger . . . .#60,
. . . . +*61, +*62
Dave Schellhase . . . . .#65, +*66
Rick Mount . . .68, +*69, +*70
Joe Barry Carroll . . . .+*80
Stephen Scheffler 90

Rhode Island (4-6) ═══
Chet Jaworski *39
>Stan Modzelewski . . . .40, #41,
. . . . #42
Ernie Calverly 45
Sylvester "Sly" Williams . . . .#79

Rice (5-7) ═══
Bob Kinney . . . .#41, +*42
Bill Closs *43
Bill Henry . . . .#44, *45
Gene Schwinger 53
Ricky Pierce 82

Richmond (1-1) ═══
George Lacy 35

Rio Grande (1-2) ═══
Clarence "Bevo" Francis 53,
. . . . 54

Rochester (1-1) ═══
Sam Harman 10

Rutgers (3-4) ═══
Bob Lloyd *67
Phil Sellers . . . .#76
James Bailey 78, 79

St. Bonaventure (2-5) ≡
Tom Stith . . . .*60, +*61
Bob Lanier . . . . . .#68, 69, +*70

St. Francis (Pa.) ═══
(1-1)
Maurice Stokes 55

St. John's (N.Y.) ═══
(15-20)
John Keenan 11
Max Posnak 31
Nathan Lazar 33
John McGuinnis 34
Harry Boykoff *43, 46
Richard McGuire 44, 47
Bob Zawoluk . . . . .51, #52
Alan Seiden . . . .#59
Tony Jackson . . . .#60, #61
Lloyd "Sonny" Dove . . . .#67
George Johnson 78
Reggie Carter 80
Chris Mullin . . . . . .#84, +*85
Walter Berry . . . .+*86
Mark Jackson . . . .#87

St. Joseph's (Pa.) ═══
(3-3)
George Senesky *43
Matt Guokas . . . .#66
Mike Bantom 73

St. Lawrence (2-2) ═══
Tom Canfield 12
Eddie Calder 13

St. Louis (2-3) ═══
Ed Macauley . . . . . .*48, +*49
. . . . (HF)
Bob Ferry 59

St. Mary's (Cal.) ═══
(1-1)
Tom Meschery 61

San Diego St. (2-2) ═══
Milt Phelps 41
Michael Cage . . . .#84

San Francisco (7-10) ≡
Don Lofgran . . . . .49, #50
Bill Russell . . .*55, +*56 (HF)
K.C. Jones . . . .#56 (HF)
Mike Farmer . . . .#58
Ollie Johnson 65
Bill Cartwright . . . .#77, #79
Quintin Dailey *82

Santa Clara (2-2) ═══
Ken Sears 55
Bud Ogden . . . .#69

Seattle (3-5) ═══
Johnny O'Brien . . . .#52, +*53
Elgin Baylor . .#57, +*58 (HF)
Eddie Miles 63

Seton Hall (4-5) ═══
Bob Davies . . . .*42 (HF)
Bob Wanzer . . . . .42 (HF)
Walt Dukes . . . . .52, +*53
Nick Werkman 63

South Caro. (5-6) ═══
Fred Tompkins 34
Grady Wallace . . . .#57
John Roche . . . .#70, #71
Tom Riker *72
Kevin Joyce . . . .#73

Southern Cal. (15-18) ≡
John Lehners 30
Jesse Mortensen 30
Wilbur Caldwell 31
Jerry Nemer *33
Lee Guttero . . . . .34, +*35
Edwin Cram 37
Ralph Vaughn . . . .+*40
Gene Rock . . . .#43
Bill Sharman . . . . . .*50 (HF)
Ken Flower 53
Chris Appel 62
John Rudometkin . . . . . . .61, #62
Dennis Layton 71
Paul Westphal 71, 72
Gus Williams . . . .#75

Southern Ill. (2-2) ═══
Walt Frazier . . . . .67 (HF)
Joe Meriweather 75

Southern Methodist ≡
(2-2)
Jim Krebs *57
Jon Koncak . . . .#85

Southwestern (Kan.) (1-2)
George Gardner........20, 22

Southwestern La. (1-2)
Dwight Lamar....+***72**, ***73**

Stanford (5-7)
Harlow Rothert..............29
Angelo "Hank" Luisetti....
    *36, +***37**, +***38** (HF)
Donald Burness..........#42
Jim Pollard............42 (HF)
Todd Lichti................#89

Steubenville (1-2)
James Smith.............57, 58

Swarthmore (2-2)
Charles Eberle..............10
Fred Gieg..................12

Syracuse (14-21)
Lewis Castle............12, 14
Joe Schwarzer..............18
Leon Marcus................19
Victor Hanson..25, 26, 27 (HF)
Everett Katz................30
Dave Bing......65, +***66** (HF)
Dennis Duval...............74
Rudy Hackett...............75
Roosevelt Bouie............80
Dwayne Washington...#85, 86
Rony Seikaly.............#88
Sherman Douglas......88, #89
Derrick Coleman...89, +***90**
Billy Owens...........+***91**

Tarkio (1-1)
Melford Waits..............40

Temple (6-7)
Meyer Bloom...........***38**
Bill Mlkvy...............***51**
Harold Lear................56
Guy Rodgers.......#57, +***58**
Bill Kennedy...............60
Mark Macon..............#88

Tennessee (8-11)
Harry Anderson............36
Richard Mehen.............42
Paul Walther...............49
A. W. Davis................65
Ron Widby.................67
Bernard King....75, #76, +***77**
Ernie Grunfeld...........#77
Dale Ellis...........#82, ***83**

Tennessee St. (2-3)
Dick Barnett.............58, 59
Ted McClain...............71

Tex.-Pan American (1-1)
Lucious Jackson............63

Texas (7-10)
Clyde Littlefield............16
Abb Curtis................24
Jack Gray..........34, +***35**
Bobby Moers...........39, 40
John Hargis............43, #47
Slater "Dugie" Martin..49 (HF)
Jay Arnett..................60

Texas A&M (1-1)
Carroll Broussard..........61

Texas Christian (2-2)
Ad Dietzel.................32
Wallace Myers.............34

Texas Southern (1-1)
Ben Swain..................57

Toledo (3-3)
Charles Chuckovitz.........38
Robert Gerber..............42
Davage Minor..............43

Tulsa (3-3)
Bob Patterson..............55
Paul Pressey..............#82
Steve Harris...............85

UC Irvine (1-2)
Kevin Magee..........81, #82

UCLA (21-31)
Dick Linthicum..........31, 32
Don Barksdale............#47
George Stanich.............50
Willie Naulls..............#56
Walt Torrence.............59
John Green................62
Walt Hazzard.......63, +***64**
Gail Goodrich..........+***65**
>**Lew Alcindor**....+***67**,
    +***68**, +***69**
Lucius Allen..............#68
Mike Warren..............68
Sidney Wicks......#70, +***71**
Curtis Rowe..............#71
Henry Bibby............***72**
Bill Walton......+***72**, +***73**,
    +***74**
Keith Wilkes......***73**, +***74**
Dave Meyers..........+***75**
Rich Washington.......***76**
Marques Johnson...76, +***77**
David Greenwood.....+***78**,
    *79
Rod Foster.................81

UC Santa Barb. (1-1)
Tom Guerrero..............41

Union (N.Y.) (1-2)
Ernie Houghton..........14, 15

Utah (12-18)
E. L. "Dick" Romney.........16
Bill Kinner...............***36**
Arnold Ferrin......#44, ***45**,
    #47, #48
Vern Gardner.........#47, #49
Glen Smith................52
Art Bunte..............55, 56
Billy McGill.......#61, +***62**
Jerry Chambers............66
Merv Jackson..............68
Mike Newlin...............71
Luther Burden............#75
Danny Vranes............#81

Utah St. (3-3)
Cornell Green..............60
Wayne Estes..............#65
Shaler Halimon............68

UTEP (3-3)
Jim Barnes................64
Bobby Joe Hill.............66
Nate Archibald........70 (HF)

Valparaiso (1-2)
Bob Dille..............#44, 45

Vanderbilt (2-3)
Billy Joe Adcock...........50
Clyde Lee..........#65, +**66**

Villanova (5-5)
Paul Arizin........**50** (HF)
Larry Hennessey...........52
Hubie White...............62
Howard Porter............#71
Ed Pinckney...............83

Virginia (5-7)
Bill Strickling.............15
Richard Wilkinson.........55
Barry Parkhill............#72
Ralph Sampson........+**81**,
                    +**82**, +**83**
Jeff Lamp.................#81

Virginia Tech (2-2)
George Parrish............19
Dell Curry...............#86

Wake Forest (5-7)
Dickie Hemric.............#55
Len Chappell.......61, **62**
Charlie Davis.............71
Rod Griffin..........#77, #78
Frank Johnson.............81

Washburn (1-2)
Gerald Spohn...........25, 27

Washington (15-17)
C. A. Clementson..........11
Anthony Savage...........15
Irving Cook................20
Alfred James..............28
Harold McClary...........29
Ralph Cairney............31
Bob Galer.................34
Hal Lee................**34**
Ralph Bishop.............36
Bob Egge.................36
Bill Morris.............43, 44
Jack Nichols.............#48
Bob Houbregs..........#52,
                    53 (HF)
Steve Hawes...............72
Detlef Schrempf...........85

Wash. & Lee (4-5)
Harry Young...............17
Norman Iler...............36
Bob Spessard..........37, 38
Dom Flora.................58

Washington St. (7-7)
Roy Bohler.................16
Alfred Sorenson............18
Paul Lindenmann..........#41
Ray Sundquist.............41
Gale Bishop..............#43
Vince Hanson.............#45
Don Collins................80

Wesleyan (2-3)
Julian Hayward..........08, 09
Ed Hayward...............13

West Tex. St. (2-2)
Price Brookfield......+**42**
Simmie Hill...............69

West Va. (7-10)
Marshall Glenn............29
Leland Byrd...............47
Mark Workman...........#52
Rod Hundley....#56, **57**
Lloyd Sharrar.............58
Jerry West..+**59**, +**60** (HF)
Rod Thorn...........#62, #63

Western Ky. (7-7)
Carlisle Towery............41
Odie Spears...............48
Bob Lavoy.................50
Tom Marshall.............#54
Bob Rascoe...............62
Clem Haskins..........**67**
Jim McDaniels.........**71**

Westminster (Mo.) (1-2)
Forrest De Bernardi........20,
                    21 (HF)

Westminster (Pa.) (1-2)
Wesley Bennett.........34, 35

Wichita St. (4-6)
Ross McBurney.............27
Dave Stallworth....63, +**64**,
                    #65
Antoine Carr...............83
Xavier McDaniel........**85**

William & Mary (1-1)
Chet Giermak..............50

Williams (4-4)
Eugene Cowell.............06
L. Parson Warren...........07
Oswald Tower.........07 (HF)
W. Vaughn Lewis...........10

Winston-Salem (1-1)
Earl Monroe...........67 (HF)

Wisconsin (22-27)
Chris Steinmetz.......05 (HF)
C. D. McLees..............05
Arthur Frank..............07
Hugh Harper..............08
Helmer Swenholt........08, 09
Walter Scoville............11
Otto Stangel..............12
Allen Johnson..............13
Carl Harper...............14
Eugene Van Gent..........14

George Levis............15, 16
Bill Chandler............16, 18
Harold Olsen..............17
Eber Simpson..............18
Harold "Bud" Foster........29,
　　　　　　　　　　30 (HF)
Elmer Tenhopen............29
Ted Chmielewski...........30
Gene Englund...........**★41**
John Kotz..........+**★42,** #43
Robert Cook...............47
Don Rehfeldt.............#50
Albert Nicholas...........52

Wyoming (5-8) ═══

Les Witte........**★32,** 33, **★34**
Ken Sailors........**★43,** #46
Milo Komenich............46
John Pilch.................50
Bill Garnett................82

Xavier (Ohio) (1-1) ═══
Byron Larkin..............88

Yale (7-11) ═══

Gilmore Kinney.........05, 07
Willard Hyatt..............05
Haskell Noyes.............08
W. P. Arnold...............15
Orson Kinney..............17
Charles Taft................17
Tony Lavelli.........#46, 47,
　　　　　　　　#48, **★49**

COACHES

FORREST C. "PHOG" ALLEN ≡

(Kansas '06)
Naismith Memorial Basketball Hall of Fame...Olympic team coach in 1952 ...Through the 1991 season, held the NCAA career record for most years coached.

Year	School	Won	Lost
1906	Baker	18	3
1907	Baker	14	0
1908	Baker	13	6
1908	Kansas	18	6
1909	Kansas	25	3
1909	Haskell	27	5
1913	Central Mo. St.	11	7
1914	Central Mo. St.	15	4
1915	Central Mo. St.	13	4
1916	Central Mo. St.	9	4
1917	Central Mo. St.	13	2
1918	Central Mo. St.	9	4
1919	Central Mo. St.	14	6
1920	Kansas	10	7
1921	Kansas	10	8
1922	Kansas	16	2
1923	Kansas	17	1
1924	Kansas	16	3
1925	Kansas	17	1
1926	Kansas	16	2
1927	Kansas	15	2
1928	Kansas	9	9
1929	Kansas	3	15
1930	Kansas	14	4
1931	Kansas	15	3
1932	Kansas	13	5
1933	Kansas	13	4
1934	Kansas	16	1
1935	Kansas	15	5
1936	Kansas	21	2
1937	Kansas	15	4
1938	Kansas	18	2
1939	Kansas	13	7
1940	Kansas	19	6
1941	Kansas	12	6
1942	Kansas	17	5
1943	Kansas	22	6
1944	Kansas	17	9
1945	Kansas	12	5
1946	Kansas	19	2
1947	Kansas	8	5
1948	Kansas	9	15
1949	Kansas	12	12
1950	Kansas	14	11
1951	Kansas	16	8
1952	Kansas	28	3
1953	Kansas	19	6
1954	Kansas	16	5
1955	Kansas	11	10
1956	Kansas	14	9
48 yrs.	4 schools	.739	746 264

NCAA Tournament

Year	School	Won	Lost	Finish
1940	Kansas	2	1	2nd
1942	Kansas	1	1	RR
1952	Kansas	4	0	CH
1953	Kansas	3	1	2nd
4 yrs.	1 school	10	3	.769

FORDDY ANDERSON ═══

(Stanford '42)

Year	School	Won	Lost
1947	Drake	18	11
1948	Drake	14	12
1949	Bradley	27	8
1950	Bradley	32	5
1951	Bradley	32	6
1952	Bradley	17	12
1953	Bradley	15	12
1954	Bradley	19	13
1955	Michigan St.	13	9
1956	Michigan St.	13	9
1957	Michigan St.	16	10
1958	Michigan St.	16	6
1959	Michigan St.	19	4
1960	Michigan St.	10	11
1961	Michigan St.	7	17
1962	Michigan St.	8	14
1963	Michigan St.	4	16
1964	Michigan St.	14	10
1965	Michigan St.	5	18
1966	Hiram Scott	12	3
1967	Hiram Scott	19	4
1968	Hiram Scott	15	5
1969	Hiram Scott	13	8
1970	Hiram Scott	10	11
24 yrs.	4 schools	.611	368 234

NCAA Tournament

Year	School	Won	Lost	Finish
1950	Bradley	2	1	2nd
1954	Bradley	4	1	2nd
1957	Michigan St.	2	2	4th
1959	Michigan St.	1	1	RR
4 yrs.	2 schools	9	5	.643

HAROLD ANDERSON ═══

(Otterbein '24)
Naismith Memorial Basketball Hall of Fame.

Year	School	Won	Lost
1935	Toledo	13	3
1936	Toledo	12	4
1937	Toledo	18	4
1938	Toledo	14	6
1939	Toledo	17	10
1940	Toledo	24	6
1941	Toledo	21	3
1942	Toledo	23	5
1943	Bowling Green	18	5
1944	Bowling Green	22	4
1945	Bowling Green	24	4
1946	Bowling Green	27	5
1947	Bowling Green	28	7
1948	Bowling Green	27	6
1949	Bowling Green	24	7
1950	Bowling Green	19	11
1951	Bowling Green	10	4
1952	Bowling Green	17	10
1953	Bowling Green	12	15
1954	Bowling Green	17	7
1955	Bowling Green	6	16
1956	Bowling Green	4	19
1957	Bowling Green	14	9
1958	Bowling Green	15	8
1959	Bowling Green	18	8
1960	Bowling Green	10	14
1961	Bowling Green	10	14
1962	Bowling Green	21	4
1963	Bowling Green	19	8
29 yrs.	2 schools	.690	504 226

NCAA Tournament

Year	School	Won	Lost	Finish
1959	Bowling Green	0	1	
1962	Bowling Green	0	1	
1963	Bowling Green	1	2	
3 yrs.	1 school	1	4	.200

LEW ANDREAS ═══

(Syracuse '21)

Year	School	Won	Lost
1925	Syracuse	14	2
1926	Syracuse	19	1
1927	Syracuse	15	4
1928	Syracuse	10	6
1929	Syracuse	11	4
1930	Syracuse	18	2
1931	Syracuse	16	4
1932	Syracuse	13	7
1933	Syracuse	14	2
1934	Syracuse	15	2
1935	Syracuse	15	2
1936	Syracuse	12	5
1937	Syracuse	13	4
1938	Syracuse	13	5
1939	Syracuse	14	4
1940	Syracuse	10	8
1941	Syracuse	14	5
1942	Syracuse	15	6
1943	Syracuse	8	10
1945	Syracuse	7	12
1946	Syracuse	23	4
1947	Syracuse	19	6
1948	Syracuse	11	13
1949	Syracuse	18	7
1950	Syracuse	18	9
25 yrs.	1 school	.726	355 134

JUSTIN "SAM" BARRY ═══

(Wisconsin '16)
Naismith Memorial Basketball Hall of Fame.

Year	School	Won	Lost
1919	Knox	9	2
1920	Knox	8	6
1921	Knox	10	2
1922	Knox	11	5
1923	Iowa	13	2
1924	Iowa	7	10
1925	Iowa	6	10
1926	Iowa	12	5
1927	Iowa	9	8
1928	Iowa	6	11
1929	Iowa	9	8

Year	School	Won	Lost
1930	Southern Cal	15	5
1931	Southern Cal	8	8
1932	Southern Cal	10	12
1933	Southern Cal	18	5
1934	Southern Cal	16	8
1935	Southern Cal	20	6
1936	Southern Cal	14	12
1937	Southern Cal	19	6
1938	Southern Cal	17	9
1939	Southern Cal	20	5
1940	Southern Cal	20	3
1941	Southern Cal	15	10
1945	Southern Cal	15	9
1946	Southern Cal	14	7
1947	Southern Cal	10	14
1948	Southern Cal	14	10
1949	Southern Cal	14	10
1950	Southern Cal	16	8
29 yrs.	3 schools	.635	375 216

NCAA Tournament

Year	School	Won	Lost	Finish
1940	Southern Cal	1	1	T-3rd
1 year	1 school	1	1	.500

GENE BARTOW
(Northeast Mo. St. '53)
Named coach of the year by the NABC in 1973.

Year	School	Won	Lost
1962	Central Mo. St.	16	6
1963	Central Mo. St.	17	6
1964	Central Mo. St.	14	9
1965	Valparaiso	13	12
1966	Valparaiso	19	9
1967	Valparaiso	21	8
1968	Valparaiso	11	15
1969	Valparaiso	16	12
1970	Valparaiso	13	13
1971	Memphis St.	18	8
1972	Memphis St.	21	7
1973	Memphis St.	24	6
1974	Memphis St.	19	11
1975	Illinois	8	18
1976	UCLA	28	4

Year	School	Won	Lost
1977	UCLA	24	5
1979	Ala.-Birmingham	15	11
1980	Ala.-Birmingham	18	12
1981	Ala.-Birmingham	23	9
1982	Ala.-Birmingham	25	6
1983	Ala.-Birmingham	19	14
1984	Ala.-Birmingham	23	11
1985	Ala.-Birmingham	25	9
1986	Ala.-Birmingham	25	11
1987	Ala.-Birmingham	21	11
1988	Ala.-Birmingham	16	15
1989	Ala.-Birmingham	22	12
1990	Ala.-Birmingham	22	9
1991	Ala.-Birmingham	18	13
29 yrs.	6 schools	.655	554 292

NCAA Tournament

Year	School	Won	Lost	Finish
1973	Memphis St.	3	1	2nd
1976	UCLA	4	1	3rd
1977	UCLA	1	1	
1981	Ala.-Birm.	2	1	
1982	Ala.-Birm.	2	1	RR
1983	Ala.-Birm.	0	1	
1984	Ala.-Birm.	0	1	
1985	Ala.-Birm.	1	1	
1986	Ala.-Birm.	1	1	
1987	Ala.-Birm.	0	1	
1990	Ala.-Birm.	0	1	
11 yrs.	3 schools	14	11	.560

CLAIR BEE
(Waynesburg)
Naismith Memorial Basketball Hall of Fame... Coached team to NIT titles in 1939 and 1941.

Year	School	Won	Lost
1929	Rider	19	3
1930	Rider	17	2
1931	Rider	17	2
1932	LIU-Brooklyn	16	4
1933	LIU-Brooklyn	6	11
1934	LIU-Brooklyn	26	1
1935	LIU-Brooklyn	24	2
1936	LIU-Brooklyn	25	0
1937	LIU-Brooklyn	28	3
1938	LIU-Brooklyn	23	5
1939	LIU-Brooklyn	23	0
1940	LIU-Brooklyn	19	4
1941	LIU-Brooklyn	25	2
1942	LIU-Brooklyn	25	3
1943	LIU-Brooklyn	13	6
1946	LIU-Brooklyn	14	9
1947	LIU-Brooklyn	17	5
1948	LIU-Brooklyn	17	4
1949	LIU-Brooklyn	18	12
1950	LIU-Brooklyn	20	5
1951	LIU-Brooklyn	20	4
21 yrs.	2 schools	.826	412 87

TOM BLACKBURN
(Wilmington '31)
Coached team to the NIT title in 1962.

Year	School	Won	Lost
1948	Dayton	12	14
1949	Dayton	16	14
1950	Dayton	24	8
1951	Dayton	27	5
1952	Dayton	28	5
1953	Dayton	16	13
1954	Dayton	25	7
1955	Dayton	25	4
1956	Dayton	25	4
1957	Dayton	19	9
1958	Dayton	25	4
1959	Dayton	14	12
1960	Dayton	21	7
1961	Dayton	20	9
1962	Dayton	24	6
1963	Dayton	16	10
1964	Dayton	15	10
17 yrs.	1 school	.714	352 141

NCAA Tournament

Year	School	Won	Lost	Finish
1952	Dayton	1	1	
1 yr.	1 school	1	1	.500

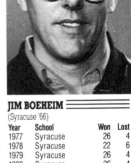

JIM BOEHEIM
(Syracuse '66)

Year	School	Won	Lost
1977	Syracuse	26	4
1978	Syracuse	22	6
1979	Syracuse	26	4
1980	Syracuse	26	4
1981	Syracuse	22	12
1982	Syracuse	16	13
1983	Syracuse	21	10
1984	Syracuse	23	9
1985	Syracuse	22	9
1986	Syracuse	26	6
1987	Syracuse	31	7
1988	Syracuse	26	9
1989	Syracuse	30	8

1990	Syracuse	26	7
1991	Syracuse	26	6

15 yrs.	1 school	.764	369	114

NCAA Tournament

Year	School	Won	Lost	Finish
1977	Syracuse	1	1	
1978	Syracuse	0	1	
1979	Syracuse	1	1	
1980	Syracuse	1	1	
1983	Syracuse	1	1	
1984	Syracuse	1	1	
1985	Syracuse	1	1	
1986	Syracuse	1	1	
1987	Syracuse	5	1	2nd
1988	Syracuse	1	1	
1989	Syracuse	3	1	RR
1990	Syracuse	2	1	
1991	Syracuse	0	1	

13 yrs.	1 school	18	13	.581

LARRY BROWN

(North Caro. '63)

Naismith coach of the year in 1988...Olympic team member in 1964...Olympic team coach in 1980.

Year	School	Won	Lost
1980*	UCLA	17	9
1981	UCLA	20	7
1984	Kansas	22	10
1985	Kansas	26	8
1986	Kansas	35	4
1987	Kansas	25	11
1988	Kansas	27	11

7 yrs.	2 schools	.741	172	60

*On-court record before NCAA tournament games vacated: 1980, 22-10.

NCAA Tournament

Year	School	Won	Lost	Finish
1981	UCLA	0	1	
1984	Kansas	1	1	
1985	Kansas	1	1	
1986	Kansas	4	1	T-3rd
1987	Kansas	2	1	

1988	Kansas	6	0	CH

6 yrs.	2 schools	14	5	.737

Note: NCAA tournament record later vacated: 1980, 5-1, 2nd place.

VIC BUBAS

(North Caro. St. '51)

Year	School	Won	Lost
1960	Duke	17	11
1961	Duke	22	6
1962	Duke	20	5
1963	Duke	27	3
1964	Duke	26	5
1965	Duke	20	5
1966	Duke	26	4
1967	Duke	18	9
1968	Duke	22	6
1969	Duke	15	13

10 yrs.	1 school	.761	213	67

NCAA Tournament

Year	School	Won	Lost	Finish
1960	Duke	2	1	RR
1963	Duke	3	1	3rd
1964	Duke	3	1	2nd
1966	Duke	3	1	3rd

4 yrs.	1 school	11	4	.733

HOWARD CANN

(New York U. '20)

Naismith Memorial Basketball Hall of Fame.

Year	School	Won	Lost
1924	New York U.	8	8
1925	New York U.	7	7
1926	New York U.	10	4
1927	New York U.	4	7
1928	New York U.	8	6
1929	New York U.	13	5
1930	New York U.	13	3

1931	New York U.	9	6
1932	New York U.	6	6
1933	New York U.	11	4
1934	New York U.	16	0
1935	New York U.	18	1
1936	New York U.	14	4
1937	New York U.	10	6
1938	New York U.	16	8
1939	New York U.	11	11
1940	New York U.	18	1
1941	New York U.	13	6
1942	New York U.	12	7
1943	New York U.	16	6
1944	New York U.	7	7
1945	New York U.	14	7
1946	New York U.	19	3
1947	New York U.	12	9
1948	New York U.	22	4
1949	New York U.	12	8
1950	New York U.	8	11
1951	New York U.	12	4
1952	New York U.	17	8
1953	New York U.	9	11
1954	New York U.	9	9
1955	New York U.	7	13
1956	New York U.	10	8
1957	New York U.	8	13
1958	New York U.	10	11

35 yrs.	1 school	.638	409	232

NCAA Tournament

Year	School	Won	Lost	Finish
1943	New York U.	0	2	
1945	New York U.	2	1	2nd
1946	New York U.	1	1	

3 yrs.	1 school	3	4	.429

HENRY "DOC" CARLSON

(Pittsburgh '18)

Naismith Memorial Basketball Hall of Fame.

Year	School	Won	Lost
1923	Pittsburgh	10	5
1924	Pittsburgh	10	7
1925	Pittsburgh	4	10
1926	Pittsburgh	11	6
1927	Pittsburgh	10	7
1928	Pittsburgh	21	0
1929	Pittsburgh	16	5
1930	Pittsburgh	23	2
1931	Pittsburgh	20	4
1932	Pittsburgh	14	16
1933	Pittsburgh	17	5
1934	Pittsburgh	18	4
1935	Pittsburgh	18	6
1936	Pittsburgh	19	10
1937	Pittsburgh	14	7
1938	Pittsburgh	9	12
1939	Pittsburgh	10	8
1940	Pittsburgh	8	9
1941	Pittsburgh	13	6
1942	Pittsburgh	5	10
1943	Pittsburgh	10	5
1944	Pittsburgh	7	7
1945	Pittsburgh	8	4

1946	Pittsburgh	7	7
1947	Pittsburgh	8	10
1948	Pittsburgh	10	11
1949	Pittsburgh	12	13
1950	Pittsburgh	4	14
1951	Pittsburgh	9	17
1952	Pittsburgh	10	12
1953	Pittsburgh	12	11
31 yrs.	1 school	.595 367 250	

NCAA Tournament

Year	School	Won	Lost	Finish
1941	Pittsburgh	1	1	T-3rd
1 yr.	1 school	1	1	.500

LOU CARNESECCA

[St. John's (N.Y.) '46]

Named coach of the year by the USBWA and the NABC in 1983, and by UPI and the USBWA in 1985.

Year	School	Won	Lost
1966	St. John's (N.Y.)	18	8
1967	St. John's (N.Y.)	23	5
1968	St. John's (N.Y.)	19	8
1969	St. John's (N.Y.)	23	6
1970	St. John's (N.Y.)	21	8
1974	St. John's (N.Y.)	20	7
1975	St. John's (N.Y.)	21	10
1976	St. John's (N.Y.)	23	6
1977	St. John's (N.Y.)	22	9
1978	St. John's (N.Y.)	21	7
1979	St. John's (N.Y.)	21	11
1980	St. John's (N.Y.)	24	5
1981	St. John's (N.Y.)	17	11
1982	St. John's (N.Y.)	21	9
1983	St. John's (N.Y.)	28	5
1984	St. John's (N.Y.)	18	12
1985	St. John's (N.Y.)	31	4
1986	St. John's (N.Y.)	31	5
1987	St. John's (N.Y.)	21	9
1988	St. John's (N.Y.)	17	12
1989	St. John's (N.Y.)	20	13
1990	St. John's (N.Y.)	24	10
1991	St. John's (N.Y.)	23	9
23 yrs.	1 school	.728 507 189	

NCAA Tournament

Year	School	Won	Lost	Finish
1967	St. John's	1	2	
1968	St. John's	0	1	
1969	St. John's	1	2	
1976	St. John's	0	1	
1977	St. John's	0	1	
1978	St. John's	0	1	
1979	St. John's	3	1	RR
1980	St. John's	0	1	
1982	St. John's	1	1	
1983	St. John's	1	1	
1984	St. John's	0	1	
1985	St. John's	4	1	T-3rd
1986	St. John's	1	1	
1987	St. John's	1	1	
1988	St. John's	0	1	
1990	St. John's	1	1	
1991	St. John's	3	1	RR
17 yrs.	1 school	17	19	.472

BEN CARNEVALE

(New York U. '38)

Naismith Memorial Basketball Hall of Fame...Olympic team coach in 1968.

Year	School	Won	Lost
1945	North Caro.	22	6
1946	North Caro.	30	5
1947	Navy	16	3
1948	Navy	10	7
1949	Navy	12	9
1950	Navy	14	7
1951	Navy	16	6
1952	Navy	16	7
1953	Navy	16	5
1954	Navy	18	8
1955	Navy	11	9
1956	Navy	10	9
1957	Navy	15	8
1958	Navy	10	10
1959	Navy	18	6
1960	Navy	16	6
1961	Navy	10	9
1962	Navy	13	8
1963	Navy	9	9
1964	Navy	10	12
1965	Navy	10	10
1966	Navy	7	12
22 yrs.	2 schools	.644 309 171	

NCAA Tournament

Year	School	Won	Lost	Finish
1946	North Caro.	2	1	2nd
1947	Navy	0	2	
1953	Navy	0	1	
1954	Navy	2	1	RR
1959	Navy	2	1	
1960	Navy	0	1	
6 yrs.	2 schools	6	7	.462

EVERETT CASE

(Wisconsin '23)

Naismith Memorial Basketball Hall of Fame.

Year	School	Won	Lost
1947	North Caro. St.	26	5
1948	North Caro. St.	29	3
1949	North Caro. St.	25	8
1950	North Caro. St.	27	6
1951	North Caro. St.	30	7
1952	North Caro. St.	24	10
1953	North Caro. St.	26	6
1954	North Caro. St.	26	7
1955	North Caro. St.	28	4
1956	North Caro. St.	24	4
1957	North Caro. St.	15	11
1958	North Caro. St.	18	6
1959	North Caro. St.	22	4
1960	North Caro. St.	11	15
1961	North Caro. St.	16	9
1962	North Caro. St.	11	6
1963	North Caro. St.	10	11
1964	North Caro. St.	8	11
18 yrs.	1 school	.739 376 133	

NCAA Tournament

Year	School	Won	Lost	Finish
1950	N.C. State	2	1	T-3rd
1951	N.C. State	1	2	RR
1952	N.C. State	1	1	
1954	N.C. State	2	1	
1956	N.C. State	0	1	
5 yrs.	1 school	6	6	.500

GARY COLSON

(David Lipscomb '56)

Year	School	Won	Lost
1959	Valdosta St.	13	9
1960	Valdosta St.	10	13
1961	Valdosta St.	18	6
1962	Valdosta St.	19	2
1963	Valdosta St.	17	8
1964	Valdosta St.	19	6
1965	Valdosta St.	17	4
1966	Valdosta St.	25	5

1967	Valdosta St.	27	8
1968	Valdosta St.	23	8
1969	Pepperdine	14	12
1970	Pepperdine	14	12
1971	Pepperdine	12	13
1972	Pepperdine	10	15
1973	Pepperdine	14	11
1974	Pepperdine	8	18
1975	Pepperdine	17	8
1976	Pepperdine	22	6
1977	Pepperdine	13	13
1978	Pepperdine	7	19
1979	Pepperdine	22	10
1981	New Mexico	11	15
1982	New Mexico	14	14
1983	New Mexico	14	15
1984	New Mexico	24	11
1985	New Mexico	19	13
1986	New Mexico	17	14
1987	New Mexico	25	10
1988	New Mexico	22	14
1991	Fresno St.	14	16
30 yrs. 4 schools	.604	501	328

NCAA Tournament

Year	School	Won	Lost	Finish
1976	Pepperdine	1	1	
1979	Pepperdine	1	1	
2 yrs.	1 school	2	2	.500

HARRY COMBES
(Illinois '37)

Year	School	Won	Lost
1948	Illinois	15	5
1949	Illinois	21	4
1950	Illinois	14	8
1951	Illinois	22	5
1952	Illinois	22	4
1953	Illinois	18	4
1954	Illinois	17	5
1955	Illinois	17	5
1956	Illinois	18	4
1957	Illinois	14	8
1958	Illinois	11	11
1959	Illinois	12	10
1960	Illinois	16	7
1961	Illinois	9	15
1962	Illinois	15	8
1963	Illinois	20	6
1964	Illinois	13	11
1965	Illinois	18	6
1966	Illinois	12	12
1967	Illinois	12	12
20 yrs. 1 school	.678	316	150

NCAA Tournament

Year	School	Won	Lost	Finish
1949	Illinois	2	1	3rd
1951	Illinois	3	1	3rd
1952	Illinois	3	1	3rd
1963	Illinois	1	1	RR
4 yrs.	1 school	9	4	.692

DENNY CRUM
(UCLA '58)

Year	School	Won	Lost
1972	Louisville	26	5
1973	Louisville	23	7
1974	Louisville	21	7
1975	Louisville	28	3
1976	Louisville	20	8
1977	Louisville	21	7
1978	Louisville	23	7
1979	Louisville	24	8
1980	Louisville	33	3
1981	Louisville	21	9
1982	Louisville	23	10
1983	Louisville	32	4
1984	Louisville	24	11
1985	Louisville	19	18
1986	Louisville	32	7
1987	Louisville	18	14
1988	Louisville	24	11
1989	Louisville	24	9
1990	Louisville	27	8
1991	Louisville	14	16
20 yrs. 1 school	.735	477	172

NCAA Tournament

Year	School	Won	Lost	Finish
1972	Louisville	2	2	4th
1974	Louisville	0	2	
1975	Louisville	4	1	3rd
1977	Louisville	0	1	
1978	Louisville	1	1	
1979	Louisville	1	1	
1980	Louisville	5	0	CH
1981	Louisville	0	1	
1982	Louisville	3	1	T-3rd
1983	Louisville	3	1	T-3rd
1984	Louisville	2	1	
1986	Louisville	6	0	CH
1988	Louisville	2	1	
1989	Louisville	2	1	
1990	Louisville	1	1	
15 yrs.	1 school	32	15	.681

CHICK DAVIES
(Duquesne '34)

Year	School	Won	Lost
1925	Duquesne	12	6
1926	Duquesne	15	4
1927	Duquesne	16	4
1928	Duquesne	15	7
1929	Duquesne	12	8
1930	Duquesne	18	10
1931	Duquesne	12	6
1932	Duquesne	14	6
1933	Duquesne	15	1
1934	Duquesne	19	2
1935	Duquesne	18	1
1936	Duquesne	14	3
1937	Duquesne	13	6
1938	Duquesne	6	11
1939	Duquesne	14	4
1940	Duquesne	20	3
1941	Duquesne	17	3
1942	Duquesne	15	6
1943	Duquesne	12	7
1947	Duquesne	20	2
1948	Duquesne	17	6
21 yrs. 1 school	.748	314	106

NCAA Tournament

Year	School	Won	Lost	Finish
1940	Duquesne	1	1	T-3rd
1 yr.	1 school	1	1	.500

EVERETT DEAN
(Indiana '21)
Naismith Memorial Basketball Hall of Fame.

Year	School	Won	Lost
1922	Carleton	14	2
1923	Carleton	17	2
1924	Carleton	14	0
1925	Indiana	12	5
1926	Indiana	12	5
1927	Indiana	13	4
1928	Indiana	15	2
1929	Indiana	7	10
1930	Indiana	9	8
1931	Indiana	9	8
1932	Indiana	8	10
1933	Indiana	10	8
1934	Indiana	13	7
1935	Indiana	14	6
1936	Indiana	18	2
1937	Indiana	13	7
1938	Indiana	10	10
1939	Stanford	16	9
1940	Stanford	14	9
1941	Stanford	21	5
1942	Stanford	27	4
1943	Stanford	10	10
1946	Stanford	6	18
1947	Stanford	15	16
1948	Stanford	15	11
1949	Stanford	19	9
1950	Stanford	11	14
1951	Stanford	12	14
28 yrs. 3 schools	.635	374	215

NCAA Tournament

Year	School	Won	Lost	Finish
1942	Stanford	3	0	CH
1 yr.	1 school	3	0	1.000

ED DIDDLE

(Centre '21)

Naismith Memorial Basketball Hall of Fame...Through the 1991 season, was tied for the NCAA career record for most years coached at one school.

Year	School	Won	Lost
1923	Western Ky.	12	2
1924	Western Ky.	9	9
1925	Western Ky.	8	6
1926	Western Ky.	10	4
1927	Western Ky.	12	7
1928	Western Ky.	10	7
1929	Western Ky.	8	10
1930	Western Ky.	4	12
1931	Western Ky.	11	3
1932	Western Ky.	15	8
1933	Western Ky.	16	6
1934	Western Ky.	28	8
1935	Western Ky.	24	3
1936	Western Ky.	26	4
1937	Western Ky.	21	2
1938	Western Ky.	30	3
1939	Western Ky.	22	3
1940	Western Ky.	24	6
1941	Western Ky.	22	4
1942	Western Ky.	29	5
1943	Western Ky.	24	3
1944	Western Ky.	13	9
1945	Western Ky.	17	10
1946	Western Ky.	15	19
1947	Western Ky.	25	4
1948	Western Ky.	28	2
1949	Western Ky.	25	4
1950	Western Ky.	25	6
1951	Western Ky.	19	10
1952	Western Ky.	26	5
1953	Western Ky.	25	6
1954	Western Ky.	29	3
1955	Western Ky.	18	10
1956	Western Ky.	16	12
1957	Western Ky.	17	9
1958	Western Ky.	14	11
1959	Western Ky.	16	10
1960	Western Ky.	21	7
1961	Western Ky.	18	8
1962	Western Ky.	17	10
1963	Western Ky.	5	16
1964	Western Ky.	5	16
42 yrs.	1 school	.715	759	302

NCAA Tournament

Year	School	Won	Lost	Finish
1940	Western Ky.	0	1	
1960	Western Ky.	2	1	
1962	Western Ky.	1	2	
3 yrs.	1 school	3	4	.429

BRUCE DRAKE

(Oklahoma '29)

Naismith Memorial Basketball Hall of Fame...Olympic team coach in 1956.

Year	School	Won	Lost
1939	Oklahoma	12	9
1940	Oklahoma	12	7
1941	Oklahoma	6	12
1942	Oklahoma	11	7
1943	Oklahoma	18	9
1944	Oklahoma	15	8
1945	Oklahoma	12	13
1946	Oklahoma	11	10
1947	Oklahoma	24	7
1948	Oklahoma	13	9
1949	Oklahoma	14	9
1950	Oklahoma	12	10
1951	Oklahoma	14	10
1952	Oklahoma	7	17
1953	Oklahoma	8	13
1954	Oklahoma	8	13
1955	Oklahoma	3	18
17 yrs.	1 school	.525	200	181

NCAA Tournament

Year	School	Won	Lost	Finish
1939	Oklahoma	1	1	T-3rd
1943	Oklahoma	1	1	
1947	Oklahoma	2	1	2nd
3 yrs.	1 school	4	3	.571

CHARLES "LEFTY" DRIESELL

(Duke '54)

NCAA Award of Valor in 1974...Coached team to the NIT title in 1972.

Year	School	Won	Lost
1961	Davidson	9	14
1962	Davidson	14	11
1963	Davidson	20	7
1964	Davidson	22	4
1965	Davidson	24	2
1966	Davidson	21	7
1967	Davidson	15	12
1968	Davidson	24	5
1969	Davidson	27	3
1970	Maryland	13	13
1971	Maryland	14	12
1972	Maryland	27	5
1973	Maryland	23	7
1974	Maryland	23	5
1975	Maryland	24	5
1976	Maryland	22	6
1977	Maryland	19	8
1978	Maryland	15	13
1979	Maryland	19	11
1980	Maryland	24	7
1981	Maryland	21	10
1982	Maryland	16	13
1983	Maryland	20	10
1984	Maryland	24	8
1985	Maryland	25	12
1986	Maryland	19	14
1989	James Madison	16	14
1990	James Madison	20	11
1991	James Madison	19	10
29 yrs.	3 schools	.691	579	259

NCAA Tournament

Year	School	Won	Lost	Finish
1966	Davidson	1	2	
1968	Davidson	2	1	RR
1969	Davidson	2	1	RR
1973	Maryland	1	1	RR
1975	Maryland	2	1	RR
1980	Maryland	1	1	
1981	Maryland	1	1	
1983	Maryland	1	1	
1984	Maryland	1	1	
1985	Maryland	2	1	
1986	Maryland	1	1	
11 yrs.	2 schools	15	12	.556

CLARENCE "HEC" EDMUNDSON

(Idaho '09)

Year	School	Won	Lost
1917	Idaho	8	8
1918	Idaho	12	1
1921	Washington	18	4
1922	Washington	13	5
1923	Washington	12	4
1924	Washington	12	4
1925	Washington	14	7
1926	Washington	10	6
1927	Washington	15	4
1928	Washington	22	6
1929	Washington	18	2
1930	Washington	21	7
1931	Washington	25	3
1932	Washington	19	6
1933	Washington	22	6
1934	Washington	20	5
1935	Washington	16	8
1936	Washington	25	7
1937	Washington	15	11
1938	Washington	29	7
1939	Washington	20	5
1940	Washington	10	15
1941	Washington	12	13
1942	Washington	18	7
1943	Washington	24	7
1944	Washington	26	6
1945	Washington	22	18
1946	Washington	14	14
1947	Washington	16	8
29 yrs.	2 schools	.713	508	204

NCAA Tournament

Year	School	Won	Lost	Finish
1943	Washington	0	2	
1 yr.	1 school	0	2	.000

FRED ENKE

(Minnesota '21)

Year	School	Won	Lost
1924	Louisville	3	13
1925	Louisville	10	7
1926	Arizona	6	7
1927	Arizona	13	4
1928	Arizona	13	3
1929	Arizona	19	4
1930	Arizona	15	6
1931	Arizona	9	6
1932	Arizona	18	2
1933	Arizona	19	5
1934	Arizona	18	9
1935	Arizona	11	8
1936	Arizona	16	7
1937	Arizona	14	11
1938	Arizona	13	8
1939	Arizona	12	11
1940	Arizona	15	10
1941	Arizona	11	7
1942	Arizona	9	13
1943	Arizona	22	2
1944	Arizona	12	2
1945	Arizona	7	11
1946	Arizona	25	5
1947	Arizona	21	3
1948	Arizona	19	10
1949	Arizona	17	11
1950	Arizona	26	5
1951	Arizona	24	6
1952	Arizona	11	16
1953	Arizona	13	11
1954	Arizona	14	10
1955	Arizona	8	17
1956	Arizona	11	15
1957	Arizona	13	13
1958	Arizona	10	15
1959	Arizona	4	22
1960	Arizona	10	14
1961	Arizona	11	15

38 yrs.	2 schools	.603	522	344

NCAA Tournament

Year	School	Won	Lost	Finish
1951	Arizona	0	1	

1 yr.	1 school	0	1	.000

HARRY FISHER

(Columbia '05)
Naismith Memorial Basketball Hall of Fame.

Year	School	Won	Lost
1907	Columbia	11	2
1908	Columbia	10	11
1909	Columbia	15	1
1910	Columbia	11	0
1911	Columbia	13	1
1912	Columbia	10	2
1913	Columbia	8	5
1914	Columbia	9	3
1915	Columbia	11	5
1916	Columbia	3	9
1922	Army	17	2
1923	Army	17	0
1925	Army	12	3

13 yrs.	2 schools	.770	147	44

STEVE FISHER

(Illinois St. '67)

Year	School	Won	Lost
1989	Michigan	6	0
1990	Michigan	23	8
1991	Michigan	14	15

3 yrs.	1 school	.652	43	23

NCAA Tournament

Year	School	Won	Lost	Finish
1989	Michigan	6	0	CH
1990	Michigan	1	1	

2 yrs.	1 school	7	1	.875

HAROLD "BUD" FOSTER

(Wisconsin '30)
Naismith Memorial Basketball Hall of Fame.

Year	School	Won	Lost
1935	Wisconsin	15	5
1936	Wisconsin	11	9
1937	Wisconsin	8	12
1938	Wisconsin	10	10
1939	Wisconsin	10	10
1940	Wisconsin	5	15
1941	Wisconsin	20	3
1942	Wisconsin	14	7
1943	Wisconsin	12	9
1944	Wisconsin	12	9
1945	Wisconsin	10	11
1946	Wisconsin	4	17
1947	Wisconsin	16	6
1948	Wisconsin	12	8
1949	Wisconsin	12	10
1950	Wisconsin	17	5
1951	Wisconsin	10	12
1952	Wisconsin	10	12
1953	Wisconsin	13	9
1954	Wisconsin	12	10
1955	Wisconsin	10	12
1956	Wisconsin	6	16
1957	Wisconsin	5	17
1958	Wisconsin	8	14
1959	Wisconsin	3	19

25 yrs.	1 school	.498	265	267

NCAA Tournament

Year	School	Won	Lost	Finish
1941	Wisconsin	3	0	CH
1947	Wisconsin	1	1	

2 yrs.	1 school	4	1	.800

JACK GARDNER

(Southern Cal '32)
Naismith Memorial Basketball Hall of Fame.

Year	School	Won	Lost
1940	Kansas St.	6	12
1941	Kansas St.	6	12
1942	Kansas St.	8	10
1947	Kansas St.	14	10
1948	Kansas St.	22	6
1949	Kansas St.	13	11
1950	Kansas St.	17	7
1951	Kansas St.	25	4
1952	Kansas St.	19	5
1953	Kansas St.	17	4
1954	Utah	12	14
1955	Utah	24	4
1956	Utah	22	6
1957	Utah	19	8
1958	Utah	20	7
1959	Utah	21	7
1960	Utah	26	3
1961	Utah	23	8
1962	Utah	23	3
1963	Utah	12	14
1964	Utah	19	9
1965	Utah	17	9
1966	Utah	23	8
1967	Utah	15	11
1968	Utah	17	9
1969	Utah	13	13
1970	Utah	18	10
1971	Utah	15	11

28 yrs.	2 schools	.674	486	235

NCAA Tournament

Year	School	Won	Lost	Finish
1948	Kansas St.	1	2	4th
1951	Kansas St.	3	1	2nd
1955	Utah	1	1	
1956	Utah	1	1	RR
1959	Utah	0	2	
1960	Utah	2	1	
1961	Utah	2	2	4th
1966	Utah	2	2	4th

8 yrs.	2 schools	12	12	.500

AMORY "SLATS" GILL

(Oregon St. '25)
Naismith Memorial Basketball Hall of Fame.

Year	School	Won	Lost
1929	Oregon St.	12	8
1930	Oregon St.	14	13
1931	Oregon St.	19	9
1932	Oregon St.	12	12
1933	Oregon St.	21	6
1934	Oregon St.	14	10
1935	Oregon St.	19	9
1936	Oregon St.	16	9
1937	Oregon St.	11	14
1938	Oregon St.	17	16
1939	Oregon St.	13	11
1940	Oregon St.	27	11
1941	Oregon St.	19	9
1942	Oregon St.	18	9
1943	Oregon St.	19	9
1944	Oregon St.	8	16
1945	Oregon St.	20	8
1946	Oregon St.	13	11
1947	Oregon St.	28	5
1948	Oregon St.	21	13
1949	Oregon St.	24	12
1950	Oregon St.	13	14
1951	Oregon St.	14	18
1952	Oregon St.	9	19
1953	Oregon St.	11	18
1954	Oregon St.	19	10
1955	Oregon St.	22	8
1956	Oregon St.	8	18
1957	Oregon St.	11	15
1958	Oregon St.	20	6
1959	Oregon St.	13	13
1960	Oregon St.	9	3
1961	Oregon St.	14	12
1962	Oregon St.	24	5
1963	Oregon St.	22	9
1964	Oregon St.	25	4
36 yrs.	1 school	.604	599 392

NCAA Tournament

Year	School	Won	Lost	Finish
1947	Oregon St.	1	1	RR
1949	Oregon St.	1	2	4th
1955	Oregon St.	1	1	RR
1962	Oregon St.	2	1	RR
1963	Oregon St.	3	2	4th
1964	Oregon St.	0	1	
6 yrs.	1 school	8	8	.500

HUGH GREER

(Connecticut '26)

Year	School	Won	Lost
1947#	Connecticut	12	0
1948	Connecticut	17	6
1949	Connecticut	19	6
1950	Connecticut	17	8
1951	Connecticut	22	4
1952	Connecticut	20	7
1953	Connecticut	17	4
1954	Connecticut	23	3
1955	Connecticut	20	5
1956	Connecticut	17	11
1957	Connecticut	17	8
1958	Connecticut	17	10
1959	Connecticut	17	7
1960	Connecticut	17	9
1961	Connecticut	11	13
1962	Connecticut	16	8
1963	Connecticut	7	3
17 yrs.	1 school	.719	286 112

#Greer coached only last 12 games of 16-2 season

NCAA Tournament

Year	School	Won	Lost	Finish
1951	Connecticut	0	1	
1954	Connecticut	0	1	
1956	Connecticut	1	2	
1957	Connecticut	0	1	
1958	Connecticut	0	1	
1959	Connecticut	0	1	
1960	Connecticut	0	1	
7 yrs.	1 school	1	8	.111

JOE B. HALL

(Sewanee '51)
Coached team to the NIT title in 1976.

Year	School	Won	Lost
1960	Regis (Colo.)	10	11
1961	Regis (Colo.)	10	10
1962	Regis (Colo.)	10	11
1963	Regis (Colo.)	15	9
1964	Regis (Colo.)	12	9
1965	Central Mo. St.	19	6
1973	Kentucky	20	8
1974	Kentucky	13	13
1975	Kentucky	26	5
1976	Kentucky	20	10
1977	Kentucky	26	4
1978	Kentucky	30	2
1979	Kentucky	19	12
1980	Kentucky	29	6
1981	Kentucky	22	6
1982	Kentucky	22	8
1983	Kentucky	23	8
1984	Kentucky	29	5
1985	Kentucky	18	13
19 yrs.	3 schools	.705	373 156

NCAA Tournament

Year	School	Won	Lost	Finish
1973	Kentucky	1	1	RR
1975	Kentucky	4	1	2nd
1977	Kentucky	2	1	RR
1978	Kentucky	5	0	CH
1980	Kentucky	1	1	
1981	Kentucky	0	1	
1982	Kentucky	0	1	
1983	Kentucky	2	1	RR
1984	Kentucky	3	1	T-3rd
1985	Kentucky	2	1	
10 yrs.	1 school	20	9	.690

MARV HARSHMAN

(Pacific Lutheran '42)
Named coach of the year by the NABC in 1984...Naismith Memorial Basketball Hall of Fame.

Year	School	Won	Lost
1946	Pacific Lutheran	3	13
1947	Pacific Lutheran	10	18
1948	Pacific Lutheran	17	15
1949	Pacific Lutheran	25	7
1950	Pacific Lutheran	19	8
1951	Pacific Lutheran	20	11
1952	Pacific Lutheran	22	10
1953	Pacific Lutheran	16	10
1954	Pacific Lutheran	18	10
1955	Pacific Lutheran	17	6
1956	Pacific Lutheran	25	6
1957	Pacific Lutheran	28	1
1958	Pacific Lutheran	21	6
1959	Washington St.	10	16
1960	Washington St.	13	13
1961	Washington St.	10	16
1962	Washington St.	8	18
1963	Washington St.	5	20
1964	Washington St.	5	21
1965	Washington St.	9	17
1966	Washington St.	15	11
1967	Washington St.	15	11
1968	Washington St.	16	9
1969	Washington St.	18	8
1970	Washington St.	19	7
1971	Washington St.	12	14
1972	Washington	20	6
1973	Washington	16	11
1974	Washington	16	10
1975	Washington	16	10
1976	Washington	23	5
1977	Washington	17	10
1978	Washington	14	13
1979	Washington	11	16
1980	Washington	18	10
1981	Washington	14	13
1982	Washington	19	10
1983	Washington	16	15
1984	Washington	24	7
1985	Washington	22	10
40 yrs.	3 schools	.589	642 448

NCAA Tournament

Year	School	Won	Lost	Finish
1976	Washington	0	1	
1984	Washington	2	1	
1985	Washington	0	1	
3 yrs.	1 school	2	3	.400

DON HASKINS

(Oklahoma St. '53)
Olympic team coach in 1972.

Year	School	Won	Lost
1962	UTEP	18	6
1963	UTEP	19	7
1964	UTEP	25	3
1965	UTEP	16	9
1966	UTEP	28	1
1967	UTEP	22	6
1968	UTEP	14	9
1969	UTEP	16	9
1970	UTEP	17	8
1971	UTEP	15	10
1972	UTEP	20	7
1973	UTEP	16	10
1974	UTEP	18	7
1975	UTEP	20	6
1976	UTEP	19	7
1977	UTEP	11	15
1978	UTEP	10	16
1979	UTEP	11	15
1980	UTEP	20	8
1981	UTEP	18	12
1982	UTEP	20	8
1983	UTEP	19	9
1984	UTEP	27	4
1985	UTEP	22	10
1986	UTEP	27	6
1987	UTEP	25	7
1988	UTEP	23	10
1989	UTEP	26	7
1990	UTEP	21	11
1991	UTEP	16	13
30 yrs.	1 school	.693	579 256

NCAA Tournament

Year	School	Won	Lost	Finish
1963	UTEP	0	1	
1964	UTEP	2	1	
1966	UTEP	5	0	CH
1967	UTEP	2	1	
1970	UTEP	0	1	
1975	UTEP	0	1	
1984	UTEP	0	1	
1985	UTEP	1	1	
1986	UTEP	0	1	
1987	UTEP	1	1	
1988	UTEP	0	1	
1989	UTEP	1	1	
1990	UTEP	0	1	
13 yrs.	1 school	12	12	.500

JUD HEATHCOTE

(Washington St. '50)
Named coach of the year by the NABC in 1990.

Year	School	Won	Lost
1972	Montana	14	12
1973	Montana	13	13
1974	Montana	18	8
1975	Montana	21	8
1976	Montana	13	12
1977	Michigan St.	12	15
1978	Michigan St.	25	5
1979	Michigan St.	26	6
1980	Michigan St.	12	15
1981	Michigan St.	13	14
1982	Michigan St.	11	17
1983	Michigan St.	17	13
1984	Michigan St.	15	13
1985	Michigan St.	19	10
1986	Michigan St.	23	8
1987	Michigan St.	11	17
1988	Michigan St.	10	18
1989	Michigan St.	18	15
1990	Michigan St.	28	6
1991	Michigan St.	19	11
20 yrs.	2 schools	.589	338 236

NCAA Tournament

Year	School	Won	Lost	Finish
1975	Montana	1	2	
1978	Michigan St.	2	1	RR
1979	Michigan St.	5	0	CH
1985	Michigan St.	0	1	
1986	Michigan St.	2	1	
1990	Michigan St.	2	1	
6 yrs.	2 schools	12	6	.667

CAM HENDERSON

(Salem '17)

Year	School	Won	Lost
1920	Muskingum	10	8
1921	Muskingum	20	4
1922	Muskingum	8	10
1923	Muskingum	6	11

1924	Davis & Elkins	10	7
1925	Davis & Elkins	22	0
1926	Davis & Elkins	15	4
1927	Davis & Elkins	23	3
1928	Davis & Elkins	24	4
1929	Davis & Elkins	20	5
1930	Davis & Elkins	22	3
1931	Davis & Elkins	17	4 ·
1932	Davis & Elkins	19	2
1933	Davis & Elkins	15	8
1934	Davis & Elkins	11	6
1935	Davis & Elkins	27	4
1936	Marshall	6	10
1937	Marshall	23	8
1938	Marshall	28	4
1939	Marshall	22	5
1940	Marshall	25	4
1941	Marshall	14	9
1942	Marshall	15	9
1943	Marshall	10	7
1944	Marshall	15	7
1945	Marshall	17	9
1946	Marshall	20	8
1947	Marshall	32	5
1948	Marshall	22	11
1949	Marshall	16	12
1950	Marshall	15	9
1951	Marshall	13	13
1952	Marshall	15	11
1953	Marshall	20	4
1954	Marshall	12	9
1955	Marshall	17	4
35 yrs.	3 schools	.722	626 241

LOU HENSON

(New Mexico St. '55)

Year	School	Won	Lost
1963	Hardin-Simmons	10	16
1964	Hardin-Simmons	20	6
1965	Hardin-Simmons	17	8
1966	Hardin-Simmons	20	6
1967	New Mexico St.	15	11
1968	New Mexico St.	23	6
1969	New Mexico St.	24	5
1970	New Mexico St.	27	3

1971	New Mexico St.	19	8
1972	New Mexico St.	19	6
1973	New Mexico St.	12	14
1974	New Mexico St.	14	11
1975	New Mexico St.	20	7
1976	Illinois	14	13
1977	Illinois	16	14
1978	Illinois	13	14
1979	Illinois	19	11
1980	Illinois	22	13
1981	Illinois	21	8
1982	Illinois	18	11
1983	Illinois	21	11
1984	Illinois	26	5
1985	Illinois	26	9
1986	Illinois	22	10
1987	Illinois	23	8
1988	Illinois	23	10
1989	Illinois	31	5
1990	Illinois	21	8
1991	Illinios	21	10
29 yrs.	3 schools	.684	577 267

NCAA Tournament

Year	School	Won	Lost	Finish
1967	New Mex. St.	0	1	
1968	New Mex. St.	2	1	
1969	New Mex. St.	1	2	
1970	New Mex. St.	4	1	3rd
1971	New Mex. St.	0	1	
1975	New Mex. St.	0	1	
1981	Illinois	1	1	
1983	Illinois	0	1	
1984	Illinois	2	1	RR
1985	Illinois	2	1	
1986	Illinois	1	1	
1987	Illinois	0	1	
1988	Illinois	1	1	
1989	Illinois	4	1	T-3rd
1990	Illinois	0	1	
15 yrs.	2 schools	18	16	.529

EDDIE HICKEY

(Creighton '27)
Named coach of the year by the USBWA in 1959...Naismith Memorial Basketball Hall of Fame...Coached team to the NIT title in 1948.

Year	School	Won	Lost
1936	Creighton	13	6
1937	Creighton	11	9
1938	Creighton	11	14
1939	Creighton	11	12
1940	Creighton	11	9
1941	Creighton	18	7
1942	Creighton	19	5
1943	Creighton	19	2
1947	Creighton	19	8
1948	St. Louis	24	3
1949	St. Louis	22	4
1950	St. Louis	17	9
1951	St. Louis	22	8
1952	St. Louis	23	8
1953	St. Louis	16	11
1954	St. Louis	14	12
1955	St. Louis	20	8

1956	St. Louis	18	7
1957	St. Louis	19	9
1958	St. Louis	16	10
1959	Marquette	23	6
1960	Marquette	13	12
1961	Marquette	16	11
1962	Marquette	15	11
1963	Marquette	20	9
1964	Marquette	5	21
26 yrs.	3 schools	.653	435 231

NCAA Tournament

Year	School	Won	Lost	Finish
1941	Creighton	1	1	
1952	St. Louis	1	1	RR
1957	St. Louis	0	2	
1959	Marquette	1	2	
1961	Marquette	0	1	
5 yrs.	3 schools	3	7	.300

PECK HICKMAN

(Western Ky. '35)
Coached team to the NIT title in 1956.

Year	School	Won	Lost
1945	Louisville	16	3
1946	Louisville	22	6
1947	Louisville	17	6
1948	Louisville	29	6
1949	Louisville	23	10
1950	Louisville	21	11
1951	Louisville	19	7
1952	Louisville	20	6
1953	Louisville	22	6
1954	Louisville	22	7
1955	Louisville	19	8
1956	Louisville	26	3
1957	Louisville	21	5
1958	Louisville	13	12
1959	Louisville	19	12
1960	Louisville	15	11
1961	Louisville	21	8
1962	Louisville	15	10
1963	Louisville	14	11
1964	Louisville	15	10
1965	Louisville	15	10
1966	Louisville	16	10
1967	Louisville	23	5
23 yrs.	1 school	.708	443 183

NCAA Tournament

Year	School	Won	Lost	Finish
1951	Louisville	0	1	
1959	Louisville	3	2	4th
1961	Louisville	2	1	
1964	Louisville	0	1	
1967	Louisville	0	2	
5 yrs.	1 school	5	7	.417

PAUL "TONY" HINKLE

(Chicago '21)
Naismith Memorial Basketball Hall of Fame.

Year	School	Won	Lost
1927	Butler	17	4
1928	Butler	17	3
1929	Butler	17	2
1930	Butler	13	7
1931	Butler	17	2
1932	Butler	14	5
1933	Butler	16	5
1934	Butler	14	7
1935	Butler	13	7
1936	Butler	6	15
1937	Butler	6	14
1938	Butler	11	12
1939	Butler	14	6
1940	Butler	17	6
1941	Butler	13	9
1942	Butler	13	9
1946	Butler	12	8
1947	Butler	16	7
1948	Butler	14	7
1949	Butler	18	5
1950	Butler	12	12
1951	Butler	5	19
1952	Butler	12	12
1953	Butler	14	9
1954	Butler	13	12
1955	Butler	10	14
1956	Butler	14	9
1957	Butler	11	14
1958	Butler	15	10
1959	Butler	19	9
1960	Butler	15	11
1961	Butler	15	11
1962	Butler	22	6
1963	Butler	16	10
1964	Butler	13	13
1965	Butler	11	15
1966	Butler	16	10
1967	Butler	9	17
1968	Butler	11	14
1969	Butler	11	15
1970	Butler	15	11
41 yrs.	1 school	.586	557 393

NCAA Tournament

Year	School	Won	Lost	Finish
1962	Butler	2	1	
1 yr.	1 school	2	1	.667

HOWARD HOBSON

(Oregon '26)
Naismith Memorial Basketball Hall of
Fame...Olympic team coach in 1952.

Year	School	Won	Lost
1933	Southern Oregon	19	5
1934	Southern Oregon	23	5
1935	Southern Oregon	26	5
1936	Oregon	20	11
1937	Oregon	19	9
1938	Oregon	25	8
1939	Oregon	29	5
1940	Oregon	19	12
1941	Oregon	18	18
1942	Oregon	12	15
1943	Oregon	19	10
1944	Oregon	16	10
1946	Oregon	16	17
1947	Oregon	18	9
1948	Oregon	14	13
1949	Yale	22	8
1950	Yale	17	9
1951	Yale	14	13
1952	Yale	14	14
1953	Yale	10	15
1954	Yale	12	14
1955	Yale	3	21
1956	Yale	15	11
23 yrs.	3 schools	.609	400 257

NCAA Tournament

Year	School	Won	Lost	Finish
1939	Oregon	3	0	CH
1949	Yale	0	2	RR
2 yrs.	2 schools	3	2	.600

NAT HOLMAN

(Savage School of Phys. Ed. '17)
Naismith Memorial Basketball Hall of
Fame...Coached team to the NIT title
in 1950.

Year	School	Won	Lost
1920	CCNY	13	3
1921	CCNY	11	4
1922	CCNY	10	2
1923	CCNY	12	1
1924	CCNY	12	1
1925	CCNY	12	2
1926	CCNY	9	5
1927	CCNY	9	3
1928	CCNY	11	4
1929	CCNY	9	5
1930	CCNY	11	3
1931	CCNY	12	4
1932	CCNY	16	1
1933	CCNY	13	1
1934	CCNY	14	1
1935	CCNY	10	6
1936	CCNY	10	4
1937	CCNY	10	6
1938	CCNY	13	3
1939	CCNY	11	6
1940	CCNY	8	8
1941	CCNY	17	5
1942	CCNY	16	3
1943	CCNY	8	10
1944	CCNY	6	11
1945	CCNY	12	4
1946	CCNY	14	4
1947	CCNY	17	6
1948	CCNY	18	3
1949	CCNY	17	8
1950	CCNY	24	5
1951	CCNY	12	7
1952	CCNY	8	11
1955	CCNY	8	10
1956	CCNY	4	14
1959	CCNY	6	12
1960	CCNY	0	4
37 yrs.	1 school	.690	423 190

NCAA Tournament

Year	School	Won	Lost	Finish
1947	CCNY	1	2	4th
1950	CCNY	3	0	CH
2 yrs.	1 school	4	2	.667

HENRY IBA

(Westminster, Mo. '28; Northwest Mo. St. '31)
Naismith Memorial Basketball Hall of
Fame...Olympic team coach in 1964,
1968 and 1972...Through the 1991
season, held the NCAA career record
for most games coached.

Year	School	Won	Lost
1930	Northwest Mo. St.	31	0
1931	Northwest Mo. St.	32	6
1932	Northwest Mo. St.	26	2
1933	Northwest Mo. St.	12	6
1934	Colorado	11	8
1935	Oklahoma St.	9	9
1936	Oklahoma St.	16	8
1937	Oklahoma St.	20	3
1938	Oklahoma St.	25	3
1939	Oklahoma St.	19	8
1940	Oklahoma St.	26	3
1941	Oklahoma St.	18	7
1942	Oklahoma St.	20	6
1943	Oklahoma St.	14	10
1944	Oklahoma St.	27	6
1945	Oklahoma St.	27	4
1946	Oklahoma St.	31	2
1947	Oklahoma St.	24	8
1948	Oklahoma St.	27	4
1949	Oklahoma St.	23	5
1950	Oklahoma St.	18	9
1951	Oklahoma St.	29	6
1952	Oklahoma St.	19	8
1953	Oklahoma St.	23	7
1954	Oklahoma St.	24	5
1955	Oklahoma St.	12	13
1956	Oklahoma St.	18	9
1957	Oklahoma St.	17	9
1958	Oklahoma St.	21	8
1959	Oklahoma St.	11	14
1960	Oklahoma St.	10	15
1961	Oklahoma St.	15	10
1962	Oklahoma St.	14	11
1963	Oklahoma St.	16	9
1964	Oklahoma St.	15	10
1965	Oklahoma St.	20	7
1966	Oklahoma St.	4	21
1967	Oklahoma St.	7	18
1968	Oklahoma St.	10	16
1969	Oklahoma St.	12	13
1970	Oklahoma St.	14	12
41 yrs.	3 schools	.694	767 338

NCAA Tournament

Year	School	Won	Lost	Finish
1945	Oklahoma St.	3	0	CH
1946	Oklahoma St.	3	0	CH
1949	Oklahoma St.	2	1	2nd
1951	Oklahoma St.	2	2	4th
1953	Oklahoma St.	1	1	RR
1954	Oklahoma St.	1	1	RR
1958	Oklahoma St.	2	1	RR
1965	Oklahoma St.	1	1	RR
8 yrs.	1 school	15	7	.682

GEORGE IRELAND

(Notre Dame '36)

Year	School	Won	Lost
1952	Loyola (Ill.)	17	8
1953	Loyola (Ill.)	8	15
1954	Loyola (Ill.)	7	15

Year	School	Won	Lost
1955	Loyola (III.)	13	11
1956	Loyola (III.)	10	14
1957	Loyola (III.)	14	10
1958	Loyola (III.)	16	8
1959	Loyola (III.)	11	13
1960	Loyola (III.)	10	12
1961	Loyola (III.)	15	8
1962	Loyola (III.)	23	4
1963	Loyola (III.)	29	2
1964	Loyola (III.)	22	6
1965	Loyola (III.)	11	14
1966	Loyola (III.)	22	3
1967	Loyola (III.)	13	9
1968	Loyola (III.)	15	9
1969	Loyola (III.)	9	14
1970	Loyola (III.)	13	11
1971	Loyola (III.)	4	20
1972	Loyola (III.)	8	14
1973	Loyola (III.)	8	15
1974	Loyola (III.)	12	14
1975	Loyola (III.)	8	6
24 yrs.	1 school	.555 318	255

NCAA Tournament

Year	School	Won	Lost	Finish
1963	Loyola (III.)	5	0	CH
1964	Loyola (III.)	2	1	
1966	Loyola (III.)	0	1	
1968	Loyola (III.)	0	1	
4 yrs.	1 school	7	3	.700

ED JUCKER

(Cincinnati '40)
Named coach of the year by UPI and the USBWA in 1963...Through the 1991 NCAA tournament, held the tournament career record for highest winning percentage.

Year	School	Won	Lost
1946	King's Point	14	0
1947	King's Point	12	4
1949	Rensselaer	13	3
1950	Rensselaer	12	3
1951	Rensselaer	9	9
1952	Rensselaer	4	11
1953	Rensselaer	8	9
1961	Cincinnati	27	3
1962	Cincinnati	29	2
1963	Cincinnati	26	2
1964	Cincinnati	17	9
1965	Cincinnati	14	12
1973	Rollins	13	11
1974	Rollins	18	9
1975	Rollins	15	7
1976	Rollins	19	6
1977	Rollins	16	9
17 yrs.	4 schools	.709 266	109

NCAA Tournament

Year	School	Won	Lost	Finish
1961	Cincinnati	4	0	CH
1962	Cincinnati	4	0	CH
1963	Cincinnati	3	1	2nd
3 yrs.	1 school	11	1	.917

ALVIN "DOGGIE" JULIAN

(Bucknell '23)
Naismith Memorial Basketball Hall of Fame.

Year	School	Won	Lost
1928	Albright	6	13
1929	Albright	3	13
1937	Muhlenberg	9	9
1938	Muhlenberg	9	11
1939	Muhlenberg	13	8
1940	Muhlenberg	11	9
1941	Muhlenberg	13	10
1942	Muhlenberg	17	7
1943	Muhlenberg	13	8
1944	Muhlenberg	20	5
1945	Muhlenberg	24	4
1946	Holy Cross	12	3
1947	Holy Cross	27	3
1948	Holy Cross	26	4
1951	Dartmouth	3	23
1952	Dartmouth	11	19
1953	Dartmouth	12	14
1954	Dartmouth	13	13
1955	Dartmouth	18	7
1956	Dartmouth	18	11
1957	Dartmouth	18	7
1958	Dartmouth	22	5
1959	Dartmouth	22	6
1960	Dartmouth	14	9
1961	Dartmouth	5	19
1962	Dartmouth	6	18
1963	Dartmouth	7	18
1964	Dartmouth	2	23
1965	Dartmouth	4	21
1966	Dartmouth	3	21
1967	Dartmouth	7	17
31 yrs.	4 schools	.520 388	358

NCAA Tournament

Year	School	Won	Lost	Finish
1947	Holy Cross	3	0	CH
1948	Holy Cross	2	1	3rd
1956	Dartmouth	2	1	
1958	Dartmouth	2	1	RR
1959	Dartmouth	0	1	
5 yrs.	2 schools	9	4	.692

FRANK KEANEY

(Bates '11)
Naismith Memorial Basketball Hall of Fame.

Year	School	Won	Lost
1922	Rhode Island	3	7
1923	Rhode Island	9	4
1924	Rhode Island	9	6
1925	Rhode Island	11	5
1926	Rhode Island	8	8
1927	Rhode Island	13	4
1928	Rhode Island	15	5
1929	Rhode Island	15	1
1930	Rhode Island	10	5
1931	Rhode Island	13	4
1932	Rhode Island	13	3
1933	Rhode Island	14	4
1934	Rhode Island	13	3
1935	Rhode Island	12	6
1936	Rhode Island	13	5
1937	Rhode Island	18	3
1938	Rhode Island	19	2
1939	Rhode Island	17	4
1940	Rhode Island	19	3
1941	Rhode Island	21	4
1942	Rhode Island	18	4
1943	Rhode Island	16	3
1944	Rhode Island	14	6
1945	Rhode Island	20	5
1946	Rhode Island	21	3
1947	Rhode Island	17	3
1948	Rhode Island	16	7
27 yrs.	1 school	.768 387	117

GEORGE KEOGAN

(Minnesota)
Naismith Memorial Basketball Hall of Fame.

Year	School	Won	Lost
1916	St. Louis	13	6
1919	Allegheny	14	1
1920	Valparaiso	12	8
1921	Valparaiso	19	5
1924	Notre Dame	15	8
1925	Notre Dame	11	11
1926	Notre Dame	19	1
1927	Notre Dame	19	1
1928	Notre Dame	18	4
1929	Notre Dame	15	5
1930	Notre Dame	14	6
1931	Notre Dame	12	8
1932	Notre Dame	18	2
1933	Notre Dame	16	6
1934	Notre Dame	20	4
1935	Notre Dame	13	9
1936	Notre Dame	22	2
1937	Notre Dame	20	3
1938	Notre Dame	20	3
1939	Notre Dame	15	6
1940	Notre Dame	15	6
1941	Notre Dame	17	5
1942	Notre Dame	16	6
1943	Notre Dame	12	1
24 yrs.	4 schools	.767 385	117

BOB KNIGHT

(Ohio St. '62)

Named coach of the year by AP and the USBWA in 1975, 1976 and 1989, by UPI in 1975 and 1989, and by the NABC in 1975...Naismith coach of the year in 1987...Naismith Memorial Basketball Hall of Fame...Olympic team coach in 1984... Coached team to the NIT title in 1979.

Year	School	Won	Lost
1966	Army	18	8
1967	Army	13	8
1968	Army	20	5
1969	Army	18	10
1970	Army	22	6
1971	Army	11	13
1972	Indiana	17	8
1973	Indiana	22	6
1974	Indiana	23	5
1975	Indiana	31	1
1976	Indiana	32	0
1977	Indiana	16	11
1978	Indiana	21	8
1979	Indiana	22	12
1980	Indiana	21	8
1981	Indiana	26	9
1982	Indiana	19	10
1983	Indiana	24	6
1984	Indiana	22	9
1985	Indiana	19	14
1986	Indiana	21	8
1987	Indiana	30	4
1988	Indiana	19	10
1989	Indiana	27	8
1990	Indiana	18	11
1991	Indiana	29	5
26 yrs.	2 schools	.734	561 203

NCAA Tournament

Year	School	Won	Lost	Finish
1973	Indiana	3	1	3rd
1975	Indiana	2	1	RR
1976	Indiana	5	0	CH
1978	Indiana	1	1	
1980	Indiana	1	1	
1981	Indiana	5	0	CH
1982	Indiana	1	1	
1983	Indiana	1	1	
1984	Indiana	2	1	RR
1986	Indiana	0	1	
1987	Indiana	6	0	CH
1988	Indiana	0	1	
1989	Indiana	2	1	
1990	Indiana	0	1	
1991	Indiana	2	1	
15 yrs.	1 school	31	12	.721

MIKE KRZYZEWSKI

(Army '69)

Named coach of the year by UPI in 1986...Naismith coach of the year in 1989...Named coach of the year by the NABC in 1991.

Year	School	Won	Lost
1976	Army	11	14
1977	Army	20	8
1978	Army	19	9
1979	Army	14	11
1980	Army	9	17
1981	Duke	17	13
1982	Duke	10	17
1983	Duke	11	17
1984	Duke	24	10
1985	Duke	23	8
1986	Duke	37	3
1987	Duke	24	9
1988	Duke	28	7
1989	Duke	28	8
1990	Duke	29	9
1991	Duke	32	7
16 yrs.	2 schools	.668	336 167

NCAA Tournament

Year	School	Won	Lost	Finish
1984	Duke	0	1	
1985	Duke	1	1	
1986	Duke	5	1	2nd
1987	Duke	2	1	
1988	Duke	4	1	T-3rd
1989	Duke	4	1	T-3rd
1990	Duke	5	1	2nd
1991	Duke	6	0	CH
8 yrs.	1 school	27	7	.794

WARD "PIGGY" LAMBERT

(Wabash '11)

Naismith Memorial Basketball Hall of Fame.

Year	School	Won	Lost
1917	Purdue	11	3
1919	Purdue	6	8
1920	Purdue	16	4
1921	Purdue	13	7
1922	Purdue	15	3
1923	Purdue	9	6
1924	Purdue	12	5
1925	Purdue	9	5
1926	Purdue	13	4
1927	Purdue	12	5
1928	Purdue	15	2
1929	Purdue	13	4
1930	Purdue	13	2
1931	Purdue	12	5
1932	Purdue	17	1
1933	Purdue	11	7
1934	Purdue	17	3
1935	Purdue	17	3
1936	Purdue	16	4
1937	Purdue	15	5
1938	Purdue	18	2
1939	Purdue	12	7
1940	Purdue	16	4
1941	Purdue	13	7
1942	Purdue	14	7
1943	Purdue	9	11
1944	Purdue	11	10
1945	Purdue	9	11
1946	Purdue	7	7
29 yrs.	1 school	.709	371 152

JOE LAPCHICK

(No college)

Coached team to NIT titles in 1943, 1944, 1959 and 1965.

Year	School	Won	Lost
1937	St. John's (N.Y.)	13	7
1938	St. John's (N.Y.)	15	4
1939	St. John's (N.Y.)	18	4
1940	St. John's (N.Y.)	15	4
1941	St. John's (N.Y.)	11	6
1942	St. John's (N.Y.)	16	5
1943	St. John's (N.Y.)	21	3
1944	St. John's (N.Y.)	18	5
1945	St. John's (N.Y.)	21	3
1946	St. John's (N.Y.)	17	6
1947	St. John's (N.Y.)	16	7
1957	St. John's (N.Y.)	14	9
1958	St. John's (N.Y.)	18	8
1959	St. John's (N.Y.)	20	6
1960	St. John's (N.Y.)	17	8
1961	St. John's (N.Y.)	20	5
1962	St. John's (N.Y.)	21	5
1963	St. John's (N.Y.)	9	15
1964	St. John's (N.Y.)	14	11
1965	St. John's (N.Y.)	21	8
20 yrs.	1 school	.722	335 129

NCAA Tournament

Year	School	Won	Lost	Finish
1961	St. John's	0	1	
1 yr.	1 school	0	1	.000

JOHN LAWTHER

[Westminster (Pa.) '19]

Year	School	Won	Lost
1927	Westminster (Pa.)	12	5
1928	Westminster (Pa.)	17	3
1929	Westminster (Pa.)	15	2
1930	Westminster (Pa.)	14	2
1931	Westminster (Pa.)	13	1
1932	Westminster (Pa.)	16	2
1933	Westminster (Pa.)	19	6
1934	Westminster (Pa.)	22	4
1935	Westminster (Pa.)	19	3
1936	Westminster (Pa.)	20	6
1937	Penn St.	10	7
1938	Penn St.	13	5
1939	Penn St.	13	10
1940	Penn St.	15	8
1941	Penn St.	15	5
1942	Penn St.	18	3
1943	Penn St.	15	4
1944	Penn St.	8	7
1945	Penn St.	10	7
1946	Penn St.	7	9
1947	Penn St.	10	8
1948	Penn St.	9	10
1949	Penn St.	7	10
23 yrs.	2 schools	.714	317	127

NCAA Tournament

Year	School	Won	Lost	Finish
1942	Penn St.	1	1	
1 yr.	1 school	1	1	.500

ABE LEMONS

(Oklahoma City '49)

Named coach of the year by the NABC

in 1978...Coached team to the NIT title in 1978.

Year	School	Won	Lost
1956	Oklahoma City	20	7
1957	Oklahoma City	19	9
1958	Oklahoma City	14	12
1959	Oklahoma City	20	7
1960	Oklahoma City	12	13
1961	Oklahoma City	14	12
1962	Oklahoma City	14	12
1963	Oklahoma City	19	10
1964	Oklahoma City	15	11
1965	Oklahoma City	21	10
1966	Oklahoma City	24	5
1967	Oklahoma City	16	10
1968	Oklahoma City	20	7
1969	Oklahoma City	18	9
1970	Oklahoma City	17	13
1971	Oklahoma City	9	16
1972	Oklahoma City	16	12
1973	Oklahoma City	21	6
1974	Tex.-Pan American	13	9
1975	Tex.-Pan American	22	2
1976	Tex.-Pan American	20	5
1977	Texas	13	13
1978	Texas	26	5
1979	Texas	21	8
1980	Texas	19	11
1981	Texas	15	15
1982	Texas	16	11
1984	Oklahoma City	8	19
1985	Oklahoma City	6	20
1986	Oklahoma City	26	5
1987	Oklahoma City	34	1
1988	Oklahoma City	19	12
1989	Oklahoma City	12	14
1990	Oklahoma City	18	13
34 yrs.	3 schools	.634	597	344

NCAA Tournament

Year	School	Won	Lost	Finish
1956	Okla. City	2	1	RR
1957	Okla. City	2	1	RR
1963	Okla. City	1	2	
1964	Okla. City	0	1	
1965	Okla. City	2	1	
1966	Okla. City	0	1	
1973	Okla. City	0	1	
1979	Texas	0	1	
8 yrs.	2 schools	7	9	.438

GUY LEWIS

(Houston '47)

Named coach of the year by AP, UPI and the USBWA in 1968, and again by AP in 1983.

Year	School	Won	Lost
1957	Houston	10	16
1958	Houston	9	16
1959	Houston	12	14
1960	Houston	13	12
1961	Houston	17	11
1962	Houston	21	6
1963	Houston	15	11
1964	Houston	16	10
1965	Houston	19	10
1966	Houston	23	6
1967	Houston	27	4
1968	Houston	31	2
1969	Houston	16	10
1970	Houston	25	5
1971	Houston	22	7
1972	Houston	20	7
1973	Houston	23	4
1974	Houston	17	9
1975	Houston	16	10
1976	Houston	17	11
1977	Houston	29	8
1978	Houston	25	8
1979	Houston	16	15
1980	Houston	14	14
1981	Houston	21	9
1982	Houston	25	8
1983	Houston	31	3
1984	Houston	32	5
1985	Houston	16	14
1986	Houston	14	14
30 yrs.	1 school	.680	592	279

NCAA Tournament

Year	School	Won	Lost	Finish
1961	Houston	1	2	
1965	Houston	1	2	
1966	Houston	2	1	
1967	Houston	4	1	3rd
1968	Houston	3	2	4th
1970	Houston	1	2	
1971	Houston	2	1	
1972	Houston	0	1	
1973	Houston	0	1	

1978	Houston	0	1	
1981	Houston	0	1	
1982	Houston	4	1	T-3rd
1983	Houston	4	1	2nd
1984	Houston	4	1	2nd
14 yrs.	1 school	26	18	.591

HARRY LITWACK

(Temple '30)
Naismith Memorial Basketball Hall of Fame...Coached team to the NIT title in 1969.

Year	School	Won	Lost
1953	Temple	16	10
1954	Temple	15	12
1955	Temple	11	10
1956	Temple	27	4
1957	Temple	20	9
1958	Temple	27	3
1959	Temple	6	19
1960	Temple	17	9
1961	Temple	20	8
1962	Temple	18	9
1963	Temple	15	7
1964	Temple	17	8
1965	Temple	14	10
1966	Temple	21	7
1967	Temple	20	8
1968	Temple	19	9
1969	Temple	22	8
1970	Temple	15	13
1971	Temple	13	12
1972	Temple	23	8
1973	Temple	17	10
21 yrs.	1 school	.659	373	193

NCAA Tournament

Year	School	Won	Lost	Finish
1956	Temple	4	1	3rd
1958	Temple	3	1	3rd
1964	Temple	0	1	
1967	Temple	0	1	
1970	Temple	0	1	
1972	Temple	0	1	
6 yrs.	1 school	7	6	.538

KEN LOEFFLER

(Penn St. '24)
Naismith Memorial Basketball Hall of Fame...Coached team to the NIT title in 1952.

Year	School	Won	Lost
1929	Geneva	14	5
1930	Geneva	10	9
1931	Geneva	13	10
1932	Geneva	13	7
1933	Geneva	13	6
1934	Geneva	13	9
1935	Geneva	16	7
1936	Yale	8	16
1937	Yale	12	8
1938	Yale	7	12
1939	Yale	4	16
1940	Yale	13	6
1941	Yale	10	12
1942	Yale	7	12
1950	La Salle	21	4
1951	La Salle	22	7
1952	La Salle	24	5
1953	La Salle	25	3
1954	La Salle	26	4
1955	La Salle	26	5
1956	Texas A&M	6	18
1957	Texas A&M	7	17
22 yrs.	4 schools	.610	310	198

NCAA Tournament

Year	School	Won	Lost	Finish
1954	La Salle	5	0	CH
1955	La Salle	4	1	2nd
2 yrs.	1 school	9	1	.900

ARTHUR "DUTCH" LONBORG

(Kansas '21)
Naismith Memorial Basketball Hall of Fame...Olympic team coach in 1960.

Year	School	Won	Lost
1922	McPherson	11	1
1923	McPherson	13	3
1924	Washburn	12	4
1925	Washburn	15	0
1926	Washburn	10	1
1927	Washburn	12	7
1928	Northwestern	12	5
1929	Northwestern	12	5
1930	Northwestern	8	8
1931	Northwestern	16	1
1932	Northwestern	13	5
1933	Northwestern	15	4
1934	Northwestern	11	8
1935	Northwestern	10	10
1936	Northwestern	13	6
1937	Northwestern	11	9
1938	Northwestern	10	10
1939	Northwestern	7	13
1940	Northwestern	13	7
1941	Northwestern	7	11
1942	Northwestern	8	13
1943	Northwestern	8	9
1944	Northwestern	12	7
1945	Northwestern	7	12
1946	Northwestern	15	5
1947	Northwestern	7	13
1948	Northwestern	6	14
1949	Northwestern	5	16
1950	Northwestern	10	12
29 yrs.	3 schools	.585	309	219

ROLLIE MASSIMINO

(Vermont '56)

Year	School	Won	Lost
1970	Stonybrook	19	6
1971	Stonybrook	15	10
1974	Villanova	7	19
1975	Villanova	9	18
1976	Villanova	16	11
1977	Villanova	23	10
1978	Villanova	23	9
1979	Villanova	13	13
1980	Villanova	23	8
1981	Villanova	20	11
1982	Villanova	24	8
1983	Villanova	24	8
1984	Villanova	19	12
1985	Villanova	25	10
1986	Villanova	23	14
1987	Villanova	15	16
1988	Villanova	24	13
1989	Villanova	18	16
1990	Villanova	18	15
1991	Villanova	17	15
20 yrs.	2 schools	.608	375	242

NCAA Tournament

Year	School	Won	Lost	Finish
1978	Villanova	2	1	RR
1980	Villanova	1	1	
1981	Villanova	1	1	
1982	Villanova	2	1	RR
1983	Villanova	2	1	RR
1984	Villanova	1	1	
1985	Villanova	6	0	CH
1986	Villanova	1	1	
1988	Villanova	3	1	RR
1990	Villanova	0	1	
1991	Villanova	1	1	
11 yrs.	1 school	20	10	.667

BRANCH McCRACKEN

(Indiana '30)

Naismith Memorial Basketball Hall of Fame... Through the 1991 NCAA tournament, held the Final Four career record for highest winning percentage with 100% (4-0).

Year	School	Won	Lost
1931	Ball St.	9	5
1932	Ball St.	9	7
1933	Ball St.	7	9
1934	Ball St.	9	10
1935	Ball St.	9	9
1936	Ball St.	13	7
1937	Ball St.	13	6
1938	Ball St.	17	4
1939	Indiana	17	3
1940	Indiana	20	3
1941	Indiana	17	3
1942	Indiana	15	6
1943	Indiana	18	2
1947	Indiana	12	8
1948	Indiana	8	12
1949	Indiana	14	8
1950	Indiana	17	5
1951	Indiana	19	3
1952	Indiana	16	6
1953	Indiana	23	3
1954	Indiana	20	4
1955	Indiana	8	14
1956	Indiana	13	9
1957	Indiana	14	8
1958	Indiana	13	11
1959	Indiana	11	11
1960	Indiana	20	4
1961	Indiana	15	9
1962	Indiana	13	11
1963	Indiana	13	11
1964	Indiana	9	15
1965	Indiana	19	5

32 yrs.	2 schools	.661	450	231

NCAA Tournament

Year	School	Won	Lost	Finish
1940	Indiana	3	0	CH
1953	Indiana	4	0	CH
1954	Indiana	1	1	
1958	Indiana	1	1	

4 yrs.	1 school	9	2	.818

AL McGUIRE

[St. John's (N.Y.) '51]

Named coach of the year by AP, UPI and the USBWA in 1971 and by the NABC in 1974... Coached team to the NIT title in 1970.

Year	School	Won	Lost
1958	Belmont Abbey	24	3
1959	Belmont Abbey	21	2
1960	Belmont Abbey	19	6
1961	Belmont Abbey	17	7
1962	Belmont Abbey	16	9
1963	Belmont Abbey	6	19
1964	Belmont Abbey	6	18
1965	Marquette	8	18
1966	Marquette	14	12
1967	Marquette	21	9
1968	Marquette	23	6
1969	Marquette	24	5
1970	Marquette	26	3
1971	Marquette	28	1
1972	Marquette	25	4
1973	Marquette	25	4
1974	Marquette	26	5
1975	Marquette	23	4
1976	Marquette	27	2
1977	Marquette	26	6

20 yrs.	2 schools	.739	405	143

NCAA Tournament

Year	School	Won	Lost	Finish
1968	Marquette	2	1	
1969	Marquette	2	1	RR
1971	Marquette	2	1	
1972	Marquette	1	2	
1973	Marquette	2	1	
1974	Marquette	4	1	2nd
1975	Marquette	0	1	
1976	Marquette	2	1	RR
1977	Marquette	5	0	CH

9 yrs.	1 school	20	9	.690

FRANK McGUIRE

[St. John's (N.Y.) '36]

Named coach of the year by UPI in 1957... Naismith Memorial Basketball Hall of Fame.

Year	School	Won	Lost
1948	St. John's (N.Y.)	12	11
1949	St. John's (N.Y.)	16	9
1950	St. John's (N.Y.)	24	5
1951	St. John's (N.Y.)	26	5
1952	St. John's (N.Y.)	25	5
1953	North Caro.	17	10
1954	North Caro.	11	10
1955	North Caro.	10	11
1956	North Caro.	18	5
1957	North Caro.	32	0
1958	North Caro.	19	7
1959	North Caro.	20	5
1960	North Caro.	18	6
1961	North Caro.	19	4
1965	South Caro.	6	17
1966	South Caro.	11	13
1967	South Caro.	16	7
1968	South Caro.	15	7
1969	South Caro.	21	7
1970	South Caro.	25	3
1971	South Caro.	23	6
1972	South Caro.	24	5
1973	South Caro.	22	7
1974	South Caro.	22	5
1975	South Caro.	19	9
1976	South Caro.	18	9
1977	South Caro.	14	12
1978	South Caro.	16	12
1979	South Caro.	15	12
1980	South Caro.	16	11

30 yrs.	3 schools	.701	550	235

NCAA Tournament

Year	School	Won	Lost	Finish
1951	St. John's	2	1	RR
1952	St. John's	3	1	2nd
1957	North Caro.	5	0	CH
1959	North Caro.	0	1	
1971	South Caro.	0	2	
1972	South Caro.	2	1	
1973	South Caro.	2	1	
1974	South Caro.	0	1	

8 yrs.	3 schools	14	8	.636

WALTER MEANWELL

(Maryland '09)

Naismith Memorial Basketball Hall of Fame.

Year	School	Won	Lost
1912	Wisconsin	15	0
1913	Wisconsin	14	1
1914	Wisconsin	15	0
1915	Wisconsin	13	4
1916	Wisconsin	20	1
1917	Wisconsin	15	3
1918	Missouri	17	1
1920	Missouri	17	1
1921	Wisconsin	13	4
1922	Wisconsin	14	5
1923	Wisconsin	12	3
1924	Wisconsin	11	5
1925	Wisconsin	6	11
1926	Wisconsin	8	9
1927	Wisconsin	10	7
1928	Wisconsin	13	4
1929	Wisconsin	15	2
1930	Wisconsin	15	2
1931	Wisconsin	8	9
1932	Wisconsin	8	10
1933	Wisconsin	7	13
1934	Wisconsin	14	6

22 yrs.	2 schools	.735	280	101

Year	School	Won	Lost
1980	DePaul	26	2
1981	DePaul	27	2
1982	DePaul	26	2
1983	DePaul	21	12
1984	DePaul	27	3

42 yrs.	1 school	.672	724	354

NCAA Tournament

Year	School	Won	Lost	Finish
1943	DePaul	1	1	T-3rd
1953	DePaul	1	2	
1956	DePaul	0	1	
1959	DePaul	1	2	
1960	DePaul	2	1	
1965	DePaul	1	2	
1976	DePaul	1	1	
1978	DePaul	2	1	RR
1979	DePaul	4	1	3rd
1980	DePaul	0	1	
1981	DePaul	0	1	
1982	DePaul	0	1	
1984	DePaul	1	1	

13 yrs.	1 school	14	16	.467

RAY MEARS

[Miami (Ohio) '49]

Year	School	Won	Lost
1957	Wittenberg	15	6
1958	Wittenberg	19	3
1959	Wittenberg	19	3
1960	Wittenberg	22	2
1961	Wittenberg	25	4
1962	Wittenberg	21	5
1963	Tennessee	13	11
1964	Tennessee	16	8
1965	Tennessee	20	5
1966	Tennessee	18	8
1967	Tennessee	21	7
1968	Tennessee	20	6
1969	Tennessee	21	7
1970	Tennessee	16	9
1971	Tennessee	21	7
1972	Tennessee	19	6
1973	Tennessee	15	9
1974	Tennessee	17	9
1975	Tennessee	18	8
1976	Tennessee	21	6
1977	Tennessee	22	6

21 yrs.	2 schools	.747	399	135

NCAA Tournament

Year	School	Won	Lost	Finish
1967	Tennessee	0	2	
1976	Tennessee	0	1	
1977	Tennessee	0	1	

3 yrs.	1 school	0	4	.000

RAY MEYER

(Notre Dame '38)

Named coach of the year by AP and UPI in 1980 and 1984, by the USBWA in 1978 and 1980, and by the NABC in 1979...Naismith Memorial Basketball Hall of Fame...Through the 1991 season, was tied for the NCAA career record for most years coached at one school...Coached team to the NIT title in 1945.

Year	School	Won	Lost
1943	DePaul	19	5
1944	DePaul	22	4
1945	DePaul	21	3
1946	DePaul	19	5
1947	DePaul	16	9
1948	DePaul	22	8
1949	DePaul	16	9
1950	DePaul	12	13
1951	DePaul	13	12
1952	DePaul	19	8
1953	DePaul	19	9
1954	DePaul	11	10
1955	DePaul	16	6
1956	DePaul	16	8
1957	DePaul	8	14
1958	DePaul	8	12
1959	DePaul	13	11
1960	DePaul	17	7
1961	DePaul	17	8
1962	DePaul	13	10
1963	DePaul	15	8
1964	DePaul	21	4
1965	DePaul	17	10
1966	DePaul	18	8
1967	DePaul	17	8
1968	DePaul	13	12
1969	DePaul	14	11
1970	DePaul	12	13
1971	DePaul	8	17
1972	DePaul	12	11
1973	DePaul	14	11
1974	DePaul	16	9
1975	DePaul	15	10
1976	DePaul	20	9
1977	DePaul	15	12
1978	DePaul	27	3
1979	DePaul	26	6

HARRY MILLER

(Eastern N. Mex. '51)

Year	School	Won	Lost
1953	Western St. (Colo.)	11	12
1954	Western St. (Colo.)	9	13
1955	Western St. (Colo.)	10	12
1956	Western St. (Colo.)	14	13
1957	Western St. (Colo.)	11	13
1958	Western St. (Colo.)	6	17
1961	Fresno St.	14	12
1962	Fresno St.	18	8
1963	Fresno St.	20	8
1964	Fresno St.	20	5
1965	Fresno St.	20	7
1966	Eastern N. Mex.	8	13
1967	Eastern N. Mex.	24	7
1968	Eastern N. Mex.	22	4
1969	Eastern N. Mex.	24	7
1970	Eastern N. Mex.	26	6
1971	North Texas	10	15
1972	Wichita St.	16	10

Year	School	Won	Lost
1973	Wichita St.	10	16
1974	Wichita St.	11	15
1975	Wichita St.	11	15
1976	Wichita St.	18	10
1977	Wichita St.	18	10
1978	Wichita St.	13	14
1979	Stephen F. Austin	5	22
1980	Stephen F. Austin	15	12
1981	Stephen F. Austin	15	12
1982	Stephen F. Austin	24	6
1983	Stephen F. Austin	21	10
1984	Stephen F. Austin	20	9
1985	Stephen F. Austin	16	10
1986	Stephen F. Austin	22	5
1987	Stephen F. Austin	22	8
1988	Stephen F. Austin	10	18
34 yrs.	6 schools	.588	534 374

NCAA Tournament

Year	School	Won	Lost	Finish
1976	Wichita St.	0	1	
1 yr.	1 school	0	1	.000

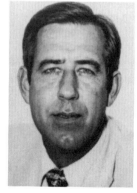

RALPH MILLER
(Kansas '42)
Named coach of the year by AP, UPI, the USBWA and the NABC in 1981, and again by AP in 1982...Naismith Memorial Basketball Hall of Fame.

Year	School	Won	Lost
1952	Wichita St.	11	19
1953	Wichita St.	16	11
1954	Wichita St.	27	4
1955	Wichita St.	17	9
1956	Wichita St.	14	12
1957	Wichita St.	15	11
1958	Wichita St.	14	12
1959	Wichita St.	14	12
1960	Wichita St.	14	12
1961	Wichita St.	18	8
1962	Wichita St.	18	9
1963	Wichita St.	19	8
1964	Wichita St.	23	6
1965	Iowa	14	10
1966	Iowa	17	7
1967	Iowa	16	8
1968	Iowa	16	9
1969	Iowa	12	12
1970	Iowa	20	5
1971	Oregon St.	12	14
1972	Oregon St.	18	10
1973	Oregon St.	15	11
1974	Oregon St.	13	13
1975	Oregon St.	19	12
1976#	Oregon St.	3	24
1977	Oregon St.	16	13
1978	Oregon St.	16	11
1979	Oregon St.	18	10
1980*	Oregon St.	26	3
1981*	Oregon St.	26	1
1982*	Oregon St.	23	4
1983	Oregon St.	20	11
1984	Oregon St.	22	7
1985	Oregon St.	22	9
1986	Oregon St.	12	15
1987	Oregon St.	19	11
1988	Oregon St.	20	11
1989	Oregon St.	22	8
38 yrs.	3 schools	.632	657 382

#On-court record before 15 wins forfeited by action of NCAA Council: 1976, 18-9.

*On-court record before NCAA tournament games vacated: 1980, 26-4; 1981, 26-2; 1982, 25-5.

NCAA Tournament

Year	School	Won	Lost	Finish
1964	Wichita St.	1	1	RR
1970	Iowa	1	1	
1975	Oregon St.	1	2	
1984	Oregon St.	0	1	
1985	Oregon St.	0	1	
1988	Oregon St.	0	1	
1989	Oregon St.	0	1	
7 yrs.	3 schools	3	8	.273

Note: NCAA tournament record later vacated: 1980, 0-1; 1981, 0-1; 1982, 2-1, RR.

DUDEY MOORE
(Duquesne '34)
Coached team to the NIT title in 1955.

Year	School	Won	Lost
1949	Duquesne	17	5
1950	Duquesne	23	6
1951	Duquesne	16	11
1952	Duquesne	23	4
1953	Duquesne	21	8
1954	Duquesne	26	3
1955	Duquesne	22	4
1956	Duquesne	17	10
1957	Duquesne	16	7
1958	Duquesne	10	12
1959	La Salle	16	7
1960	La Salle	16	6
1961	La Salle	15	7
1962	La Salle	16	9
1963	La Salle	16	8
15 yrs.	2 schools	.716	270 107

NCAA Tournament

Year	School	Won	Lost	Finish
1952	Duquesne	1	1	RR
1 yr.	1 school	1	1	.500

PETE NEWELL
[Loyola (Cal.) '40]
Named coach of the year by UPI and the USBWA in 1960...Naismith Memorial Basketball Hall of Fame... Olympic team coach in 1960... Coached team to the NIT title in 1949.

Year	School	Won	Lost
1947	San Francisco	13	14
1948	San Francisco	13	11
1949	San Francisco	25	5
1950	San Francisco	19	7
1951	Michigan St.	10	11
1952	Michigan St.	13	9
1953	Michigan St.	13	9
1954	Michigan St.	9	13
1955	California	9	16
1956	California	17	8
1957	California	21	5
1958	California	19	9
1959	California	25	4
1960	California	28	2
14 yrs.	3 schools	.655	234 123

NCAA Tournament

Year	School	Won	Lost	Finish
1957	California	1	1	RR
1958	California	1	1	RR
1959	California	4	0	CH
1960	California	4	1	2nd
4 yrs.	1 school	10	3	.769

C. M. NEWTON
(Kentucky '52)
Olympic team coach in 1984.

Year	School	Won	Lost
1956	Transylvania	9	8
1957	Transylvania	16	10
1958	Transylvania	18	12
1959	Transylvania	15	10
1960	Transylvania	19	7
1961	Transylvania	16	12
1962	Transylvania	15	13
1963	Transylvania	20	9
1964	Transylvania	7	17
1966	Transylvania	6	17
1967	Transylvania	14	10
1968	Transylvania	14	12
1969	Alabama	4	20
1970	Alabama	8	18
1971	Alabama	10	16
1972	Alabama	18	8
1973	Alabama	22	8
1974	Alabama	22	4
1975	Alabama	22	5
1976	Alabama	23	5
1977	Alabama	25	6
1978	Alabama	17	10
1979	Alabama	22	11
1980	Alabama	18	12
1982	Vanderbilt	15	13
1983	Vanderbilt	19	14
1984	Vanderbilt	14	15
1985	Vanderbilt	11	17
1986	Vanderbilt	13	15
1987	Vanderbilt	18	16
1988	Vanderbilt	20	11
1989	Vanderbilt	19	14
32 yrs.	3 schools	.576	509 375

NCAA Tournament

Year	School	Won	Lost	Finish
1975	Alabama	0	1	
1976	Alabama	1	1	
1988	Vanderbilt	2	1	
1989	Vanderbilt	0	1	
4 yrs.	2 schools	3	4	.429

HAROLD OLSEN

(Wisconsin '17)
Naismith Memorial Basketball Hall of Fame.

Year	School	Won	Lost
1919	Bradley	5	7
1920	Ripon	10	2
1921	Ripon	9	3
1922	Ripon	7	5
1923	Ohio St.	4	11
1924	Ohio St.	12	5
1925	Ohio St.	14	2
1926	Ohio St.	10	7
1927	Ohio St.	11	6
1928	Ohio St.	5	12
1929	Ohio St.	9	8
1930	Ohio St.	4	11
1931	Ohio St.	4	13
1932	Ohio St.	9	9
1933	Ohio St.	17	3
1934	Ohio St.	8	12
1935	Ohio St.	13	6
1936	Ohio St.	12	8
1937	Ohio St.	13	7
1938	Ohio St.	12	8
1939	Ohio St.	16	7
1940	Ohio St.	13	7
1941	Ohio St.	10	10
1942	Ohio St.	6	14
1943	Ohio St.	8	9
1944	Ohio St.	14	7
1945	Ohio St.	15	5
1946	Ohio St.	16	5
1951	Northwestern	12	10
1952	Northwestern	7	15
30 yrs.	4 schools	.566	305 234

NCAA Tournament

Year	School	Won	Lost	Finish
1939	Ohio St.	2	1	2nd
1944	Ohio St.	1	1	T-3rd
1945	Ohio St.	1	1	T-3rd
1946	Ohio St.	2	1	3rd
4 yrs.	1 school	6	4	.600

LUTE OLSON

(Augsburg '57)
Named coach of the year by the NABC in 1980.

Year	School	Won	Lost
1974	Long Beach St.	24	2
1975	Iowa	10	16
1976	Iowa	19	10
1977	Iowa	20	7
1978	Iowa	12	15
1979	Iowa	20	8
1980	Iowa	23	10
1981	Iowa	21	7
1982	Iowa	21	8
1983	Iowa	21	10
1984	Arizona	11	17
1985	Arizona	21	10
1986	Arizona	23	9
1987	Arizona	18	12
1988	Arizona	35	3
1989	Arizona	29	4
1990	Arizona	25	7
1991	Arizona	28	7
18 yrs.	3 schools	.702	381 162

NCAA Tournament

Year	School	Won	Lost	Finish
1979	Iowa	0	1	
1980	Iowa	4	2	4th
1981	Iowa	0	1	
1982	Iowa	1	1	
1983	Iowa	2	1	
1985	Arizona	0	1	
1986	Arizona	0	1	
1987	Arizona	0	1	
1988	Arizona	4	1	T-3rd
1989	Arizona	2	1	
1990	Arizona	1	1	
1991	Arizona	2	1	
12 yrs.	2 schools	16	13	.552

HARLAN "PAT" PAGE

(Chicago '10)
Naismith Memorial Basketball Hall of Fame.

Year	School	Won	Lost
1913	Chicago	20	6
1914	Chicago	19	9
1915	Chicago	20	5
1916	Chicago	15	11
1917	Chicago	13	15
1918	Chicago	14	10
1919	Chicago	21	6
1920	Chicago	27	8
1921	Butler	16	3
1922	Butler	19	6
1923	Butler	16	4
1924	Butler	7	7
1925	Butler	20	4
1926	Butler	15	5
14 yrs.	2 schools	.710	242 99

VADAL PETERSON

(Utah '20)
Coached team to the NIT title in 1947.

Year	School	Won	Lost
1928	Utah	6	11
1929	Utah	8	9
1930	Utah	13	11
1931	Utah	20	5
1932	Utah	12	8
1933	Utah	13	9
1934	Utah	14	9
1935	Utah	8	8
1936	Utah	9	13
1937	Utah	17	7
1938	Utah	17	4
1939	Utah	12	7
1940	Utah	18	4
1941	Utah	14	7
1942	Utah	13	7
1943	Utah	10	12
1944	Utah	21	4

Year	School	Won	Lost
1945	Utah	17	4
1946	Utah	12	8
1947	Utah	19	5
1948	Utah	11	9
1949	Utah	24	8
1950	Utah	26	18
1951	Utah	23	13
1952	Utah	19	9
1953	Utah	10	14
26 yrs.	1 school	.634	386	223

NCAA Tournament

Year	School	Won	Lost	Finish
1944	Utah	3	0	CH
1945	Utah	0	2	
2 yrs.	1 school	3	2	.600

JACK RAMSAY
[St. Joseph's (Pa.) '49]

Year	School	Won	Lost
1956	St. Joseph's (Pa.)	23	6
1957	St. Joseph's (Pa.)	17	7
1958	St. Joseph's (Pa.)	18	9
1959	St. Joseph's (Pa.)	22	5
1960	St. Joseph's (Pa.)	20	7
1961*	St. Joseph's (Pa.)	22	4
1962	St. Joseph's (Pa.)	18	10
1963	St. Joseph's (Pa.)	23	5
1964	St. Joseph's (Pa.)	18	10
1965	St. Joseph's (Pa.)	26	3
1966	St. Joseph's (Pa.)	24	5
11 yrs.	1 school	.765	231	71

*On-court record before NCAA tournament games vacated: 1961, 25-5.

NCAA Tournament

Year	School	Won	Lost	Finish
1959	St. Joseph's	0	2	
1960	St. Joseph's	0	2	
1962	St. Joseph's	0	2	
1963	St. Joseph's	2	1	RR
1965	St. Joseph's	1	2	
1966	St. Joseph's	2	1	
6 yrs.	1 school	5	10	.333

Note: NCAA tournament record later vacated: 1961, 3-1, 3rd place.

NOLAN RICHARDSON
(UTEP '65)

Coached team to the NIT title in 1981.

Year	School	Won	Lost
1981	Tulsa	26	7
1982	Tulsa	24	6
1983	Tulsa	19	12
1984	Tulsa	27	4
1985	Tulsa	23	8
1986	Arkansas	12	16
1987	Arkansas	19	14
1988	Arkansas	21	9
1989	Arkansas	25	7
1990	Arkansas	30	5
1991	Arkansas	34	4
11 yrs.	2 schools	.739	260	92

NCAA Tournament

Year	School	Won	Lost	Finish
1982	Tulsa	0	1	
1984	Tulsa	0	1	
1985	Tulsa	0	1	
1988	Arkansas	0	1	
1989	Arkansas	1	1	
1990	Arkansas	4	1	T-3rd
1991	Arkansas	3	1	RR
7 yrs.	2 schools	8	7	.533

ELMER RIPLEY
(No college)

Naismith Memorial Basketball Hall of Fame.

Year	School	Won	Lost
1923	Wagner	6	6
1924	Wagner	8	8
1925	Wagner	9	8
1928	Georgetown	12	1
1929	Georgetown	12	5
1930	Yale	13	8
1931	Yale	15	8
1932	Yale	10	12
1933	Yale	19	3
1934	Yale	14	9
1935	Yale	11	10

Year	School	Won	Lost
1939	Georgetown	13	9
1940	Georgetown	8	10
1941	Georgetown	16	4
1942	Georgetown	9	11
1943	Georgetown	22	5
1944	Columbia	7	9
1945	Columbia	9	10
1946	Notre Dame	17	4
1947	Georgetown	19	7
1948	Georgetown	13	15
1949	Georgetown	9	15
1950	John Carroll	9	11
1951	John Carroll	2	21
1952	Army	8	9
1953	Army	11	8
26 yrs.	7 schools	.571	301	226

NCAA Tournament

Year	School	Won	Lost	Finish
1943	Georgetown	2	1	2nd
1 yr.	1 school	2	1	.667

LEE ROSE
(Transylvania '58)

Year	School	Won	Lost
1965	Transylvania	21	10
1969	Transylvania	20	7
1970	Transylvania	21	7
1971	Transylvania	21	3
1972	Transylvania	21	6
1973	Transylvania	20	7
1974	Transylvania	16	10
1975	Transylvania	20	7
1976	N.C.-Charlotte	24	6
1977	N.C.-Charlotte	28	5
1978	N.C.-Charlotte	20	7
1979	Purdue	27	8
1980	Purdue	23	10
1981	South Fla.	18	11
1982	South Fla.	17	11
1983	South Fla.	22	10
1984	South Fla.	17	11
1985	South Fla.	18	12

1986	South Fla.		14	14
19 yrs.	4 schools	.705	388	162

NCAA Tournament

Year	School	Won	Lost	Finish
1977	N.C.-Charlotte	3	2	4th
1980	Purdue	5	1	3rd
2 yrs.	2 schools	8	3	.727

ADOLPH RUPP

(Kansas '23)
Named coach of the year by UPI in 1959 and 1966, and by the USBWA in 1966...Naismith Memorial Basketball Hall of Fame...Olympic team coach in 1948...Through the 1991 season, held the NCAA career record for most victories... Coached team to the NIT title in 1946.

Year	School	Won	Lost
1931	Kentucky	15	3
1932	Kentucky	15	2
1933	Kentucky	20	3
1934	Kentucky	16	1
1935	Kentucky	19	2
1936	Kentucky	15	6
1937	Kentucky	17	5
1938	Kentucky	13	5
1939	Kentucky	16	4
1940	Kentucky	15	6
1941	Kentucky	17	8
1942	Kentucky	19	6
1943	Kentucky	17	6
1944	Kentucky	19	2
1945	Kentucky	22	4
1946	Kentucky	28	2
1947	Kentucky	34	3
1948	Kentucky	36	3
1949	Kentucky	32	2
1950	Kentucky	25	5
1951	Kentucky	32	2
1952	Kentucky	29	3
1954	Kentucky	25	0
1955	Kentucky	23	3
1956	Kentucky	20	6

1957	Kentucky	23	5
1958	Kentucky	23	6
1959	Kentucky	24	3
1960	Kentucky	18	7
1961	Kentucky	19	9
1962	Kentucky	23	3
1963	Kentucky	16	9
1964	Kentucky	21	6
1965	Kentucky	15	10
1966	Kentucky	27	2
1967	Kentucky	13	13
1968	Kentucky	22	5
1969	Kentucky	23	5
1970	Kentucky	26	2
1971	Kentucky	22	6
1972	Kentucky	21	7
41 yrs.	1 school	.822	875	190

Note: Kentucky did not play basketball in 1953.

NCAA Tournament

Year	School	Won	Lost	Finish
1942	Kentucky	1	1	T-3rd
1945	Kentucky	1	1	RR
1948	Kentucky	3	0	CH
1949	Kentucky	3	0	CH
1951	Kentucky	4	0	CH
1952	Kentucky	1	1	RR
1955	Kentucky	1	1	
1956	Kentucky	1	1	RR
1957	Kentucky	1	1	RR
1958	Kentucky	4	0	CH
1959	Kentucky	1	1	
1961	Kentucky	1	1	RR
1962	Kentucky	1	1	RR
1964	Kentucky	0	2	
1966	Kentucky	3	1	2nd
1968	Kentucky	1	1	RR
1969	Kentucky	1	1	
1970	Kentucky	1	1	RR
1971	Kentucky	0	2	
1972	Kentucky	1	1	RR
20 yrs.	1 school	30	18	.625

LEONARD SACHS

(American College of P.E. '23)
Naismith Memorial Basketball Hall of Fame.

Year	School	Won	Lost
1924	Loyola (Ill.)	8	11
1925	Loyola (Ill.)	4	11
1926	Loyola (Ill.)	13	8
1927	Loyola (Ill.)	13	4
1928	Loyola (Ill.)	16	4
1929	Loyola (Ill.)	16	0
1930	Loyola (Ill.)	13	5
1931	Loyola (Ill.)	8	7
1932	Loyola (Ill.)	15	2
1933	Loyola (Ill.)	14	7
1934	Loyola (Ill.)	7	8
1935	Loyola (Ill.)	5	14
1936	Loyola (Ill.)	8	8
1937	Loyola (Ill.)	16	3
1938	Loyola (Ill.)	12	8
1939	Loyola (Ill.)	21	1

1940	Loyola (Ill.)		5	14
1941	Loyola (Ill.)		13	8
1942	Loyola (Ill.)		17	6
19 yrs.	1 school	.635	224	129

FRED SCHAUS

(West Virginia '49)
Coached team to the NIT title in 1974.

Year	School	Won	Lost
1955	West Virginia	19	11
1956	West Virginia	21	9
1957	West Virginia	25	5
1958	West Virginia	26	2
1959	West Virginia	29	5
1960	West Virginia	26	5
1973	Purdue	15	9
1974	Purdue	21	9
1975	Purdue	17	11
1976	Purdue	16	11
1977	Purdue	20	8
1978	Purdue	16	11
12 yrs.	2 schools	.723	251	96

NCAA Tournament

Year	School	Won	Lost	Finish
1955	West Virginia	0	1	
1956	West Virginia	0	1	
1957	West Virginia	0	1	
1958	West Virginia	0	1	
1959	West Virginia	4	1	2nd
1960	West Virginia	2	1	
1977	Purdue	0	1	
7 yrs.	2 schools	6	7	.462

EVERETT SHELTON

(Phillips '23)
Naismith Memorial Basketball Hall of Fame.

Year	School	Won	Lost
1924	Phillips	11	16

Year	School	Won	Lost
1925	Phillips	15	5
1926	Phillips	22	8
1940	Wyoming	7	10
1941	Wyoming	13	6
1942	Wyoming	15	5
1943	Wyoming	31	2
1945	Wyoming	10	17
1946	Wyoming	22	4
1947	Wyoming	22	6
1948	Wyoming	18	9
1949	Wyoming	25	10
1950	Wyoming	25	11
1951	Wyoming	26	11
1952	Wyoming	28	7
1953	Wyoming	20	10
1954	Wyoming	19	9
1955	Wyoming	17	9
1956	Wyoming	7	19
1957	Wyoming	6	19
1958	Wyoming	13	14
1959	Wyoming	4	22
1960	Sacramento St.	10	13
1961	Sacramento St.	18	8
1962	Sacramento St.	21	10
1963	Sacramento St.	10	16
1964	Sacramento St.	8	18
1965	Sacramento St.	10	16
1966	Sacramento St.	10	16
1967	Sacramento St.	15	11
1968	Sacramento St.	16	10

31 yrs. 3 schools .587 494 347

NCAA Tournament

Year	School	Won	Lost	Finish
1941	Wyoming	0	2	
1943	Wyoming	3	0	CH
1947	Wyoming	0	2	
1948	Wyoming	0	2	
1949	Wyoming	0	2	
1952	Wyoming	1	1	RR
1953	Wyoming	0	2	
1958	Wyoming	0	1	

8 yrs. 1 school 4 12 .250

NORM SLOAN
(North Caro. St. '51)
Named coach of the year by AP and

UPI in 1974.

Year	School	Won	Lost
1952	Presbyterian	21	7
1953	Presbyterian	11	15
1954	Presbyterian	17	8
1955	Presbyterian	20	6
1957	Citadel	11	14
1958	Citadel	16	11
1959	Citadel	15	5
1960	Citadel	15	8
1961	Florida	15	11
1962	Florida	12	11
1963	Florida	12	14
1964	Florida	12	10
1965	Florida	18	7
1966	Florida	16	10
1967	North Caro. St.	7	19
1968	North Caro. St.	16	10
1969	North Caro. St.	15	10
1970	North Caro. St.	23	7
1971	North Caro. St.	13	14
1972	North Caro. St.	16	10
1973	North Caro. St.	27	0
1974	North Caro. St.	30	1
1975	North Caro. St.	22	6
1976	North Caro. St.	21	9
1977	North Caro. St.	17	11
1978	North Caro. St.	21	10
1979	North Caro. St.	18	12
1980	North Caro. St.	20	8
1981	Florida	12	16
1982	Florida	5	22
1983	Florida	13	18
1984	Florida	16	13
1985	Florida	18	12
1986	Florida	19	14
1987*	Florida	21	10
1988*	Florida	22	11
1989	Florida	21	13

37 yrs. 4 schools .614 624 393

*On-court record before NCAA tournament games vacated: 1987, 23-11; 1988, 23-12.

NCAA Tournament

Year	School	Won	Lost	Finish
1970	N.C. State	1	1	
1974	N.C. State	4	0	CH
1980	N.C. State	0	1	
1989	Florida	0	1	

4 yrs. 2 schools 5 3 .625

Note: NCAA tournament record later vacated: 1987, 2-1; 1988, 1-1.

DEAN SMITH
(Kansas '53)
Named coach of the year by the NABC in 1977 and by the USBWA in 1979... Naismith Memorial Basketball Hall of Fame...Olympic team coach in 1976 ...Through the 1991 NCAA tournament, held the tournament career record for most appearances and most consecutive appearances, and was tied for the tournament record for most victories...Coached team to the NIT title in 1971.

Year	School	Won	Lost
1962	North Caro.	8	9
1963	North Caro.	15	6
1964	North Caro.	12	12
1965	North Caro.	15	9
1966	North Caro.	16	11
1967	North Caro.	26	6
1968	North Caro.	28	4
1969	North Caro.	27	5
1970	North Caro.	18	9
1971	North Caro.	26	6
1972	North Caro.	26	5
1973	North Caro.	25	8
1974	North Caro.	22	6
1975	North Caro.	23	8
1976	North Caro.	25	4
1977	North Caro.	28	5
1978	North Caro.	23	8
1979	North Caro.	23	6
1980	North Caro.	21	8
1981	North Caro.	29	8
1982	North Caro.	32	2
1983	North Caro.	28	8
1984	North Caro.	28	3
1985	North Caro.	27	9
1986	North Caro.	28	6
1987	North Caro.	32	4
1988	North Caro.	27	7
1989	North Caro.	29	8
1990	North Caro.	21	13
1991	North Caro.	29	6

30 yrs. 1 school .774 717 209

NCAA Tournament

Year	School	Won	Lost	Finish
1967	North Caro.	2	2	4th

1968	North Caro.	3	1	2nd
1969	North Caro.	2	2	4th
1972	North Caro.	3	1	3rd
1975	North Caro.	2	1	
1976	North Caro.	0	1	
1977	North Caro.	4	1	2nd
1978	North Caro.	0	1	
1979	North Caro.	0	1	
1980	North Caro.	0	1	
1981	North Caro.	4	1	2nd
1982	North Caro.	5	0	CH
1983	North Caro.	2	1	RR
1984	North Caro.	1	1	
1985	North Caro.	3	1	RR
1986	North Caro.	2	1	
1987	North Caro.	3	1	RR
1988	North Caro.	3	1	RR
1989	North Caro.	2	1	
1990	North Caro.	2	1	
1991	North Caro.	4	1	T-3rd
21 yrs. 1 school		47	22	.681

NORM STEWART

(Missouri '56)

Named coach of the year by UPI in 1982.

Year	School	Won	Lost
1962	Northern Iowa	19	5
1963	Northern Iowa	15	8
1964	Northern Iowa	23	4
1965	Northern Iowa	16	7
1966	Northern Iowa	13	7
1967	Northern Iowa	11	11
1968	Missouri	10	16
1969	Missouri	14	11
1970	Missouri	15	11
1971	Missouri	17	9
1972	Missouri	21	6
1973	Missouri	21	6
1974	Missouri	12	14
1975	Missouri	18	9
1976	Missouri	26	5
1977	Missouri	21	8
1978	Missouri	14	16
1979	Missouri	13	15

1980	Missouri	25	6
1981	Missouri	22	10
1982	Missouri	27	4
1983	Missouri	26	8
1984	Missouri	16	14
1985	Missouri	18	14
1986	Missouri	21	14
1987	Missouri	24	10
1988	Missouri	19	11
1989	Missouri	29	8
1990	Missouri	26	6
1991	Missouri	20	10
30 yrs. 2 schools		.669	572 283

NCAA Tournament

Year	School	Won	Lost	Finish
1976	Missouri	2	1	RR
1978	Missouri	0	1	
1980	Missouri	2	1	
1981	Missouri	0	1	
1982	Missouri	1	1	
1983	Missouri	0	1	
1986	Missouri	0	1	
1987	Missouri	0	1	
1988	Missouri	0	1	
1989	Missouri	2	1	
1990	Missouri	0	1	
11 yrs. 1 school		7	11	.389

EDDIE SUTTON

(Oklahoma St. '59)

Named coach of the year by the USBWA in 1977, by AP and UPI in 1978, and by AP and the NABC in 1986... Through the 1991 NCAA tournament, held the tournament career record for most appearances with different teams.

Year	School	Won	Lost
1970	Creighton	15	10
1971	Creighton	14	11
1972	Creighton	15	11
1973	Creighton	15	11
1974	Creighton	23	7
1975	Arkansas	17	9
1976	Arkansas	19	9
1977	Arkansas	26	2
1978	Arkansas	32	4
1979	Arkansas	25	5
1980	Arkansas	21	8
1981	Arkansas	24	8
1982	Arkansas	23	6
1983	Arkansas	26	4
1984	Arkansas	25	7
1985	Arkansas	22	13
1986	Kentucky	32	4
1987	Kentucky	18	11
1988*	Kentucky	25	5
1989	Kentucky	13	19
1991	Oklahoma St.	24	8
21 yrs. 4 schools		.725	454 172

*On-court record before NCAA tournament games vacated: 1988, 27-6.

NCAA Tournament

Year	School	Won	Lost	Finish
1974	Creighton	2	1	
1977	Arkansas	0	1	
1978	Arkansas	4	1	3rd
1979	Arkansas	2	1	RR
1980	Arkansas	0	1	
1981	Arkansas	2	1	
1982	Arkansas	0	1	
1983	Arkansas	1	1	
1984	Arkansas	0	1	
1985	Arkansas	1	1	
1986	Kentucky	3	1	RR
1987	Kentucky	0	1	
1991	Oklahoma St.	2	1	
13 yrs. 4 schools		17	13	.567

Note: NCAA tournament record later vacated: 1988, 2-1.

JERRY TARKANIAN

(Fresno St. '56)

Named coach of the year by UPI in 1983... Through the 1991 season, held the NCAA career record for highest winning percentage.

Year	School	Won	Lost
1969	Long Beach St.	23	3
1970	Long Beach St.	24	5
1971*	Long Beach St.	22	4
1972*	Long Beach St.	23	3
1973*	Long Beach St.	24	2
1974	Nevada-Las Vegas	20	6
1975	Nevada-Las Vegas	24	5
1976	Nevada-Las Vegas	29	2
1977	Nevada-Las Vegas	29	3
1978	Nevada-Las Vegas	20	8
1979	Nevada-Las Vegas	21	8
1980	Nevada-Las Vegas	23	9
1981	Nevada-Las Vegas	16	12
1982	Nevada-Las Vegas	20	10
1983	Nevada-Las Vegas	28	3
1984	Nevada-Las Vegas	29	6
1985	Nevada-Las Vegas	28	4
1986	Nevada-Las Vegas	33	5

1987	Nevada-Las Vegas	37	2
1988	Nevada-Las Vegas	28	6
1989	Nevada-Las Vegas	29	8
1990	Nevada-Las Vegas	35	5
1991	Nevada-Las Vegas	34	1
23 yrs.	2 schools	.833	599	120

*On-court record before NCAA tournament games vacated: 1971, 24-5; 1972, 25-4; 1973, 26-3.

NCAA Tournament

Year	School	Won	Lost	Finish
1970	L. Beach St.	1	2	
1975	Nevada-L.V.	2	1	
1976	Nevada-L.V.	1	1	
1977	Nevada-L.V.	4	1	3rd
1983	Nevada-L.V.	0	1	
1984	Nevada-L.V.	2	1	
1985	Nevada-L.V.	1	1	
1986	Nevada-L.V.	2	1	
1987	Nevada-L.V.	4	1	T-3rd
1988	Nevada-L.V.	1	1	
1989	Nevada-L.V.	3	1	RR
1990	Nevada-L.V.	6	0	CH
1991	Nevada-L.V.	4	1	T-3rd
13 yrs.	2 schools	31	13	.705

Note: NCAA tournament record later vacated: 1971, 2-1, RR; 1972, 2-1, RR; 1973, 2-1.

1966	Ohio St.	11	13
1967	Ohio St.	13	11
1968	Ohio St.	21	8
1969	Ohio St.	17	7
1970	Ohio St.	17	7
1971	Ohio St.	20	6
1972	Ohio St.	18	6
1973	Ohio St.	14	10
1974	Ohio St.	9	15
1975	Ohio St.	14	14
1976	Ohio St.	6	20
18 yrs.	1 school	.653	297	158

NCAA Tournament

Year	School	Won	Lost	Finish
1960	Ohio St.	4	0	CH
1961	Ohio St.	3	1	2nd
1962	Ohio St.	3	1	2nd
1968	Ohio St.	3	1	3rd
1971	Ohio St.	1	1	RR
5 yrs.	1 school	14	4	.778

1989	Georgetown	29	5
1990	Georgetown	24	7
1991	Georgetown	19	13
19 yrs.	1 school	.740	442	155

NCAA Tournament

Year	School	Won	Lost	Finish
1975	Georgetown	0	1	
1976	Georgetown	0	1	
1979	Georgetown	0	1	
1980	Georgetown	2	1	RR
1981	Georgetown	0	1	
1982	Georgetown	4	1	2nd
1983	Georgetown	1	1	
1984	Georgetown	5	0	CH
1985	Georgetown	5	1	2nd
1986	Georgetown	1	1	
1987	Georgetown	3	1	RR
1988	Georgetown	1	1	
1989	Georgetown	3	1	RR
1990	Georgetown	1	1	
1991	Georgetown	1	1	
15 yrs.	1 school	27	14	.659

FRED TAYLOR
(Ohio St. '50)

Named coach of the year by UPI and the USBWA in 1961 and 1962...Naismith Memorial Basketball Hall of Fame.

Year	School	Won	Lost
1959	Ohio St.	11	11
1960	Ohio St.	25	3
1961	Ohio St.	27	1
1962	Ohio St.	26	2
1963	Ohio St.	20	4
1964	Ohio St.	16	8
1965	Ohio St.	12	12

JOHN THOMPSON
(Providence '64)

Named coach of the year by the USBWA in 1982, by the NABC in 1985 and by UPI in 1987...Olympic team coach in 1976 and 1988.

Year	School	Won	Lost
1973	Georgetown	12	14
1974	Georgetown	13	13
1975	Georgetown	18	10
1976	Georgetown	21	7
1977	Georgetown	19	9
1978	Georgetown	23	8
1979	Georgetown	24	5
1980	Georgetown	26	6
1981	Georgetown	20	12
1982	Georgetown	30	7
1983	Georgetown	22	10
1984	Georgetown	34	3
1985	Georgetown	35	3
1986	Georgetown	24	8
1987	Georgetown	29	5
1988	Georgetown	20	10

JIM VALVANO
(Rutgers '67)

Year	School	Won	Lost
1969	Johns Hopkins	10	9
1973	Bucknell	11	14
1974	Bucknell	8	16
1975	Bucknell	14	12
1976	Iona	10	16
1977	Iona	15	10
1978	Iona	17	10
1979	Iona	23	6
1980*	Iona	28	4
1981	North Caro. St.	14	13
1982	North Caro. St.	22	10
1983	North Caro. St.	26	10
1984	North Caro. St.	19	14
1985	North Caro. St.	23	10
1986	North Caro. St.	21	13
1987*	North Caro. St.	20	14
1988*	North Caro. St.	24	7
1989	North Caro. St.	22	9

1990	North Caro. St.	18	12
19 yrs.	4 schools	.623	345	209

*On-court record before NCAA tournament games vacated: 1980, 29-5; 1987, 20-15; 1988, 24-8.

NCAA Tournament

Year	School	Won	Lost	Finish
1979	Iona	0	1	
1982	N.C. State	0	1	
1983	N.C. State	6	0	CH
1985	N.C. State	3	1	RR
1986	N.C. State	3	1	RR
1989	N.C. State	2	1	
6 yrs.	2 schools	14	5	.737

Note: NCAA tournament record later vacated: 1980, 1-1; 1987, 0-1; 1988, 0-1.

1970	Brigham Young	8	18
1971	Brigham Young	18	11
1972	Brigham Young	21	5
23 yrs.	1 school	.594	371	254

NCAA Tournament

Year	School	Won	Lost	Finish
1950	Brig. Young	1	1	
1951	Brig. Young	1	2	RR
1957	Brig. Young	1	1	
1965	Brig. Young	0	2	
1969	Brig. Young	0	1	
1971	Brig. Young	1	2	
1972	Brig. Young	0	1	
7 yrs.	1 school	4	10	.286

1975	Stetson	22	4
1976	Stetson	17	9
1977	Stetson	15	12
1978	Stetson	14	13
1979	Stetson	15	12
1980	Stetson	15	12
1981	Stetson	18	9
1982	Stetson	12	15
1983	Stetson	19	9
1984	Stetson	19	9
1985	Stetson	12	16
1986	Stetson	10	18
1987	Stetson	18	13
1988	Stetson	13	15
1989	Stetson	17	12
1990	Stetson	15	17
1991	Stetson	15	16
34 yrs.	1 school	.565	527	405

CLIFFORD WELLS

(Indiana '20)
Naismith Memorial Basketball Hall of Fame.

Year	School	Won	Lost
1946	Tulane	15	7
1947	Tulane	22	9
1948	Tulane	23	3
1949	Tulane	24	4
1950	Tulane	15	7
1951	Tulane	12	12
1952	Tulane	12	12
1953	Tulane	14	6
1954	Tulane	15	8
1955	Tulane	14	6
1956	Tulane	12	12
1957	Tulane	15	9
1958	Tulane	8	15
1959	Tulane	13	11
1960	Tulane	13	11
1961	Tulane	11	13
1962	Tulane	12	10
1963	Tulane	6	16
18 yrs.	1 school	.600	256	171

STAN WATTS

(Brigham Young '38)
Naismith Memorial Basketball Hall of Fame... Coached team to NIT titles in 1951 and 1966.

Year	School	Won	Lost
1950	Brigham Young	22	12
1951	Brigham Young	28	9
1952	Brigham Young	14	10
1953	Brigham Young	22	8
1954	Brigham Young	18	11
1955	Brigham Young	13	13
1956	Brigham Young	18	8
1957	Brigham Young	19	9
1958	Brigham Young	13	13
1959	Brigham Young	15	11
1960	Brigham Young	8	17
1961	Brigham Young	15	11
1962	Brigham Young	10	16
1963	Brigham Young	12	14
1964	Brigham Young	13	12
1965	Brigham Young	21	7
1966	Brigham Young	20	5
1967	Brigham Young	14	10
1968	Brigham Young	13	12
1969	Brigham Young	16	12

GLENN WILKES

(Mercer '50)

Year	School	Won	Lost
1958	Stetson	14	11
1959	Stetson	17	11
1960	Stetson	16	13
1961	Stetson	20	7
1962	Stetson	16	12
1963	Stetson	15	13
1964	Stetson	16	9
1965	Stetson	16	10
1966	Stetson	13	12
1967	Stetson	17	10
1968	Stetson	8	18
1969	Stetson	14	12
1970	Stetson	22	7
1971	Stetson	19	9
1972	Stetson	6	20
1973	Stetson	15	11
1974	Stetson	17	9

JOHN WOODEN

(Purdue '32)
Named coach of the year by AP in 1967, 1969, 1970, 1972 and 1973; by UPI in 1964, 1967, 1969, 1970, 1972 and 1973; by the USBWA in 1964, 1967, 1970, 1972 and 1973; and by the NABC in 1969, 1970 and 1972... Naismith Memorial Basketball Hall of Fame... Through the 1991 NCAA tournament, was tied for the tournament career record for most victories... Through the 1991 NCAA tournament, held the Final Four career record for most championships, most appearances, most consecutive appearances and most victories (21).

Year	School	Won	Lost
1947	Indiana St.	17	8
1948	Indiana St.	27	7
1949	UCLA	22	7
1950	UCLA	24	7
1951	UCLA	19	10
1952	UCLA	19	12
1953	UCLA	16	8

1954	UCLA	18	7
1955	UCLA	21	5
1956	UCLA	22	6
1957	UCLA	22	4
1958	UCLA	16	10
1959	UCLA	16	9
1960	UCLA	14	12
1961	UCLA	18	8
1962	UCLA	18	11
1963	UCLA	20	9
1964	UCLA	30	0
1965	UCLA	28	2
1966	UCLA	18	8
1967	UCLA	30	0
1968	UCLA	29	1
1969	UCLA	29	1
1970	UCLA	28	2
1971	UCLA	29	1
1972	UCLA	30	0
1973	UCLA	30	0
1974	UCLA	26	4
1975	UCLA	28	3

29 yrs.	2 schools	.804	664	162

NCAA Tournament

Year	School	Won	Lost	Finish
1950	UCLA	0	2	
1952	UCLA	0	2	
1956	UCLA	1	1	
1962	UCLA	2	2	4th
1963	UCLA	0	2	
1964	UCLA	4	0	CH
1965	UCLA	4	0	CH
1967	UCLA	4	0	CH
1968	UCLA	4	0	CH
1969	UCLA	4	0	CH
1970	UCLA	4	0	CH
1971	UCLA	4	0	CH
1972	UCLA	4	0	CH
1973	UCLA	4	0	CH
1974	UCLA	3	1	3rd
1975	UCLA	5	0	CH

16 yrs.	1 school	47	10	.825

PHIL WOOLPERT

[Loyola (La.) '40]

Named coach of the year by UPI in 1955 and 1956.

Year	School	Won	Lost
1951	San Francisco	9	17
1952	San Francisco	11	13
1953	San Francisco	10	11
1954	San Francisco	14	7
1955	San Francisco	28	1
1956	San Francisco	29	0
1957	San Francisco	21	7
1958	San Francisco	25	2
1959	San Francisco	6	20
1963	San Diego	4	15
1964	San Diego	13	13
1965	San Diego	14	11
1966	San Diego	17	11
1967	San Diego	13	11
1968	San Diego	15	10

1969	San Diego		10	15

16 yrs.	2 schools	.593	239	164

NCAA Tournament

Year	School	Won	Lost	Finish
1955	San Francisco	5	0	CH
1956	San Francisco	4	0	CH
1957	San Francisco	3	1	3rd
1958	San Francisco	1	1	

4 yrs.	1 school	13	2	.867

TOM YOUNG

(Maryland '58)

Named coach of the year by UPI in 1976.

Year	School	Won	Lost
1959	Catholic	15	6
1960	Catholic	12	12
1961	Catholic	16	7
1962	Catholic	17	7
1963	Catholic	16	11
1964	Catholic	16	12
1965	Catholic	15	9
1966	Catholic	14	13
1967	Catholic	13	11
1970	American	11	12
1971	American	13	12
1972	American	16	8
1973	American	21	5
1974	Rutgers	18	8
1975	Rutgers	22	7
1976	Rutgers	31	2
1977	Rutgers	18	10
1978	Rutgers	24	7
1979	Rutgers	22	9
1980	Rutgers	14	14
1981	Rutgers	16	14
1982	Rutgers	20	10
1983	Rutgers	23	8
1984	Rutgers	15	13
1985	Rutgers	16	14
1986	Old Dominion	23	8
1987	Old Dominion	6	22
1988	Old Dominion	18	12
1989	Old Dominion	15	13
1990	Old Dominion	14	14
1991	Old Dominion	14	18

31 yrs.	4 schools	.615	524	328

NCAA Tournament

Year	School	Won	Lost	Finish
1975	Rutgers	0	1	
1976	Rutgers	3	2	4th
1979	Rutgers	1	1	
1983	Rutgers	1	1	
1986	Old Dominion	1	1	

5 yrs.	2 schools	6	6	.500

INDEX

PLAYERS INDEX BY SCHOOL

School	Player	Years
Akron	Joe Jakubick	1981-84
Alabama	Jerry Harper	1953-56
Alabama	Reggie King	1976-79
American	Kermit Washington	1971-73
Arizona	Bob Elliott	1974-77
Arizona	Sean Elliott	1986-89
Arkansas	Sidney Moncrief	1976-79
Army	Kevin Houston	1984-87
Army	Gary Winton	1975-78
Bethune-Cookman	Kevin Bradshaw	1984-85
Bowling Green	Howard Komives	1962-64
Bowling Green	Nate Thurmond	1961-63
Bradley	Hersey Hawkins	1985-88
Bradley	Gene Melchiorre	1948-51
Bradley	Paul Unruh	1947-50
Bradley	Chet Walker	1960-62
Brigham Young	Danny Ainge	1978-81
Brigham Young	Michael Smith	1984, 87-89
Butler	Darrin Fitzgerald	1984-87
California	Darrall Imhoff	1958-60
Cameron	Avery Johnson	1985
Canisius	Larry Fogle	1973-75
Centenary	Willie Jackson	1981-84
Chicago St.	Darron Brittman	1984-86
Cincinnati	Ron Bonham	1962-64
Cincinnati	Oscar Robertson	1958-60
Cincinnati	Tom Thacker	1961-63
Cincinnati	Jack Twyman	1952-55
Columbia	Chet Forte	1955-57
Connecticut	Art Quimby	1952-55
Creighton	Bob Harstad	1988-91
Creighton	Paul Silas	1962-64
Davidson	Fred Hetzel	1963-65
Dayton	Don May	1966-68
Delaware St.	Tom Davis	1988-91
Delta St.	Gerald Glass	1986-87
Denver	Vince Boryla	1949
DePaul	Mark Aguirre	1979-81
DePaul	Terry Cummings	1980-82
Detroit	Dave DeBusschere	1960-62
Detroit	Spencer Haywood	1969
Duke	Johnny Dawkins	1983-86
Duke	Danny Ferry	1986-89
Duke	Mike Gminski	1977-80
Duke	Dick Groat	1950-52
Duke	Art Heyman	1961-63
Duke	Bob Verga	1965-67
Duquesne	Si Green	1954-56
Duquesne	Dick Ricketts	1952-55
East Tenn. St.	Keith Jennings	1988-91
Florida St.	Dave Cowens	1968-70
Fordham	Ed Conlin	1952-55
Furman	Darrell Floyd	1954-56
Furman	Jonathon Moore	1977-80
Furman	Frank Selvy	1952-54
George Mason	Kenny Sanders	1986-89
Geo. Washington	Joe Holup	1953-56
Georgetown	Patrick Ewing	1982-85
Georgetown	Eric Floyd	1979-82
Georgetown	Reggie Williams	1984-87
Georgia	Alec Kessler	1987-90
Georgia Tech	Kenny Anderson	1990-91
Georgia Tech	Roger Kaiser	1959-61
Georgia Tech	Rich Yunkus	1969-71
Gonzaga	Frank Burgess	1959-61
Holy Cross	Bob Cousy	1947-50
Holy Cross	Tom Heinsohn	1954-56
Holy Cross	Ron Perry	1977-80
Holy Cross	Glenn Tropf	1986-89
Houston	Otis Birdsong	1974-77
Houston	Elvin Hayes	1966-68
Houston	Akeem Olajuwon	1982-84
Idaho St.	Lawrence Butler	1978-79
Idaho St.	Willie Humes	1970-71
Idaho, College of	Elgin Baylor	1955
Illinois	Rod Fletcher	1950-52
Illinois St.	Doug Collins	1971-73
Indiana	Steve Alford	1984-87
Indiana	Kent Benson	1974-77
Indiana	Scott May	1974-76
Indiana	Don Schlundt	1952-55
Indiana	Isiah Thomas	1980-81
Indiana St.	Larry Bird	1977-79
Iona	Steve Burtt	1981-84
Iowa	Chuck Darling	1950-52
Iowa	Murray Wier	1945-48
Iowa St.	Jeff Grayer	1985-88
Jacksonville	Artis Gilmore	1970-71
Kansas	Wilt Chamberlain	1957-58
Kansas	Clyde Lovellette	1950-52
Kansas	Danny Manning	1985-88
Kansas	Marshall Rodgers	1973
Kansas	Darnell Valentine	1978-81
Kansas	Jo Jo White	1966-69
Kansas St.	Bob Boozer	1957-59
Kentucky	Ralph Beard	1946-49
Kentucky	Johnny Cox	1957-59
Kentucky	Louie Dampier	1965-67
Kentucky	Alex Groza	1945-49
Kentucky	Cliff Hagan	1951-54
Kentucky	Dan Issel	1968-70
Kentucky	Kyle Macy	1978-80
Kentucky	Cotton Nash	1962-64
Kentucky	Frank Ramsey	1951-52, 54
Kentucky	Bill Spivey	1950-51
Kentucky	Greg Starrick	1969
Kentucky	Kenny Walker	1983-86
La Salle	Michael Brooks	1977-80
La Salle	Tom Gola	1952-55
La Salle	Lionel Simmons	1987-90
Lamar	B.B. Davis	1978-81
Lamar	Mike Olliver	1978-81
Lehigh	Daren Queenan	1985-88
Long Beach St.	Ed Ratleff	1971-73

Louisiana St.	Chris Jackson	1989-90
Louisiana St.	Durand Macklin	1977-81
Louisiana St.	Pete Maravich	1968-70
Louisiana St.	Shaquille O'Neal	1990-91
Louisiana St.	Bob Pettit	1952-54
Louisville	Pervis Ellison	1986-89
Louisville	Darrell Griffith	1977-80
Louisville	Charlie Tyra	1954-57
Louisville	Wes Unseld	1966-68
Loyola (Cal.)	Jeff Fryer	1987-90
Loyola (Cal.)	Eric "Hank" Gathers	1988-90
Loyola (Cal.)	Greg "Bo" Kimble	1988-90
Loyola (Ill.)	Jerry Harkness	1961-63
Loyola (Ill.)	Alfredrick Hughes	1982-85
Marquette	Jim Chones	1971-72
Marquette	Butch Lee	1975-78
Marquette	Marc Marotta	1981-84
Marquette	Dean Meminger	1969-71
Marshall	Harold Greer	1956-58
Marshall	Skip Henderson	1985-88
Marshall	Charlie Slack	1953-56
Maryland	Len Bias	1983-86
Maryland	John Lucas	1973-76
Maryland	Tom McMillen	1972-74
Massachusetts	Julius Erving	1970-71
McNeese St.	Joe Dumars	1982-85
Memphis St.	Keith Lee	1982-85
Miami (Fla.)	Rick Barry	1963-65
Miami (Ohio)	Ron Harper	1983-86
Michigan	Gary Grant	1985-88
Michigan	Rickey Green	1976-77
Michigan	Glen Rice	1986-89
Michigan	Cazzie Russell	1964-66
Michigan St.	John Green	1957-59
Michigan St.	Earvin "Magic" Johnson	1978-79
Michigan St.	Greg Kelser	1976-79
Minnesota	Dick Garmaker	1954-55
Minnesota	Jim McIntyre	1946-49
Minnesota	Mychal Thompson	1975-78
Mississippi	Gerald Glass	1989-90
Mississippi	Johnny Neumann	1971
Mississippi St.	Bailey Howell	1957-59
Mississippi Val.	Timothy Pollard	1988-89
Missouri	Derrick Chievous	1985-88
Missouri	Doug Smith	1988-91
Montana	Larry Krystkowiak	1983-86
Morehead St.	Steve Hamilton	1955-58
Navy	David Robinson	1984-87
Nevada-Las Vegas	Stacey Augmon	1988-91
Nevada-Las Vegas	Sidney Green	1980-83
Nevada-Las Vegas	Larry Johnson	1990-91
Nevada-Las Vegas	Mark Wade	1986-87
New York U.	Barry Kramer	1962-64
Niagara	Calvin Murphy	1968-70
North Caro.	Bill Cunningham	1963-65
North Caro.	Phil Ford	1975-78
North Caro.	Michael Jordan	1982-84
North Caro.	Robert McAdoo	1972
North Caro.	Larry Miller	1966-68
North Caro.	Mike O'Koren	1977-80
North Caro.	Sam Perkins	1981-84
North Caro.	J.R. Reid	1987-89
North Caro.	Len Rosenbluth	1955-57
North Caro.	Charlie Scott	1968-70
North Caro.	Kenny Smith	1984-87
North Caro.	James Worthy	1980-82
North Caro. A&T	Joe Binion	1981-84
North Caro. St.	Chris Corchiani	1988-91
North Caro. St.	Rodney Monroe	1988-91
North Caro. St.	Sam Ranzino	1948-51
North Caro. St.	Ron Shavlik	1954-56
North Caro. St.	David Thompson	1973-75
North Texas	Kenneth Lyons	1980-83
Northeast La.	Calvin Natt	1976-79
Northeastern	Reggie Lewis	1984-87
Northwestern	Shon Morris	1985-88
Notre Dame	Bob Arnzen	1967-69
Notre Dame	Austin Carr	1969-71
Notre Dame	Adrian Dantley	1974-76
Notre Dame	Kevin O'Shea	1947-50
Notre Dame	John Paxson	1980-83
Notre Dame	John Shumate	1973-74
Notre Dame	Kelly Tripucka	1978-81
Ohio St.	Gary Bradds	1962-64
Ohio St.	Robin Freeman	1954-56
Ohio St.	John Havlicek	1960-62
Ohio St.	Jim Jackson	1990-91
Ohio St.	Jerry Lucas	1960-62
Ohio St.	Dick Schnittker	1947-50
Ohio St.	Herb Williams	1978-81
Oklahoma	Mookie Blaylock	1988-89
Oklahoma	Stacey King	1986-89
Oklahoma	Wayman Tisdale	1983-85
Oklahoma	Mark Wade	1984
Oral Roberts	Mark Acres	1982-85
Oral Roberts	Richard Fuqua	1970-73
Oregon St.	Steve Johnson	1977-81
Oregon St.	Gary Payton	1987-90
Pacific	Leroy Wright	1958-60
Penn St.	Jesse Arnelle	1952-55
Penn St.	Craig Collins	1982-85
Pennsylvania	Ernie Beck	1951-53
Pepperdine	William "Bird" Averitt	1972-73
Pittsburgh	Don Hennon	1957-59
Portland St.	Freeman Williams	1975-78
Princeton	Bill Bradley	1963-65
Providence	Marvin Barnes	1972-74
Providence	Ernie DiGregorio	1971-73
Providence	Eric Murdock	1988-91
Providence	Jim Walker	1965-67
Providence	Len Wilkens	1958-60
Purdue	Joe Barry Carroll	1977-80
Purdue	Terry Dischinger	1960-62
Purdue	Kyle Macy	1976
Purdue	Rick Mount	1968-70
Purdue	Stephen Scheffler	1987-90
Purdue	Dave Schellhase	1964-66
Richmond	Bob McCurdy	1974-75
Rutgers	Bob Lloyd	1965-67
Rutgers	Phil Sellers	1973-76

St. Bonaventure	Bob Lanier	1968-70
St. Bonaventure	Tom Stith	1959-61
St. John's (N.Y.)	Walter Berry	1985-86
St. John's (N.Y.)	Tony Jackson	1959-61
St. John's (N.Y.)	Chris Mullin	1982-85
St. Joseph's (Pa.)	Rodney Blake	1985-88
St. Louis	Ed Macauley	1948-49
San Francisco	Bill Cartwright	1976-79
San Francisco	Quintin Dailey	1980-82
San Francisco	K.C. Jones	1952-56
San Francisco	Bill Russell	1954-56
Santa Clara	Dennis Awtrey	1968-70
Seattle	Elgin Baylor	1957-58
Seattle	Johnny O'Brien	1952-53
Seton Hall	Walt Dukes	1952-53
Seton Hall	Glenn Mosley	1974-77
Seton Hall	Nick Werkman	1962-64
South Caro.	Zam Fredrick	1978-81
South Caro.	Tom Riker	1970-72
South Caro.	John Roche	1969-71
South Caro.	Grady Wallace	1956-57
Southern Cal	Eric "Hank" Gathers	1986
Southern Cal	Greg "Bo" Kimble	1986
Southern Cal	Bill Sharman	1947-50
Southern Ill.	Greg Starrick	1970-72
Southern Methodist	Jim Krebs	1955-57
Southern-B.R.	Avery Johnson	1987-88
Southern-B.R.	Tony Murphy	1979-80
Southwestern La.	Larry Fogle	1973
Southwestern La.	Dwight Lamar	1970-73
Southwestern La.	Andrew Toney	1977-80
Syracuse	Dave Bing	1964-66
Syracuse	Derrick Coleman	1987-90
Syracuse	Billy Owens	1989-91
Temple	Mark Macon	1988-91
Temple	Bill Mlkvy	1950-52
Temple	Guy Rodgers	1956-58
Tennessee	Dale Ellis	1980-83
Tennessee	Bernard King	1975-77
Texas-Pan American	Marshall Rodgers	1975-76
Texas Southern	Harry Kelly	1980-83
Texas Southern	Fred West	1987-90
UCLA	Lew Alcindor	1967-69
UCLA	Henry Bibby	1970-72
UCLA	Gail Goodrich	1963-65
UCLA	David Greenwood	1976-79
UCLA	Walt Hazzard	1962-64
UCLA	Marques Johnson	1974-77
UCLA	Greg Lee	1972-74
UCLA	Dave Meyers	1973-75
UCLA	Bill Walton	1972-74
UCLA	Rich Washington	1974-76
UCLA	Sidney Wicks	1969-71
UCLA	Keith Wilkes	1972-74
U.S. International	Kevin Bradshaw	1990-91
Utah	Billy McGill	1960-62
Utah St.	Greg Grant	1983-86
UTEP	Nate Archibald	1968-70
Vanderbilt	Clyde Lee	1964-66
Villanova	Paul Arizin	1948-50
Virginia	Ralph Sampson	1980-83
Wagner	Terrance Bailey	1984-87
Wake Forest	Len Chappell	1960-62
Wake Forest	Rod Griffin	1975-78
Wake Forest	Dickie Hemric	1952-55
Washington	Bob Houbregs	1951-53
West Va.	Rod Hundley	1955-57
West Va.	Rod Thorn	1961-63
West Va.	Jerry West	1958-60
Western Ky.	Ralph Crosthwaite	1955, 57-59
Western Ky.	Clem Haskins	1965-67
Western Ky.	Jim McDaniels	1969-71
Wichita St.	Xavier McDaniel	1982-85
Wichita St.	Dave Stallworth	1962-65
William & Mary	Jeff Cohen	1958-61
Xavier (Ohio)	Tyrone Hill	1987-90
Xavier (Ohio)	Byron Larkin	1985-88
Yale	Tony Lavelli	1946-49

School	Coach	Years
Nevada-Las Vegas	Jerry Tarkanian	1974-91
New Mexico	Gary Colson	1981-88
New Mexico St.	Lou Henson	1967-75
New York U.	Howard Cann	1924-58
North Caro.	Ben Carnevale	1945-46
North Caro.	Frank McGuire	1953-61
North Caro.	Dean Smith	1962-91
North Caro. St.	Everett Case	1947-64
North Caro. St.	Norm Sloan	1967-80
North Caro. St.	Jim Valvano	1981-90
North Texas	Harry Miller	1971
Northern Iowa	Norm Stewart	1962-67
Northwest Mo. St.	Henry Iba	1930-33
Northwestern	Arthur "Dutch" Lonborg	1928-50
Northwestern	Harold Olsen	1951-52
Notre Dame	George Keogan	1924-43
Notre Dame	Elmer Ripley	1946
N.C.-Charlotte	Lee Rose	1976-78
Ohio St.	Harold Olsen	1923-46
Ohio St.	Fred Taylor	1959-76
Oklahoma	Bruce Drake	1939-55
Oklahoma City	Abe Lemons	1956-73, 1984-90
Oklahoma St.	Henry Iba	1935-70
Oklahoma St.	Eddie Sutton	1991
Old Dominion	Tom Young	1986-91
Oregon	Howard Hobson	1936-48
Oregon St.	Amory "Slats" Gill	1929-64
Oregon St.	Ralph Miller	1971-89
Pacific Lutheran	Marv Harshman	1946-58
Penn St.	John Lawther	1937-49
Pepperdine	Gary Colson	1969-79
Phillips	Everett Shelton	1924-26
Pittsburgh	Henry "Doc" Carlson	1923-53
Presbyterian	Norm Sloan	1952-55
Purdue	Ward "Piggy" Lambert	1917-46
Purdue	Lee Rose	1979-80
Purdue	Fred Schaus	1973-78
Regis (Colo.)	Joe B. Hall	1960-64
Rensselaer	Ed Jucker	1949-53
Rhode Island	Frank Keaney	1922-48
Rider	Clair Bee	1929-31
Ripon	Harold Olsen	1920-22
Rollins	Ed Jucker	1973-77
Rutgers	Tom Young	1974-85
Sacramento St.	Everett Shelton	1960-68
St. John's (N.Y.)	Lou Carnesecca	1966-70, 1974-91
St. John's (N.Y.)	Joe Lapchick	1937-65
St. John's (N.Y.)	Frank McGuire	1948-52
St. Joseph's (Pa.)	Jack Ramsay	1956-66
St. Louis	Eddie Hickey	1948-58
St. Louis	George Keogan	1916
San Diego	Phil Woolpert	1963-69
San Francisco	Pete Newell	1947-50
San Francisco	Phil Woolpert	1951-59
South Caro.	Frank McGuire	1965-80
South Fla.	Lee Rose	1981-86
Southern Cal	Justin "Sam" Barry	1930-50
Southern Ore.	Howard Hobson	1933-35
Stanford	Everett Dean	1939-51
Stephen F. Austin	Harry Miller	1979-88
Stetson	Glenn Wilkes	1958-91
Stonybrook	Rollie Massimino	1970-71
Syracuse	Lew Andreas	1925-50
Syracuse	Jim Boeheim	1977-91
Temple	Harry Litwack	1953-73
Tennessee	Ray Mears	1963-77
Texas	Abe Lemons	1977-82
Texas A&M	Ken Loeffler	1956-57
Tex.-Pan American	Abe Lemons	1974-76
Toledo	Harold Anderson	1935-42
Transylvania	C.M. Newton	1956-68
Transylvania	Lee Rose	1965-75
Tulane	Clifford Wells	1946-63
Tulsa	Nolan Richardson	1981-85
UCLA	Gene Bartow	1976-77
UCLA	Larry Brown	1980-81
UCLA	John Wooden	1949-75
Utah	Jack Gardner	1954-71
Utah	Vadal Peterson	1928-53
UTEP	Don Haskins	1962-91
Valdosta St.	Gary Colson	1959-68
Valparaiso	Gene Bartow	1965-70
Valparaiso	George Keogan	1920-21
Vanderbilt	C.M. Newton	1982-89
Villanova	Rollie Massimino	1974-91
Wagner	Elmer Ripley	1923-25
Washburn	Arthur "Dutch" Lonborg	1924-27
Washington	Clarence "Hec" Edmundson	1921-47
Washington	Marv Harshman	1972-85
Washington St.	Marv Harshman	1959-71
West Va.	Fred Schaus	1955-60
Western Ky.	Ed Diddle	1923-64
Western St. (Colo.)	Harry Miller	1953-58
Westminster (Pa.)	John Lawther	1927-36
Wichita St.	Harry Miller	1972-78
Wichita St.	Ralph Miller	1952-64
Wisconsin	Harold "Bud" Foster	1935-59
Wisconsin	Walter Meanwell	1912-17, 1921-34
Wittenberg	Ray Mears	1957-62
Wyoming	Everett Shelton	1940-59
Yale	Howard Hobson	1949-56
Yale	Ken Loeffler	1936-42
Yale	Elmer Ripley	1930-35